2023年重庆师范大学自
高等院校会计
GAODENG YUANXIAO KUAIJI

会计学

KUAIJI XUE

主　编/张保帅　李　倩

重庆大学出版社

内容提要

本书共十一章,主要内容包括概述、会计要素及会计等式、账户设置、复式记账、工业制造企业主要经济业务的账务处理、会计凭证、会计账簿、财产清查、账务处理程序、财务报告和大数据时代的智能会计等。为了方便读者更好地学习各章节的内容,本书在每章开头设置了学习目标和学习要求,以课程思政和引例导入学习内容,在主要内容后设置了练习题以巩固所学,还设置了自测题以检验学习的效果。本书既可作为高等院校经济管理类专业本科教材,也可作为经济管理人员的培训教材和参考用书,还可以作为高等院校针对 ACCA、CFA、CMA 等考试的教学用书。

图书在版编目(CIP)数据

会计学 / 张保帅,李倩主编. -- 重庆:重庆大学出版社,2024. 8. --(高等院校会计专业本科系列教材). -- ISBN 978-7-5689-4585-1

Ⅰ. F230

中国国家版本馆 CIP 数据核字第 2024M9T230 号

会计学

主　编　张保帅　李　倩
策划编辑:龙沛瑶
责任编辑:龙沛瑶　　版式设计:龙沛瑶
责任校对:王　倩　　责任印制:张　策

*

重庆大学出版社出版发行
出版人:陈晓阳
社址:重庆市沙坪坝区大学城西路 21 号
邮编:401331
电话:(023) 88617190　88617185(中小学)
传真:(023) 88617186　88617166
网址:http://www.cqup.com.cn
邮箱:fxk@ cqup.com.cn(营销中心)
全国新华书店经销
重庆正文印务有限公司印刷

*

开本:787mm×1092mm　1/16　印张:14.25　字数:323 千
2024 年 8 月第 1 版　　2024 年 8 月第 1 次印刷
印数:1—2 000
ISBN 978-7-5689-4585-1　定价:39.00 元

前言

　　会计学是一门社会科学,它提供了一种对经济交易和财务状况进行记录和分析的方法。本书的首要目的是引导高等院校经济管理类专业的学生深入了解会计学的基本概念、原理和应用方法。我们希望通过清晰而系统的阐述,帮助读者建立正确的会计观念,培养财务管理的意识,并使其能够在未来的经济管理领域中运用所学知识解决实际问题。本书力求为学生提供全面的会计知识体系,以提高其综合经济素养。通过学习会计学,学生将不仅是了解数字和报表,更是培养分析和解决财务问题的能力,为未来从事经济管理工作打下坚实基础。

　　本书结合新文科背景下知识性和价值性的双重属性,围绕新修订的会计准则,融入典型的案例,着力发挥课程的思政引领作用,主要特色体现在以下几个方面。

　　突出思政教学:本书注重融入思政教学的元素,突出会计职业道德、法律法规和社会责任等方面的教育。通过本书的学习,学生将了解到会计职业道德的重要性,以及如何在工作中遵循道德规范、保持诚信。同时,本书还将引导学生探讨企业社会责任、可持续发展等议题,培养他们的社会责任感和可持续发展的思维方式。

　　理论与实践相结合:本书注重理论与实践的结合,帮助学生学习和掌握会计学的基本原理和方法。此外,本书还提供了丰富的习题和参考文献,方便学生巩固所学知识和进行深入研究。

　　批判性思维和分析能力培养:本书通过问题讨论、案例分析等方式,培养学生的批判性思维和分析能力。通过学习和实践,学生将学会如何运用会计知识解决实际问题,并在面对复杂的商业问题时做出准确的判断。

　　数字化技术应用:力求创新数字资源,拓展知识空间。资源内容包括与课程教学相匹配的"课程方案""测试习题"等,以便读者获取更高阶的拓展提升和精准服务。

本书由重庆师范大学经济与管理学院张保帅教授、李倩老师担任主编,汪翔、何清、刘然、毛怡欣、尹亚华担任副主编。各章分工如下:第一章和第二章由张保帅、毛怡欣编写;第三章和第八章由李倩、汪翔编写;第四章和第九章由李倩、刘然编写;第五章和第十章由张保帅、李倩编写;第六章和第七章由李倩、何清编写;第十一章由张保帅和尹亚华编写。全书由张保帅、李倩总纂定稿。本书的写作受到"2023 年重庆师范大学自编教材建设项目"的资助。

由于我们水平有限,本书难免有不妥、疏漏甚至错误之处,恳请读者提出批评或指正。

编　者
2024 年 2 月

目录

第一章 概 述

学习目标

通过本章的学习,学生了解会计的发展历史,掌握会计目标,理解会计概念、会计对象和会计职能,掌握会计基本假设及会计信息质量要求等会计基本概念,为学习后续各章内容打好基础。

学习要求

重点掌握会计目标、会计基本假设、会计信息质量要求的内容。

课程思政

财会监督作为党和国家监督体系的重要组成部分,在推进全面从严治党、维护中央政令畅通、规范财经秩序、促进经济社会健康发展等方面发挥了重要作用。

——节选自中共中央办公厅 国务院办公厅印发《关于进一步加强财会监督工作的意见》(2023-02-15)

引例 《奋力推动新时代财会监督工作高质量发展》要义

2023年2月9日,中共中央办公厅、国务院办公厅印发《关于进一步加强财会监督工作的意见》(以下简称《意见》)。中共财政部党组发表文章《奋力推动新时代财会监督工作高质量发展》,指出《意见》是习近平新时代中国特色社会主义思想在财会监督领域的具体体现和生动实践。我们要从健全党和国家监督体系、完善中国特色社会主义制度的高度,深刻认识进一步加强财会监督工作的重大意义;进一步加强财会监督是贯彻落实习近平总书记关于财会监督重要论述精神、加强党对财会监督工作全面领导的具体行动;进一步加强财会监督是完善党和国家监督体系、推进国家治理体系和治理能力现代化的内在要求;进一步加强财会监督是深化全面从严治党、一体推进"三不腐"制度建设的重要举措;进一步加强财会监督是严肃财经纪律、维护市场经济秩序的重要抓手;进一步加强财会监督是充分发挥财政职能作用、健全现代预算制度的重要内容。我们要深刻领会《意见》的核心要义,准确把握《意见》作出的新部署、新任务、新要求,重点把握好以下六个方面:明确财会监督内涵;明确财会监督定位;明确财会监督原则;明确财会监督体系;明确财会监督"纵横贯通"机制;明确新时代财会监督工作重点。我们应该从以下五个方面切实推动新时代财会监督工作高质量发展:积极担当作为,依法依规履行财会监督职责;坚持问题导向,加大重点领域监督力度;加强协同联动,有效形成监督合力;夯实履职基础,提高财会监督工作效能;加强队伍建设,锻造财会监督"铁军"。

💡 启示

中共中央办公厅、国务院办公厅印发《意见》,中共财政部党组指出要奋力推动新时代财会监督工作高质量发展。那么什么是会计呢? 会计的目标是什么? 会计的核算职能和监督职能怎么发挥作用呢? 会计信息质量需要达到什么要求呢? 我们就一起来学习这一章。

第一节　会计的发展历史

会计是基于社会生产力的发展和加强经济管理的需要而产生和发展的。会计的发展历史可以分为古代会计、近代会计和现代会计三个阶段,如图 1-1 所示。

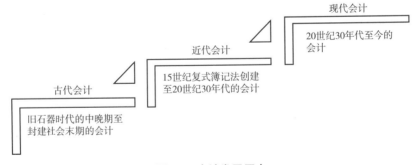

图 1-1　会计发展历史

一、古代会计

从时间跨度来说,一般认为古代会计阶段是旧石器时代的中晚期至封建社会末期的这段时期。

在原始社会末期,当人类社会生产出现了剩余产品时,我们的祖先就会采用"结绳记

2

事"和"刻契记事"来进行记录活动。进入奴隶社会以后,会计的独立职能更为充实,核算行为相对规范,并开始出现初级的会计管理机构和部门。《史记·大禹本纪》记载:"自虞、夏时,贡赋备矣。或言禹会诸侯江南,计功而崩,因葬焉,命曰会稽,会稽者,会计也。"据此记载,我国从公元前22世纪末到公元前17世纪初,即距今4 000多年前,从虞、夏时期开始,就已建立完备的贡纳赋税制度。大禹在江南召集诸侯,考核诸侯功绩,是中国历史乃至世界历史上第一次会计、审计工作大会。会后大禹病故,并就地安葬。诸侯们经过研究,将该地正式命名为"会稽山"。会稽,意即会计,即会集诸侯核计其功绩之意。

西周是我国奴隶制经济发展的鼎盛时期。这时期的农业、手工业、商业甚至经济制度都有了显著的发展,会计也随之得到较快发展。会计被提高到管理社会经济的工具的地位上来认识,由此"会计"意义随之加以明确。《周礼·天官》中记载:"司会掌邦之六典,八法、八则……以逆群吏之治,而听其会计"。这是我国关于"会计"一词的最早明确记载。《周礼·天官》将其解释为:"会计,以参互考日成,以月要考月成,以岁会考岁成。"这里"日成"指十日成事之文书,相当于旬报;"月要"为一月成事之文书,相当于月报,"岁会"则是一年成事之文书,相当于年报。"零星算之为计,总和算之为会"(焦循《孟子正义》),两者合在一起,即为"会计"。同时,出于奴隶主政权管理的需要,西周还设立了"司会"一职和单独的会计部门,"掌国之官府郊野县都之百物财用"。该部门作为专门管理钱粮赋税的官员和机构,掌管政府的全部会计账簿,定期对政府的收入和支出实行"月计"与"岁会",以考核大小官吏管理地方的情况和经手的财务收支,体现了会计的监督职能。

我国古代的会计核算以货币为计量单位,一直处于一个缓慢的量变过程。奴隶制时代,该变化还微乎其微。自春秋战国时代封建生产关系产生以后,伴随着商品货币经济的发展,会计核算才开始有了一定的进步。其中,秦代币制的统一,使货币量度在会计核算中的运用迈出了关键的一步。到西汉,商业活动开始摆脱以物易物的交换形式,商业经营中货币成了衡量一切商品价值的参照物。此时,货币量度在会计核算中占据了主导地位。

唐、宋时期是我国封建经济社会的空前繁荣时期,我国会计更是获得全面发展。此时不但有了比较健全的组织机构,如宋代的"会计司";还有了比较严格的财计制度,如记账制度、预算制度、上计制度、审计制度等。同时,会计方法也得到长足的发展。会计账簿的设置日益完备,由流水账(日记账)和誊清账(总清账)组成的账簿体系已初步形成;记账方法和会计报表日趋完善,特别是创建和运用了"四柱结算法",并编制"四柱清册",形成了朴素的会计方程式,以此作为会计一系列核算方法的理论依据。这里的"四柱",即"旧管""新收""开除""实在",其含义分别相当于近代会计中的"期初结存""本期收入""本期支出""期末结存"。"四柱"之间的结算关系可构成会计方程式:旧管+新收=开除+实在。据此编制的"四柱清册"属于官府办理钱粮报销或移交手续时的会计报表,它依据各柱相互衔接形成的平衡关系,既可检查日常记账的正确性,又可全面、系统、综合地反映经济活动的全貌。作为我国古代会计的一个杰出成就,该方法的基本原理为通行多年的收付记账法奠定了理论基础。

到明、清两代,在"四柱结算法"原理的启发下,会计上出现了"龙门账"这一更为先进的核算方法。该方法将全部会计事项划分为"进""缴""存""该"四大类。其中"进"指全部收入,"缴"指全部支出,"存"指全部资产,"该"指全部负债。四者之间的关系构成会计方程式:进-缴=存-该。每届年终结账时,可首先分别就等式两边进行盈亏的双轨计算,随后合起来看两边差额(盈亏)是否平衡。双轨计算的结果集中反映在两张报表上,即通过"进"与"缴"两类账目编制"进缴表",通过"存"与"该"两类账目编制"存该表"。这种双轨计算盈亏并合计核对的方法被称为"合龙门","龙门账"也因此得名。这里的"进缴表"和"存该表"可以说是近代会计中"损益表"与"资产负债表"的雏形。

同中国一样,会计在古埃及、古巴比伦、古印度、古希腊和古罗马都有着悠久的历史。在远古的印度公社中,已经有了农业记账员。公元前4 000年左右,古巴比伦人与亚述人、苏美尔人的单式簿记是人类最早的序时账簿,并最早使用了加盖于账簿之上的印章。公元前3 000年左右,埃及人成功地创造了纸草簿记记录,并把"国库簿记"推进到一个新的历史阶段。公元前5世纪,雅典人的"官厅簿记"制度与方法在世界上具有独特的价值。账目按期进行汇总,编制出月度、年度及三年一度的汇总表,使不同时期的账目始终保持其连续性。古罗马人在簿记方面的历史贡献,不仅在于进一步发展了"官厅簿记"制度与方法,更突出地表现在民间会计的发展方面。罗马的旧式金融机构已普遍采用了"人名账户",并在账户中划定了"借主"与"贷主"。民间金融机构的记账方法,突破了单式簿记的范围,为复式簿记的产生奠定了思想和技术基础。

古代会计阶段从会计所运用的主要技术方法方面看,主要涉及原始计量记录法、单式账簿法和初创时期的复式记账法等。这个期间的会计所进行的计量、记录和分析等工作一开始是同其他计算工作混合在一起的,经过漫长的发展过程后,才逐步形成一套具有自己特征的方法体系,成为一种独立的管理工作。

二、近代会计

从时间跨度来看,一般认为近代会计阶段是15世纪复式簿记法创建并开始传播至20世纪30年代的这段时期。

在12世纪末和13世纪初,意大利的商业经济十分发达,商业交易活动日趋复杂,原来长期采用的单式记账法已不能满足充分反映交易事项的要求。于是首先在佛罗伦萨的钱业庄中采用了复式记账法并设置了复式账簿,随后又在热那亚和威尼斯相继出现了官厅复式账簿和商业复式账簿,这表明复式记账法在会计中得到了普遍的运用。由于复式记账一开始仅停留在利用账簿来处理具体经济业务这一初级阶段,因此它只表明西方近代会计开始萌发,故有人把这一时期称为"簿记阶段"。在近代会计的萌芽阶段,当时主要围绕着完善记账方法和改善账簿组织结构进行了有效的研究,这就为近代会计的最终形成创造了条件。西方近代会计形成的标志是1494年意大利数学家卢卡·帕乔利(Luca Pacioli)的数学著作《算术、几何、比与比例概要》的出版。该书第一次全面系统地总结了复式记账法,并从理论上给予了必要的阐述,在世界范围内为推广复式记账奠定了基础。因此,1494年被会计学家誉为西方会计发展史上第一个重要的里程碑,标志着西方近代会计的开端。卢卡·帕乔利也因此被称为"会计学之父"。此后,复式记账法首先在欧洲得到了广泛传播,后来又传入美国、日本等地,从而在资本主义国家得到普遍应用。

18世纪末至19世纪初的产业革命使一些资本主义国家的生产力迅速提高,股份有限公司这种新的经济组织形式也应运而生。股份有限公司的所有权与经营权分离,公司的所有者和公司的管理者从不同角度关心公司的财务状况和经营成果。这种特殊的经济组织形式对会计提出了更高的要求。为了保护所有者权益,审查经理人员的履职情况,社会上出现了以查账为职业的注册会计师。1854年,英国苏格兰的会计师成立了第一个特许会计师协会——爱丁堡会计师协会。该协会扩大了会计的服务对象,发展了会计的职能,会计的作用获得了社会的广泛承认。这被认为是西方会计发展史上第二个重要的里程碑。

从我国会计发展的历史来看,随着资本主义输入中国,在西方会计的影响下,古老的中式会计才在与西式会计的结合中完成了向复式记账的过渡,进入了近代会计阶段,这是我国近现代会计发展史上的第一次重大变革。清代末年,从日本学成回国的青年学者将西式会计引入我国,并将其传播开来。1905年出版的蔡锡勇的遗著《连环账谱》,是中国第一部介绍和研究西式簿记(借贷复式簿记)的专著。1907年谢霖与孟森合著的《银行簿记学》出版,成为中国继《连环账谱》之后第二部系统介绍西方复式簿记的会计学专著。此后,徐永祚、潘序伦、安绍云、赵锡禹、奚玉书、朱国璋等会计学者又较系统地翻译介绍阐述了西方会计理论及思想。1933年上海出版界开始发行《会计杂志》《立信会计季刊》,并出版了《立信会计丛书》,进一步传播西方会计理论和方法。

在近代会计阶段,会计的方法技术与内容上有两点重大发展,其一是复式记账法的不断完善和推广,其二是成本会计的产生和迅速发展,继而成为会计学中管理会计分支的重要基础。

三、现代会计

从时间跨度来看,一般认为现代会计阶段是20世纪30年代至今。

从20世纪初到30年代,率先由美国开始出现并初步建立的"公认会计原则",成为会计提供服务时能被社会公众所接受的会计事务处理准则。同时,伴随着股份制企业日渐普遍,市场竞争更趋激烈,会计作为加强内部管理的重要手段,被日益重视。随着泰勒(Frederick Winslow Taylor)科学管理思想和方法的推广,标准成本应运而生。20世纪30年代以后直至50年代,经济形势急速发展,科学技术突飞猛进,既要求会计突破传统的束缚进一步深化,又为会计的深入变革创造了客观条件,从而使会计进入了一个向传统挑战的阶段。一方面,传统会计中的原有部分,对外服务为主的财务会计,仍按会计循环的固有程序有条不紊地继续朝着规范化、通用化、系统化和理论化方向发展,会计原则不断完善。另一方面,企业为了在激烈的竞争中求生存,都会增强忧患意识并着重防患于未然。在利用会计加强内部控制的同时,将成本核算方法与预算管理理论相结合,由原先单纯的事后核算转向更为强调事前、事中核算,形成了以对内服务为主的管理会计。

管理会计的兴起,是会计发展史上第三个重要的里程碑。

20世纪50年代以后,电子计算机技术被推广到会计领域,出现了会计电算化,引起并促进了会计技术的彻底革命。20世纪90年代以来,以信息技术革命为中心的高新技术迅速发展。全球经济一体化发展势不可挡。特别是21世纪以后,进入了数字技术大变革的时代。"大(大数据)智(人工智能)移(移动互联网)云(云计算)物(物联网)区(区块链)环(环境与生态文明)"等技术的出现和蓬勃发展,使会计环境发生了深刻的变革,会计正向数字化、网络化、智能化与业务融合化方向发展。

从我国的会计发展史来看,新中国成立后,我国实行的是计划经济制度,我国会计引进了与之相适配的苏联模式,这是我国近现代会计发展史上的第二次重大变革。20世纪80年代初,为适应改革开放的需要,我国会计进行了第三次重大变革。1985年5月1日颁布《中华人民共和国会计法》,并于1993年、1999年进行了两次修订,使会计工作纳入了法制化轨道。1992年11月30日颁布并于1993年7月1日开始实施《企业会计准则》和《企业财务通则》,其后陆续颁布实施《企业会计制度》《小企业会计制度》《金融企业会计制度》等,这是我国会计与国际会计接轨的重大举措。2006年2月15日发布1项基本会计准则和38项具体会计准则,进一步加快了本土会计的国际化进程,标志着我国会计进入了一个崭新的发展时期。

在现代会计阶段,会计方法技术和内容的发展有两个重要标志,一是会计核算手段方面质的飞跃,即现代电子技术与会计融合导致的"会计电算化";二是会计伴随着生产和管理科学的发展分化为财务会计和管理会计两个分支。

第二节　会计的目标和概念

一、会计的目标

(一)会计目标的概念

会计目标一般是指企业财务会计目标。财务会计的目标是指在一定的历史条件下,人们通过财务会计所意欲实现的目的或达到的最终成果。会计目标是现代财务会计理论体系中的核心概念,对其他会计概念的形成起到统驭和引领作用。在会计发展的不同历史阶段,人们通过财务会计所意欲实现的目的有所不同。随着经济的发展和企业组织形式的演变,会计目标也在逐渐发生变化。

(二)现代企业的会计目标

股份制公司的经营资金主要来源于众多的投资者(股东)。这些投资者往往是将其资金投向企业,委托企业的管理层用于企业经营并进行管理。在这种情况下,就产生了投资者对其资金的所有权与经营权的分离。对于企业管理层而言,他们既要利用会计为企业的经营管理服务,也要通过会计向投资者和债权人等提供与其投资或贷款等经济决策相关的信息。这些信息主要包括企业的财务状况、经营成果和现金流量等,可统称为财务会计信息。同时,这些信息也反映了企业管理层履行受托责任的情况。我国现行《企业会计准则》规定:"企业应当编制财务会计报告。财务会计报告的目标是向财务会计报告使用者提供与企业财务状况、经营成果和现金流量等有关的会计信息,反映企业管理层受托责任履行情况,有助于财务会计报告使用者做出经济决策。财务会计报告使用者包括投资者、债权人、政府及其有关部门和社会公众等。"

编制财务报告是对外报告财务会计信息的主要方式。企业的财务状况、经营成果和现金流量等有关会计信息的报告,需要通过编制专门会计报表完成。其中,财务状况信息主要说明企业的经营资金来源(如投资者投入和负债借入等),以及这些资金在企业的存在形态;经营成果信息主要说明企业在一定会计期间实现的收入、发生的费用,以及实现的利润或发生的亏损等;现金流量信息主要说明企业在一定会计期间产生的现金流入和现金流出。企业提供以上信息的目的有二:一是作为评价企业管理层受托责任履行情况的重要依据;二是有助于财务报告使用者做出经济决策。这也是现代财务会计的主要目标,在会计学术界,分别称为"受托责任观"和"决策有用观"。

二、会计的概念及理解

(一)会计的概念

会计是指以货币为主要计量单位,采用专门的方法和程序,对企业和行政、事业单位的交易或事项进行连续、系统、全面的核算和监督,以向会计报告使用者如实反映受托责任履行情况和提供有用的经济信息为目的的经济管理活动。

(二)对会计概念的理解

对会计的概念,可以从以下五方面来理解。

①会计主要是价值形式的管理。在会计处理交易或事项的过程中,总要采用一定的计量单位对其进行计量和记录。对有些交易或事项的计量和记录,虽然有时既要采用货币计量单位,又要采用实物计量等单位,但首先要做到的是能够以货币单位计量。例如,企业建造了一栋厂房、购入了一台设备、采购了一批材料,虽然也要用到栋、台和千克等实物计量单位,但并不是以这些实物计量单位为主,而是以货币计量单位为主,即会计上更关注的是建造的房屋、购入的设备和采购的材料的价值是多少。因此,会计是一种以价值形式为主的管理活动。

②会计具有核算与监督两种基本职能。会计的职能即会计在经济管理活动中所具有的功能。具体地说,会计主要通过核算和监督两种基本职能的发挥对经济活动进行管理。核算的职能是指会计对交易或事项在确认和计量的基础上所进行的记录和报告,即通常所说的记账、算账和报账。监督职能是指会计在处理交易或事项的过程中对其真实性、合理性和准确性等所进行的审核。在上述两项职能中,核算职能是会计的基本职能,监督职能是使会计核算能够符合一定质量要求,实现会计目标的重要保证。

③会计的具体内容是交易或事项。交易或事项可称会计事项,或简称业务,具体是

指会计主体在其经济活动中发生的需要进行会计处理的事项。其中,交易包括外部交易和内部交易。外部交易是指发生在两个企业之间的价值交换。例如,企业之间的销售和购买行为,企业与银行之间的借贷行为等。内部交易是指发生在企业内部各部门之间的价值交换。例如,企业产品生产部门从材料保管部门领取材料等。事项一般是指企业内部发生的事件。例如,山洪、火灾和地震毁坏资产造成的损失等。也有观点认为,企业内部的交易和发生的事件可统称为事项。

④会计具有连续性、系统性和全面性。会计是一种以提供经济信息为主的管理活动。而经济信息的提供是建立在日常会计活动中对这些信息进行收集、整理和加工基础上的。为此,会计要切实做到连续性、系统性和全面性。连续性是指会计要按照交易或事项发生的时间顺序连续收集和积累相关信息,并对这些信息进行有序的存储记录。系统性是指会计对于交易或事项所产生的信息应分门别类地进行收集、整理和存储记录,以便为经济信息的加工整理提供方便条件。全面性是指会计对交易或事项产生的信息应全面完整、毫无遗漏地进行收集,以使提供的经济信息内容完整、真实可靠。

⑤会计的目标。会计的目标有二。目标一是如实反映受托责任履行情况;目标二是提供对做出合理的经济决策有用的经济信息。

第三节　会计的对象和职能

一、会计的对象

会计的对象作为会计行为的客体,是指会计核算和监督的内容。马克思曾经把会计的对象高度概括为"(生产)过程",即生产、分配、交换、消费四个相互关联的环节构成的社会再生产过程。由于社会再生产过程包括多种多样的经济活动,会计不能也不应该核算和监督再生产过程中的所有经济活动,而应只核算和监督能够以货币表现的经济活动。在商品经济条件下,这部分经济活动既表现为实物运动,也表现为劳务活动,更构成价值运动。会计正是利用货币具有的价值尺度职能来衡量其他商品和劳务的价值,从而对再生产过程中的经济活动进行核算和监督。由于社会再生产过程中的财产物资等经济资源以货币表现,我们往往习惯称之为资金,它是价值的计量反映。因此,价值运动往往又称为资金运动。会计的对象是社会再生产过程中以货币表现的经济活动,通常又称为价值运动或资金运动。

由于各单位在社会再生产过程中所处的地位、担负的责任及经济活动的方式不同,经济业务的内容也不相同,因此具体的资金运动就有所区别。本课程主要介绍一般企业单位的会计对象,以工业制造企业为例,工业制造企业是生产和销售产品的生产经营单位。为了进行生产经营活动,企业必须拥有一定数量的财产物资作为其物质基础,这些财产物资的货币表现(包括货币本身)称为资金。在企业存续期间,资金处于不断地运动之中,形成资金运动。企业的资金运动包括资金筹集、资金周转和资金退出三种形式。

①资金筹集。资金筹集是资金运动的起点。企业资金筹集的方式主要有吸收投资者投资和负债。企业获得投资者投资后,投资者便享有企业资产的法定权利,如分享利润,因此投资者投入的资金,在会计中称为所有者权益。负债是指从银行等金融机构取得借款,以及发行债券取得资金等。

②资金周转。工业制造企业的资金随着生产经营活动的进行不断地改变形态,经过供应、生产、销售三个过程,周而复始地循环与周转。在供应过程中,企业以货币资金购进原材料,为生产储备必要的物资,由货币资金转化为储备资金;在生产过程中,劳动者借助劳动资料对劳动对象进行加工,生产出产成品,同时发生各种耗费,包括固定资产损耗、劳动报酬等,使储备资金及一部分货币资金转化为生产资金,进而转化为成品资金;在销售过程中,企业出售产品,收回货款,又使成品资金转化为货币资金。工业制造企业的经营活动,经过供、产、销三个具体过程,使资金从货币资金形态依次经过储备资金形态、生产资金形态、成品资金形态之后,再回到货币资金形态的过程被称为资金循环(图1-2)。随着企业生产经营过程的不断进行,资金周而复始不断循环的过程被称为资金周转。

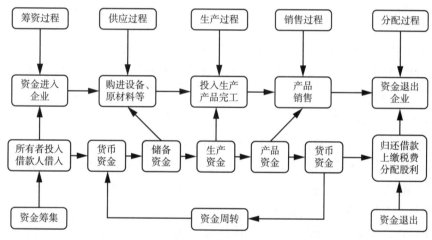

图1-2 工业制造企业资金运动的基本情况

③资金退出。企业通过出售产品取得货币资金收入,抵减费用支出后形成企业经营成果。当收入大于费用时,即为企业实现的利润。企业的经营成果按规定程序进行分配,一部分留存企业重新投入生产经营过程,一部分上缴税金、偿还债务以及分配给股东。因此,资金退出主要是由企业依法缴纳税费、按约定偿还债务以及向股东分配利润等形成的。这些交易或事项会导致一部分资金退出企业资金运动过程。

二、会计的职能

会计的职能是由会计的本质特征所决定的固有、直接的功能,包括基本职能和拓展职能。会计的基本职能是会计核算与会计监督;会计的拓展职能包括评价经营业绩、预测经济前景、参与经济决策等。

（一）会计核算职能

会计核算职能是指会计以货币为主要计量单位,对特定主体的经济活动进行确认、计量、记录和报告。会计的核算职能是会计最基本的职能。会计确认是依据一定的标准,核实、辨认交易或事项的实质并确定应予记录的会计对象的要素项目,并进一步确定已记录和加工的会计资料是否应列入财务报告和如何列入财务报告的过程。会计确认包括初始确认和再确认两个环节。初始确认是对交易或事项的实质和会计对象要素项目的认定,以确定是否应该以及应在何时、应为何种会计要素项目的过程。再确认是在初始确认的基础上,进一步确定已记录和加工的会计资料是否应填列以及如何填列会计报表的过程。会计计量是主要以货币为计量单位,对各项交易或事项及其结果进行计量的过程。会计计量包括计量属性的选择和计量单位的确定。会计记录是对经过会计初始确认、会计计量的交易或事项,采用一定方法填制会计凭证、登记会计账簿的过程。会计报告是以会计账簿记录的资料为依据,采用表格和文字等形式,把会计凭证和会计账簿记录的会计资料进一步系统加工汇总整理形成财务状况、经营成果和现金流量等结构性表述的过程。

《中华人民共和国会计法》规定,会计核算的内容包括以下几项:①款项和有价证券的收付;②财物的收发、增减和使用;③债权、债务的发生和结算;④资本、基金的增减;⑤收入、支出、费用、成本的计算;⑥财务成果的计算和处理;⑦需要办理会计手续,进行会计核算的其他事项。

（二）会计监督职能

会计监督可分为国家监督、社会监督和单位内部监督三部分,三者共同构成"三位一体"的会计监督体系。会计的国家监督是指财政、审计、税务、人民银行、证券监管、保险监管等部门依照法律法规的规定对有关单位会计资料的真实性、完整性、合法性等实施的监督检查。会计的社会监督是指以注册会计师为主体的社会中介机构等实施的监督活动。单位内部的会计监督职能是指会计机构、会计人员对其特定主体经济活动和相关会计核算的真实性、完整性、合法性和合理性进行审查,使之达到预期经济活动和会计核算目标的功能。真实性审查是指检查各项会计核算是否根据实际发生的经济业务进行,是否如实反映交易或事项的真实状况。完整性审查是指检查会计核算的范围和内容是否全面,是否有遗漏等不完整的情况。合法性审查是指检查各项交易或事项及其会计核算是否符合国家有关法律法规,是否遵守财经纪律,是否执行国家各项方针政策,以杜绝违法乱纪行为。合理性审查是指检查各项财务收支是否符合客观经济规律及经营管理方面的要求,以保证各项财务收支符合规定的财务收支计划,实现预算目标。

会计监督的依据主要有:①财经法律、法规、规章;②会计法律、法规和国家统一会计制度;③各省、自治区、直辖市财政厅（局）及县财政部门和国务院业务主管部门根据《中华人民共和国会计法》和国家统一会计制度制定的具体实施办法或补充规定;④各单位根据《中华人民共和国会计法》和国家统一会计制度制定的单位内部会计管理制度;⑤各单位内部的预算、财务计划、经济计划、业务计划等。

会计监督的主要内容有:①原始凭证进行审核和监督;②对伪造、变造、故意毁灭会计账簿或者账外设账行为,应当制止和纠正;③对实物、款项进行监督,督促建立并严格执行财产清查制度;④对指使、强令编造、篡改财务报告行为,应当制止和纠正;⑤对财务收支进行监督;⑥对违反单位内部会计管理制度的经济活动,应当制止和纠正;⑦对单位制订的预算、财务计划、经济计划、业务计划的执行情况进行监督等。

（三）会计核算与会计监督的关系

会计核算和会计监督的关系十分密切,两者相辅相成。会计核算是会计监督的基础,而会计监督是会计核算的保证。两者必须结合起来发挥作用,才能正确、及时、完整地反映经济活动,有效地提高经济效益。如果没有可靠、完整的会计核算资料,会计监督就没有客观依据。反之,若只有会计核算而没有会计监督,就难以保证会计核算提供信息的质量,会计核算也就失去了意义。

随着社会经济的发展和经济管理的现代化,会计的职能也会发生变化,一些新的职能会不断出现。一般认为,除了会计核算和会计监督两个基本职能之外,会计还有评价经营业绩、预测经济前景、参与经济决策等多种职能。

第四节　会计基本假设

一、会计基本假设的概念

会计基本假设是会计确认、计量和报告的基本前提,是为了保证会计工作的正常进行和会计信息的质量,对会计核算的范围、内容、基本程序和方法等所作出的合理假设。

现实生活中的经济活动复杂多样,会计工作需要根据经济业务事项发生的不同情况,选择适当的会计方法进行处理。但是由于一些不确定因素的存在,会计人员很难正确地做出肯定的判断和估计,从而无法做出适当的会计处理。因此需要先行设定一些基本前提,并在这些假设限定的情况下进行会计核算。包括会计核算对象的确定、会计政策的选择、会计数据的收集与加工等,都要以这些基本前提为依据。如果离开这些假设,就无法选择正确的核算方法,没有统一的计量标准,因此很难及时地将某个特定单位的财务状况、经营成果和现金流量情况准确地反映出来。

根据我国现行《企业会计准则》的规定,企业会计基本假设包括会计主体假设、持续经营假设、会计分期假设和货币计量假设四项内容。

二、会计基本假设主要内容

（一）会计主体假设

会计主体假设要求企业对其本身发生的交易或事项进行会计确认、计量和报告。会计主体又称会计实体,是指会计核算和监督的特定单位或组织,是会计确认、计量和报告的空间范围。《企业会计准则——基本准则》第五条规定:"企业应当对其本身发生的交易或者事项进行会计确认、计量和报告。"

在会计主体假设下,企业应当对其本身发生的交易或事项进行会计确认、计量和报告,反映企业本身所从事的各项经济活动,并将其与其他经济实体区分开来。会计人员只能核算和监督所在主体的经济业务,不能超越范围核算和监督其他主体的经济业务。例如,甲企业赊销商品 10 000 元给客户乙企业。对于两个企业而言,交易具有截然不同的两种性质。甲企业销售商品,货款 10 000 元暂未收回,会计确认、计量和报告的内容为应收账款(资产)10 000 元;乙企业购买商品,货款 10 000 元暂未支付,会计确认、计量和报告的内容为应付账款(负债)10 000 元。该笔交易分别引起两个企业的债权[应收账款(资产)]和债务[应付账款(负债)]的不同方面的变化。作为销售企业或购买企业的会计,必须站在各自的角度进行确认、计量和报告。

如果某项交易或事项是属于企业所有者个人所发生的,则不应纳入企业会计核算的范围。如企业所有者个人或家庭发生的就餐、旅游、水电费等,不能确认、计量和报告为企业的费用。如果企业所有者向企业投入资本或企业向投资者分配利润,则属于企业会计主体的核算范围。

会计主体与法律主体(法人)并不是同一个概念。一般来说,法律主体必然是会计主体,但会计主体并不一定是法律主体。会计主体可以是独立法人,也可以是非法人;可以是一个企业,也可以是企业内部的某一单位或企业中的一个特定部分,如企业的事业部;可以是单一企业,也可以是由几个企业组成的企业集团。

(二)持续经营假设

持续经营是指在可预见的将来,企业将会按当前的规模和状态继续经营下去,不会停业,也不会大规模削减业务。在持续经营假设下,会计确认、计量、记录和报告应当以企业持续、正常的生产经营活动为前提,企业的资产按照既定的用途使用、债务将按照既定的债务合约条件进行清偿,企业会计在此基础上进行会计估计并选择相应的会计原则和会计方法。持续经营假设为会计核算确定了时间范围。

会计主体的经营活动通常可以持续进行。但在特定情况下,例如,当合同规定的经营期满进行清算,或者经营活动中出现问题而破产清算时,将终止经营。为了正确使用会计核算方法,有必要对经营情况做出人为假设,即持续经营假设。《企业会计准则——基本准则》第六条规定:"企业会计确认、计量和报告应当以持续经营为前提。"在市场经济条件下,每个企业都存在经营失败的风险,都有可能出现资不抵债而被迫宣告破产或进行法律上的改组的情况。如果企业发生破产清算,所有以持续经营为前提的会计程序与方法就不再适用,而应当采用破产清算的会计程序和方法。

(三)会计分期假设

会计分期是指将一个会计主体持续经营的生产经营过程划分为一个个连续的、长短相同的期间,以便分期结算账目和编制财务会计报告。会计分期的目的在于通过对会计期间的划分,将持续经营的生产经营活动划分成连续、相等的期间,据以结算盈亏,按期编制财务报告,从而及时向会计信息使用者提供有关企业财务状况、经营成果和现金流量的信息。《企业会计准则——基本准则》第七条规定:"企业应当划分会计期间,分期结算账目和编制财务会计报告。"

会计分期假设主要是确定会计年度和中期。会计期间通常是一年,称为会计年度。中期是指短于一个完整的会计年度的报告期间,如月度、季度和半年度等。在我国,以公历年度作为企业的会计年度,即自公历 1 月 1 日起至 12 月 31 日止。会计年度确定后,一般按日历确定会计半年度、季度和月度。

对于会计年度的起讫时间,各个国家的划分方式不尽相同。有的国家采用公历年度,如我国;有的国家则另设起止时间,如英国的会计年度为每年的 4 月 1 日至次年的 3 月 31 日,美国的会计年度为每年的 10 月 1 日至次年的 9 月 30 日。

会计分期假设是持续经营假设的一个必要补充,它使会计能够及时地满足会计信息使用者的不同需求,并为帮助和促进会计主体有效经营和定期考核提供必要的条件。有了会计分期假设,产生了本期和非本期的区别,产生了收付实现制和权责发生制以及收益性支出和资本性支出的划分,产生了收入与费用配比等要求以及应收和应付等会计处理。只有正确划分会计期间,才能准确地提供财务状况和经营成果的有关信息,也才能进行会计信息的对比。

(四)货币计量假设

货币计量是指会计主体在会计确认、计量、记录和报告时主要以货币为计量单位,反映会计主体的生产经营活动过程及其结果。《企业会计准则——基本准则》第八条规定:"企业会计应当以货币计量。"

货币是商品的一般等价物,是衡量一般商品价值的共同尺度,具有价值尺度、流通手段、贮藏手段和支付手段等特点。选择货币作为共同尺度进行计量,具有全面、综合反映企业的生产经营情况及其结果的作用。其他计量单位如重量、长度、容积、台、件等,只能从一个侧面反映企业的生产经营情况,难以对不同性质、不同种类、不同质量的交易或事项按照统一的计量单位进行会计确认、计量、记录和报告,因此难以汇总和比较。采用货币计量单位进行会计核算和会计监督不排斥采用其他计量单位。其他计量单位可以对货币计量单位进行必要的补充和说明。例如,原材料的实物量度(吨、千克等)可以补充说明原材料的储存、耗费等情况。

在我国,会计核算应以人民币作为记账本位币。业务收支以人民币以外的货币为主的,可以选定其中一种货币作为记账本位币,但编制的财务会计报告应当折算为人民币。在境外设立的中国企业向国内报送的财务会计报告,应当折算为人民币。

货币计量假设还有一层含义,即假定其币值是稳定不变的。在现实生活中,通货膨胀和通货紧缩是普遍存在的,它们使货币的购买力发生变动,对币值产生影响,从而使单位货币所包含的价值随着现行价格的波动而变化。这时币值不变假设的缺陷就显露出来:资产不能反映其真实价值。按照各国会计惯例,当币值波动不大或前后波动能抵消时,会计核算仍认为币值是稳定的。但在发生恶性通货膨胀时,应采用特殊的会计原则如物价变动会计原则来处理有关的经济业务。

第五节　会计信息质量要求

一、会计信息及其质量要求的含义

（一）会计信息的含义

会计信息有狭义和广义之分。狭义的会计信息是指某一会计主体（如某一企业）所提供的财务状况、经营成果和现金流量等方面的财务会计信息。这类会计信息是由会计人员通过编制有关财务报表，如资产负债表、利润表和现金流量表等对外提供的会计信息构成的。广义的会计信息除包括上述会计信息外，还包括处于加工整理过程中的会计信息，如在会计记录环节生成的呈现于会计凭证和会计账簿等载体中的信息等。本教材重点介绍企业对外提供的财务会计信息。

（二）会计信息质量要求的含义

会计信息质量要求是指对企业对外提供的会计信息质量的基本要求，是使会计信息对投资者等各类使用者的经济决策有用而应具备的基本特征。因此，会计信息质量要求也称会计信息质量特征。会计信息质量要求是财务会计理论的构成内容之一，也是企业会计准则应予规范的重点内容。

二、会计信息质量要求的内容

我国现行《企业会计准则——基本准则》将会计信息质量要求规定为八条，并按以下顺序排列：可靠性、相关性、可理解性、可比性、实质重于形式、重要性、谨慎性和及时性。

（一）可靠性

《企业会计准则——基本准则》第十二条规定："企业应当以实际发生的交易或者事项为依据进行会计确认、计量和报告，如实反映符合确认和计量要求的各项会计要素及其他相关信息，保证会计信息真实可靠、内容完整。"

可靠性也称客观性、真实性，是对会计信息质量的一项基本要求。可靠性是高质量会计信息的重要基础和关键所在。因为会计所提供的会计信息是投资者、债权人、政府及有关部门和社会公众等会计信息使用者的决策依据。如果会计数据不能客观、真实地反映企业经济活动的实际情况，势必无法满足各有关方面了解企业财务状况和经营成果以进行决策的需要，甚至可能导致错误的决策。

保证会计信息真实可靠，要求企业不能将不存在的交易或事项进行确认、计量、记录和报告，也不能在会计信息披露文件中予以记载；保证会计信息内容完整，要求企业在确认、计量、记录和报告时不能存在遗漏的行为，在会计信息披露文件中也不能存在遗漏的行为，即不存在将应当记载的交易或事项部分予以记载的行为。如果企业以虚假的交易或事项进行确认、计量、记录和报告，或存在遗漏，那么这属于违法行为，因为这不仅会严重损害会计信息质量,而且会误导投资者,干扰资本市场,导致会计秩序、财经秩序混乱。保持会计信息可靠性还要求企业会计信息应当是中立的、无偏的。会计职业判断和会计政策选择应保持中立的、无偏的立场,不得为了达到某种事先设定的结果或效果,通过选择或列示有关会计信息以影响决策和判断。例如,在资产负债表日对应收款项的账面价值进行评估时,不是迫于股东或管理层压力提高当期利润或降低当期利润的主观意图,确认、计量、记录和报告信用减值损失而达到操纵当期利润的目的,而是基于应收款项的信用减值迹象的客观事实进行职业判断并获得评估结果。

（二）相关性

《企业会计准则——基本准则》第十三条规定:"企业提供的会计信息应当与财务会计报告使用者的经济决策需要相关,有助于财务会计报告使用者对企业过去、现在或者未来的情况做出评价或者预测。"

相关性也称有用性,它也是会计信息质量的一项基本要求。相关的会计信息应当有助于财务会计报告使用者评价企业过去的决策,证实或者修正过去的有关预测,因而具有反馈价值。相关的会计信息还应当具有预测价值,有助于财务会计报告使用者根据财务报告提供的会计信息预测企业未来的财务状况、经营成果和现金流量。在证券市场上,股东主要依据企业披露的会计信息对企业的偿债能力、营运能力、盈利能力和现金流量等做出基本评价和预测,以此为基础对企业价值做出基本评估,进而形成其投资决策方案。例如,在财务报告中,区分收入和利得、费用和损失,有助于财务会计报告使用者评价企业实际的盈利能力,同时还有助于预测企业未来的盈利能力;区分流动资产和非流动资产,有助于财务会计报告使用者评价和预测企业资产的流动性和支付能力;区分流动资产和非流动资产的同时区分流动负债及非流动负债,有助于财务会计报告使用者评价和预测企业的短期偿债能力及长期偿债能力;实施资产减值准备会计政策,有助于提高企业投资者做出决策过程中的谨慎性;适度引入公允价值信息,有助于提高会计信息的预测价值,提升会计信息的有用性。

（三）可理解性

《企业会计准则——基本准则》第十四条规定:"企业提供的会计信息应当清晰明了,便于财务会计报告使用者理解和使用。"

可理解性也称明晰性,是对会计信息质量的一项重要要求。提供会计信息的目的在于使用。而要使会计信息使用者有效地使用会计信息,应当让其了解会计信息的内涵,明晰会计信息的内容,这就要求财务报告提供的会计信息清晰、明了,易于理解。

会计信息应当使用明确、贴切的语言和简明扼要、通俗易懂的文字,数据记录和文字说明应能一目了然地反映出交易或事项的来龙去脉。对于性质和功能不同的项目应当分项列示,对于性质和功能相同的项目应当合并列示,对合并列示的项目需要加以附注说明,对分项列示的项目也应根据需要加以附注说明。对于交易或事项较为复杂或者会计处理较为复杂的信息,但与财务会计报告使用者的经济决策相关的,企业应当在财务会计报告中予以充分披露,不得含有含糊其词、夸大或者缩小等性质的词句,不得有误导性陈述。例如,对于财务会计报表中计提减值准备的资产项目,在财务会计报表的正表中采用净额列示的,应在附注中说明相应已计提减值准备的金额;财务会计报表中汇总合计列报的项目,如资产负债表中货币资金、存货等项目,应在附注中逐项列示并说明明细核算信息。

(四)可比性

《企业会计准则——基本准则》第十五条规定:"企业提供的会计信息应当具有可比性。"此条规定具体包括以下两层含义。

①同一企业不同时期的纵向可比。会计信息质量的可比性要求同一企业对于不同时期发生的相同或者相似的交易或者事项,采用一致的会计政策,不得随意变更。当然,满足会计信息可比性的要求,并不意味着企业不得变更会计政策,如果企业按照规定或者在会计政策变更后可以提供更可靠、更相关的会计信息,就可以变更会计政策,以向会计信息使用者提供更为有用的信息。但是有关会计政策变更的情况,应当在附注中予以说明。

保持同一企业不同时期会计信息的可比性,有助于比较考核企业管理层受托责任的履行情况;有助于会计信息使用者了解企业财务状况、经营成果和现金流量的变化趋势,比较企业在不同时期的财务会计信息,从而全面、客观地评价过去,预测未来,并做出决策。

②不同企业相同会计期间的横向可比。会计信息质量的可比性要求不同企业同一会计期间发生的相同或相似的交易或者事项,采用规定的会计政策,确保会计信息口径一致、相互可比,以使不同企业按照一致的确认、计量和报告要求提供有关会计信息。

保持不同企业相同时期会计信息的可比性,有助于会计信息使用者了解不同企业的财务状况、经营成果和现金流量及其差异,比较分析不同企业相同时期的会计信息产生差异的原因,从而全面、客观地评价不同企业的优劣,做出相应决策。

(五)实质重于形式

《企业会计准则——基本准则》第十六条规定:"企业应当按照交易或者事项的经济实质进行会计确认、计量、记录和报告,不应仅以交易或者事项的法律形式为依据。"

在实际工作中,交易或事项的法律形式并不总能完全反映其经济实质内容。多数情况下,企业发生的交易或事项的经济实质与法律形式是一致的。但在有些情况下,会出现不一致。例如,企业租入的资产(短期租赁和低值资产租赁除外),虽然从法律形式上看,承租企业并不拥有其所有权,但由于租赁合同规定的租赁期相当长,往往接近于该资产的使用寿命,而且租赁期满承租企业有优先购买该资产的选择权,在租赁期内承租企业拥有该资产的使用权并从中受益等。从其经济实质来看,企业能够控制租入资产所创造的未来经济利益,在会计确认、计量、记录和报告中就应当将租入的资产视为企业的资产,在资产负债表中填列。

再如,企业按照销售合同销售商品但又签订了售后回购协议,虽然从法律上看实现了收入,但如果企业没有将商品所有权上的风险和报酬转移给购货方,没有满足收入确认的各项条件,即使已经将商品交付给购货方,那么也不应当确认销售收入。

(六)重要性

《企业会计准则——基本准则》第十七条规定:"企业提供的会计信息应当反映与企业财务状况、经营成果和现金流量等有关的所有重要交易或者事项。"

在全面反映企业的财务状况和经营成果的同时,应当区别交易或事项的重要程度,采用不同的会计处理程序和方法。对于重要的交易或事项,应单独核算、分项反映,力求准确,并在财务报告中作重点说明;对于不重要的交易或事项,在不影响会计信息可靠性的情况下,可适当简化会计核算或合并反映,以便集中精力抓好关键。

如果某项会计信息的省略或者错报会影响财务报告使用者据此做出经济决策,那么该信息就具有重要性。重要性的应用需要依赖职业判断。企业应当根据其所处环境和实际情况,从项目的功能、性质和金额大小等多方面加以判断。例如,企业发生的某些支出金额较小,从支出的受益期来看,可能需要在若干会计期间进行分摊,但根据重要性要求,可以一次性计入当期损益。如低值易耗品可以采用一次摊销法或分次摊销法摊销,尚未摊销的部分作为周转材料合并列入资产负债表存货项目,而不作为单独项目列报;又如,企业发生的研发支出中属于研究阶段的支出,尽管多数情况下其金额较大,但是从其功能看尚未形成预期会给企业带来经济利益的资源,在发生期作为期间费用计入当期损益核算并列报。

(七)谨慎性

《企业会计准则——基本准则》第十八条规定:"企业对交易或者事项进行会计确认、计量和报告应当保持应有的谨慎,不应高估资产或者收益、低估负债或者费用。"

谨慎性又称稳健性,是指在处理不确定性经济业务时,应持谨慎态度,如果一项经济业务有多种处理方法可供选择时,应选择不导致夸大资产、虚增利润的方法。企业在进行会计核算时,应当合理预计可能发生的损失和费用,而不应预计可能发生的收入和过高估计资产的价值。

在市场经济环境下,企业的生产经营活动面临着许多风险和不确定性,如应收款项的可收回性、固定资产的使用寿命、无形资产的使用寿命、售出存货可能发生的退货或者返修等。会计信息质量的谨慎性要求企业在面临不确定性因素的情况下,应当保持应有的谨慎,充分估计各种风险和损失,既不高估资产或者收益,也不低估负债或者费用。如果企业高估资产或收益、低估费用会导致高估利润,存在误导性列报和陈述的风险,可能导致会计信息使用者高估企业盈利能力而盲目乐观,做出不切实际的决策;如果低估负债,可能诱导会计信息使用者高估企业的偿债能力,做出不准确或不恰当的决策。例如,要求企业对可能发生的资产减值损失计提资产减值准备、要求企业对售出商品很可能发生的保修义务确认预计负债、对很可能承担的环保责任确认预计负债等,都体现了会计信息质量的谨慎性要求。

但是,企业在运用谨慎性时,不能滥用,不能以谨慎性为由任意计提各种准备,即秘密准备。例如,按照有关规定,企业应当计提坏账准备、存货跌价准备等减值准备。但是,在实际执行时,有些企业滥用会计准则给予的会计政策,在前一年度大量计提减值准备,在后一年度再予以转回。这种行为属于滥用谨慎性,计提秘密准备,是会计准则所不允许的。

(八) 及时性

《企业会计准则——基本准则》第十九条规定:"企业对于已经发生的交易或者事项,应当及时进行会计确认、计量和报告,不得提前或者延后。"

在会计确认、计量、记录和报告过程中贯彻及时性要求,一是要求及时收集会计信息,即在交易或者事项发生后,及时收集、整理各种原始单据或者凭证;二是要求及时处理会计信息,即按照企业会计准则的规定,及时对经济交易或者事项进行确认和计量,并编制财务报告;三是要求及时传递会计信息,即按照国家规定的有关时限,及时地将编制的财务报告传递给财务报告使用者,便于他们及时利用和决策。

例如,某企业将自行研制的软硬件为一体的商品进行销售,销售合约约定商品销售后还将提供免费维护和免费升级服务。如果企业不考虑商品销售后提供免费维护和免费升级服务,将全部销售一次性确认为当期销售收入,就属于提前确认、计量、记录和报告销售收入。反之,如果企业在提供后续服务合约到期日才确认全部销售收入,则属于延后确认、计量、记录和报告销售收入。正确的会计处理应当按合理的比例在销售当期和后期维护及升级合约持续期间确认各期销售收入。

✍ **自测　客观题、答案及解析**

客观题

客观题
答案及解析

第二章　会计要素及会计等式

📈 学习目标

通过本章的学习,学生理解会计要素的概念和构成内容,理解六大会计要素的概念、特征、确认条件,掌握六大会计要素的组成内容,掌握会计要素的计量属性,掌握会计等式,理解交易或事项影响会计等式的规律。

📇 学习要求

重点理解掌握六大会计要素的组成内容以及六大会计要素之间的内在联系。

📑 课程思政

各级党委要加强对财会监督工作的领导,保障党中央决策部署落实到位,统筹推动各项工作有序有效开展。

——节选自中共中央办公厅　国务院办公厅印发《关于进一步加强财会监督工作的意见》(2023-02-15)

引例　聚焦会计改革发展的精彩瞬间——1992年

1992年"两则两制"的发布,标志着中国财务会计制度从计划经济模式转变为与国际惯例接轨的市场经济模式。

1992年春天,邓小平同志的南方谈话,促动中国进入新一轮改革开放,会计也迎来了改革的春天。1992年11月颁布的《企业会计准则》《企业财务通则》以及其后陆续出台的行业会计制度和行业财务制度,建立了资产、负债、所有者权益、收入、费用和利润会计要素,在此基础上形成了以资产负债表、损益表、财务状况变动表为主要内容的财务报告体系,彻底改变了计划经济下的财务会计制度,并为其后的多轮会计制度改革奠定了坚实基础。

第一节　会计要素

　　会计要素是指根据交易或事项的经济特征所确定的会计对象的基本分类。

　　我国现行《企业会计准则——基本准则》规定:"企业应当按照交易或事项的经济特征确定会计要素。会计要素包括资产、负债、所有者权益、收入、费用和利润。"

　　会计的对象是企业的资金运动。而资金运动是由企业在经营活动中发生的交易或事项引起的,因而可以从交易或事项的经济特征的角度对资金运动进行分类,使抽象化的资金运动概念具体化,形成资产、负债、所有者权益、收入、费用和利润等会计要素。

　　其中资产、负债和所有者权益三项会计要素是资金运动的静态表现,反映企业的财务状况,是资产负债表的基本要素;收入、费用和利润三项会计要素是资金运动的动态表现,反映企业的经营成果,是利润表的基本要素。

一、资产

(一)资产的概念及特征

　　资产是指企业过去的交易或事项中形成的、由企业拥有或控制的、预期会给企业带来经济利益的资源。根据资产的概念,资产具有以下三个方面的特征。

　　①资产应为企业拥有或控制的资源。拥有是指企业享有某项资产的所有权,通常表明企业能够排他性地从资产中获取经济利益。例如,用其自有资金购入的设备等,企业享有所有权,属于企业的资产。控制是指企业对某些资产虽然不享有所有权,但该资源为企业所控制。例如,企业融资租入设备,其所有权属于出租方,但因与使用权有关的几乎全部风险和报酬都转移给了承租方,出租方不再拥有该设备的控制权,也就不再确认为出租方的资产,而应确认为承租方的资产。

　　②资产预期会给企业带来经济利益。该特征是指资产具有直接或间接导致现金或现金等价物流入企业的潜力。这种潜力可以来自企业日常的生产经营活动,也可以来自非日常活动。例如,企业购买的材料和设备用于生产产品,出售产品后可收回货款。如果某些项目预期不能给企业带来经济利益,就不能再确认为企业的资产。例如,企业赊

销形成的账款已确定无法收回,或者已毁损的材料或设备,就不再符合资产的这一特征,应从企业现有的资产中予以剔除。资产带来的经济利益可以是现金或现金等价物,或者可以转化为现金或现金等价物的形式,也可以是减少现金或现金等价物流出的形式。

③资产是由企业过去的交易或者事项形成的。资产应当由企业过去的交易或者事项形成。过去的交易或者事项包括购买、生产、建造行为和其他交易或者事项等。只有过去的交易或事项才能产生资产,预期在未来发生的交易或者事项不形成资产。例如,企业有购买某项商品的意愿或计划,但是购买行为尚未发生,就不符合资产的概念,不能被确认为资产。

（二）资产的确认条件

将一项资源确认为资产,不仅应当符合资产的概念,而且还应同时满足以下两个条件。

①与该资源有关的经济利益很可能流入企业。根据资产的概念,能够带来经济利益是资产的一个本质特征,但是由于经济环境瞬息万变,与资产有关的经济利益能否流入企业或者能够流入多少,实际上带有不确定性。因此,资产的确认应当与经济利益流入的确定性程度的判断结合起来。如果根据所取得的证据判断,与该资源有关的经济利益很可能流入企业,那么就应当将其作为资产予以确认,否则不能确认为企业的资产。例如,企业为扩大销量,将产品销售给暂时没有付款能力的客户,且货款收回的可能性很小。在这种情况下,即使已经将产品提供给了客户,也不能确认为企业的资产（应收账款）。

②该资源的成本或者价值能够可靠地计量。可计量性是所有会计要素确认的重要前提,资产的确认同样需要符合这一要求。只有当有关资源的成本或者价值能够可靠地计量时,资产才能予以确认。在实务中,企业取得的许多资产都需要付出相应的支出,即构成资产的成本。例如,企业购买或者生产的存货、企业购置的设备等。只要实际发生的购买或者生产成本能够可靠地计量（如已经取得购物发票）,就可视为符合资产的确认条件,否则不能被确认为企业的资产。

（三）资产的组成内容

资产按其流动性可以分为流动资产和非流动资产两类。

1.流动资产

流动资产是指可以在一年或者超过一年的一个营业周期内变现或耗用的资产,包括库存现金、银行存款、交易性金融资产、应收票据、应收账款、预付账款、其他应收款、合同资产、原材料、生产成本、库存商品等。

库存现金是指存放在企业准备随时支用的现款,主要用于企业日常经营活动中发生的小额零星支出,如支付因公出差职工的借款,支付小额的办公费用等。

银行存款是指企业存放在其开户银行的款项,这些款项主要来自投资者投入企业的资本,通过负债借入的款项和销售产品收到的货款等。银行存款可用于企业在其日常经营活动中发生的大额支出,如购买材料、购买设备和支付职工薪酬等。

交易性金融资产是指企业持有的以公允价值计量且其变动计入当期损益的金融资产。例如,企业购入以交易为目的而持有的债券投资、股票投资和基金投资。

应收票据是指企业由于销售产品或提供劳务而收到的商业汇票,包括银行承兑汇票和商业承兑汇票。

应收账款是指企业由于赊销产品等应向购买方收取而尚未收到的款项。应收账款是企业无条件收取合同对价的权利,即仅取决于时间流逝因素的权利。

预付账款是指企业由于购买销售方的产品等,按照合同规定预先支付给供应商的款项。

其他应收款是指企业在日常生产经营过程中产生的,除了销售、购货、对外投资等业务环节产生的债权以外的其他应收款项。

合同资产是指企业已向客户转让商品而有权收取对价的权利,且该权利取决于时间流逝之外的其他因素。

原材料是指企业库存的各种材料,包括原料及主要材料和辅助材料等。

生产成本是指企业进行产品生产所发生的各项成本,包括生产各种产品、自制材料、自制工具和自制设备等发生的成本,表示存货中的在产品。

库存商品是指企业库存的各种商品,包括产成品、外购商品、存放在门市部准备出售的商品、发出展览的商品以及寄存在外的商品等。

2.非流动资产

非流动资产是指除流动资产以外的资产,即指超过一年或者一个营业周期以上变现或者耗用的资产,包括长期股权投资、固定资产、无形资产和长期待摊费用等。

长期股权投资是指企业在对外投资过程中,以获取对被投资方的控制权,或对被投资方产生重大影响为目的而进行的权益性投资。企业持有长期股权投资的时间往往超过一个会计年度,是企业的一种长期投资行为。

固定资产是指企业拥有的同时具有下列特征的有形资产。第一,为生产商品提供劳务、出租或经营管理而持有;第二,使用寿命超过一个会计年度。如企业在生产经营过程中使用的房屋及建筑物、机器设备和运输设备等。

无形资产是指企业在生产经营过程中拥有或控制的没有实物形态的可辨认非货币性资产,主要包括专利权、非专利技术、商标权和土地使用权等。

长期待摊费用是指企业已经发生(一般是指已经实际支付货币资金)但应由本期和以后各期负担的,分摊期限在一年以上的各项支出,如企业租入固定资产发生的改良支出等。

二、负债

(一)负债的概念和特征

负债是指企业过去的交易或者事项中形成的、预期会导致经济利益流出企业的现时义务。根据负债的概念,负债具有以下三个方面的特征。

①负债是企业所承担的现时义务。所谓现时义务,是指企业在现行条件下已承担的

义务。例如,通过与银行签订贷款协议已经借入和使用的借款,通过与供应商签订购货合同赊购材料产生的应付账款等,均属于企业应予承担的现时义务,应当被确认为负债。未来发生的交易或者事项形成的义务不属于现时义务,不应当确认为负债。例如,计划从银行借入款项,计划从供应商处赊购材料等,都不是企业应当承担的现时义务,因此不能被确认为负债。

②负债的清偿预期会导致经济利益流出企业。预期会导致经济利益流出企业是负债的一个本质特征。只有企业在履行义务时会导致经济利益流出企业的,才符合负债的概念。企业在履行现时义务清偿负债时,导致经济利益流出企业的形式多种多样。例如,以现金偿还,以实物资产偿还,以提供劳务偿还,以部分转移资产、部分提供劳务偿还,将负债转为资本等。不管采用何种形式偿还,最终都会导致经济利益流出企业。

③负债是在过去的交易或者事项中形成的。负债应当由企业过去的交易或者事项形成。过去的交易或者事项包括购买货物、使用劳务、接受银行贷款等,即只有过去发生的交易或者事项才形成负债。企业将在未来发生的承诺、签订的合同等交易或者事项,不形成负债。

（二）负债的确认条件

将一项现时义务确认为负债,除应当符合负债的概念外,还应同时满足以下两个条件。

①与该义务有关的经济利益很可能流出企业。根据负债的概念,预期会导致经济利益流出企业是负债的一个本质特征,但对负债的确认还应当与经济利益流出的确定性程度的判断结合起来。如果根据所取得的证据判断,与现时义务有关的经济利益很可能流出企业,那么就应当将其作为负债予以确认。例如,企业履行法定义务时,如向银行归还借款和缴纳税费等,经济利益流出企业确定无疑。反之,如果企业承担了现时义务,但是导致经济利益流出企业的可能性已不复存在,则不应再被确认为负债,已确认为负债的还应该减少负债。例如,经过与债权人协商,债权人同意将其原来借给企业的款项转为对企业的投资,这部分负债就不再会导致经济利益流出企业,因此也不再符合负债的确认条件。

②未来流出的经济利益的金额能够可靠地计量。负债的确认也需要符合可计量性的要求,即对未来流出的经济利益的金额能够可靠地计量。对于与法定义务有关的经济利益流出金额,通常可以根据合同或者法律规定的金额予以确定。对于与推定义务有关的经济利益流出金额,如企业预期为售出商品提供售后服务可能产生的负债等,通常需要较大程度的估计。因此,企业应当根据履行相关义务所需支出的最佳估计数进行推定。

（三）负债的组成内容

企业的负债按其流动性可分为流动负债和非流动负债两类。

1.流动负债

流动负债是指在一年或者超过一年的一个营业周期内偿还的债务,包括短期借款、应付票据、应付账款、预收账款、合同负债、应付职工薪酬、应交税费、应付股利(或应付利润)、其他应付款等。

短期借款是指企业从银行或其他金融机构借入的偿还期在一年以内(含一年)的各种借款。企业借入短期借款的主要用途是满足临时性支出的需要。

应付票据是指企业因购买商品等开出并承兑的交由销售方持有的商业汇票而承担的债务。

应付账款是指企业由于赊购商品等而产生的应向销售方支付但暂未支付的款项。

预收账款是指企业由于销售商品等根据有关协议预先向购买方收取款项而形成的债务。

合同负债是指企业已收或应收客户对价而应向客户转让商品的义务。

应付职工薪酬是指企业根据有关规定应付给本企业职工的薪酬,如应付工资和福利费等。

应交税费是指企业按照税法规定应缴纳的各种税费,如应交增值税和应交所得税等。

应付股利是指股份企业应支付给股东的现金股利(在非股份制企业,应支付给投资者的利润称为应付利润)。

其他应付款是指企业除上述各种应付款项以外的其他各种应付款项和暂收款项。

2.非流动负债

非流动负债是指在一年或者超过一年的一个营业周期以上偿还的债务,包括长期借款、应付债券、长期应付款和预计负债等。

长期借款是指企业从银行或其他金融机构借入的期限在一年以上(不含一年)的各种借款,企业借入长期借款的主要用途是进行施工期比较长的工程项目建设。

应付债券是指企业在采用发行企业债券方式筹集经营资金时,按规定应付给购买者的本金和利息而形成的负债。债券的发行往往有一定的期限,因此,企业在既定的债券发行期满后应将债券本金归还给债券的持有者。此外,在债券发行期间,发行债券的企业还应按规定的债券利率向债券持有者支付利息。以上两项均构成企业对债券购买者的负债。

长期应付款是指企业除长期借款和应付债券以外的其他各种长期应付款项,如企业采用分期付款方式购入固定资产,付款期长于一年或超过一年的一个营业周期时产生的应付款等。

预计负债是指企业确认的对外提供担保、未决诉讼和产品质量保证等产生的预计负债。

三、所有者权益

(一)所有者权益的概念和特征

所有者权益是指企业资产扣除负债后,由所有者享有的剩余权益,即所有者对企业净资产所拥有的权益。所有者权益反映了所有者对企业资产的剩余索取权,是企业资产中扣除债权人权益后应由所有者享有的部分。在股份制企业,所有者权益被称为股东权益。

（二）所有者权益的确认条件

由于所有者权益体现的是所有者在企业中的剩余权益,因此,所有者权益的确认主要依赖于其他会计要素,尤其是资产和负债的确认;所有者权益金额的确定也取决于资产和负债的计量。例如,企业接受投资者投入的资产,并且该投入资产符合企业资产确认条件时,也就相应地符合了所有者权益的确认条件;当该资产的价值能够可靠计量时,所有者权益的金额也就相应地得以确定。

（三）所有者权益的组成内容

所有者权益包括所有者投入的资本、直接计入所有者权益的利得和损失、留存收益等,通常划分为实收资本（或股本）、资本公积、盈余公积和未分配利润等项目。其中,实收资本和资本公积统称为投入资本;盈余公积和未分配利润统称为留存收益。

实收资本是指所有者投入企业的资本中构成企业注册资本（或股本）的部分。

资本公积是指所有者投入企业的资本超过注册资本（或股本）的部分,即资本（或股本）溢价。这部分投入资本可按规定的程序转增资本金。

盈余公积是指企业从实现的利润中提取后留存企业的部分,包括法定盈余公积和任意盈余公积。盈余公积可按规定的程序转增资本金,或用于弥补亏损。

未分配利润是指企业已经实现但本年度尚未分配而留待以后年度分配的利润。

四、收入

（一）收入的概念和特征

收入是指企业在日常经营活动中形成的、会导致所有者权益增加的、与所有者投入资本无关的经济利益的总流入。根据收入的概念,该要素具有以下三个特征。

①收入是企业在日常活动中形成的。日常活动是指企业为完成其经营目标所从事的经常性活动以及与之相关的活动。例如,工业制造企业从事产品的生产和销售、商品流通企业从事商品的销售等。明确界定企业的日常活动是为了将收入与企业在非日常活动中产生的利得相区分。企业日常活动产生的经济利益流入是收入的内涵。而偶发事项,如企业接受捐赠所产生的经济利益流入（净收益）被称为利得或营业外收入,是企业经济利益流入的外延。

②收入会导致所有者权益增加。收入之所以会导致所有者权益增加,是因为这是由收入与利润及所有者权益之间的关系决定的。企业开展日常活动实现的收入与其发生的相关费用之间的差额为利润,而利润的所有权归属于所有者。在费用一定的情况下,实现的收入越多,利润越多,企业的所有者权益就会增加。对于不会导致所有者权益增加的经济利益流入,则不应被确认为收入。例如,企业从银行取得借款,尽管也导致了经济利益流入企业,但该经济利益的流入不会导致企业所有者权益的增加,而是使企业承担了一项现时义务,所以这种经济利益的流入应确认为负债,而不应确认为收入。

③收入与所有者投入资本无关。尽管所有者向企业投入资本也会导致经济利益流

入企业,但该经济利益来自投资者,并不是在企业的日常活动中产生的,因而投资者投入企业的资本不能被确认为企业的收入。

（二）收入的确认条件

将一项经济利益流入确认为企业的收入,除应符合收入的概念外,还应同时满足以下三个条件。

①与收入有关的经济利益应当很可能流入企业。有关的经济利益是指在销售商品等过程中企业可能收到的商品销售价款等。受多种因素的影响,企业销售商品的价款能否收回有多种可能性。即使确认收入的其他条件均已满足,但价款收回的可能性不大,也不能确认为企业收入。

②经济利益流入企业的结果会导致企业资产增加或者负债减少。经济利益流入企业的结果导致企业资产增加的情况在企业的日常活动中经常发生。例如,企业收到销售商品货款,既会增加企业的收入,又会增加企业的资产。而在某些情况下,经济利益流入企业的结果会导致企业的负债减少。例如,企业向原已预付货款的客户实际提供商品时,一方面会增加企业的收入,另一方面会减少企业的负债（合同负债或预收账款）。

③经济利益的流入金额能够可靠计量。企业对实现的收入能否可靠地计量,是收入能否得以确认的重要条件。如果收入的金额不能可靠计量,就不应确认为收入。例如,企业提供给购货方的商品销售价格可能发生变动,在新的售价未确定之前,就不能确认为企业的收入。

（三）收入的组成内容

收入有狭义和广义之分。狭义的收入即企业的日常活动带来的经济利益流入,主要包括主营业务收入、其他业务收入和投资收益。其中,主营业务收入和其他业务收入统称为营业收入。广义的收入除以上内容外,还包括企业非日常活动产生的非经常性经济利益流入,即营业外收入,也称为利得。

主营业务收入是指企业在其主营业务活动中实现的收入,如产品生产企业销售产品所获取的收入。主营业务收入一般占企业营业收入的比重很大,是企业主要的经济利益流入。

其他业务收入是指企业主营业务以外的其他日常活动所获取的收入,如企业销售积压材料、出租包装物、转让技术、出租投资性房地产等取得的收入。其他业务收入一般金额较少,在企业的收入中所占比重较小。

投资收益是指企业对外投资等带来的收益,如从被投资企业分得的利润等。投资收益属于企业让渡资产使用权而给企业带来的经济利益流入。

营业外收入是指企业从偶发的交易或事项中获得的经济利益流入,按规定应计入当期利润。如企业在财产清查中发现的无法查明原因的现金盘盈、获得的捐赠收入等。

五、费用

（一）费用的概念和特征

费用是指企业在日常经营活动中发生的、会导致所有者权益减少的、与向投资者分配利润无关的经济利益的总流出。根据费用的概念,该要素具有如下的三个特征。

①费用是在企业的日常经营活动中形成的。企业因日常活动而产生的费用通常包括主营业务成本、其他业务成本和投资损失等。例如,企业销售商品本身的成本(主营业务成本)就是企业在日常活动中形成的,是产品生产企业的一项主要费用。之所以将费用界定为日常经营活动中所形成的,是因为要将费用与企业在非日常活动中形成的损失相区分。企业日常活动产生的经济利益流出是费用的内涵。而偶发的一些事项,如企业进行债务重组所产生的经济利益流出(净损失)称为损失或营业外支出,是企业经济利益流出的外延。

②费用会导致所有者权益的减少。费用的本质特征是会导致所有者权益减少,这是由费用与利润及所有者权益的关系决定的。在企业实现的收入一定的情况下,发生的费用越多,实现的利润越少,所有者权益就会减少。对于不会导致所有者权益减少的经济利益流出,则不应被确认为费用。例如,企业偿还银行的借款,尽管也会导致企业经济利益的流出,但该经济利益流出会使企业的负债减少,而不会导致企业所有者权益的减少,因此不应被确认为企业的费用。

③费用与向所有者分配利润无关。企业向所有者分配利润或股利,是企业将其实现的经营成果分配给投资者的一种分配活动。虽然在分配利润的某些情形下(如分配现金股利)会导致经济利益流出企业,但该经济利益的流出导致的是企业利润的减少,而不会导致企业费用的增加,因而也不应将其确认为企业的费用。

（二）费用的确认条件

将一项经济利益流出确认为企业的费用,除应符合费用的概念外,至少应满足以下三个条件:①与费用相关的经济利益很可能流出企业。②经济利益流出企业的结果会导致企业资产的减少或者负债的增加。如果企业用银行存款支付销售费用或管理费用等,一方面费用增加,另一方面资产减少;如果企业本期应负担的短期借款的利息可能在以后的会计期间支付,则将这部分应付而暂未支付的利息确认为本期财务费用的同时确认为企业的负债。③经济利益的流出金额能够可靠地计量。

（三）费用的组成内容

费用也有狭义和广义之分。狭义的费用即企业在其日常活动中形成的经济利益流出,主要包括主营业务成本、其他业务成本、税金及附加、投资损失、销售费用、管理费用、财务费用和所得税费用等。其中,主营业务成本和其他业务成本统称为营业成本。广义的费用除以上内容外,还包括企业在非日常活动中产生的计入当期损益的非经常性经济利益流出,即营业外支出,也称计入当期损益的损失。

主营业务成本是指企业在其主营业务活动中产生的成本,属于与主营业务收入相匹配的费用。例如,企业在销售产品后确认的已销售产品的成本,即属于主营业务成本。在产品生产企业,主营业务成本是根据产品在生产过程中发生的各种费用计算确定的,是生产成本的一种转化形式。主营业务成本在企业的全部费用中所占比重较大。

税金及附加是指企业开展经营活动依法应当缴纳的除企业所得税和增值税以外的

其他各种税费,包括消费税、城市维护建设税、教育费附加、房产税、城镇土地使用税、车船税和印花税等相关税费。

其他业务成本是指企业在开展其他业务活动中产生的成本,属于与其他业务收入相匹配的费用。例如,企业在销售积压材料、出租包装物后确定的材料或包装物本身的成本。其他业务成本实质上是已销售材料、已出租包装物的买价或制作成本,在企业的费用中所占的比重一般较小。

销售费用、管理费用和财务费用统称为期间费用,是指企业在日常活动中发生的不能计入有关成本,而直接计入所发生会计期间费用的各种耗费。

销售费用是指企业在销售产品过程中发生的各种费用,包括专设销售机构人员的工资及福利费,为推销产品而发生的广告费和展销费等。

管理费用是指企业为组织和管理整个企业的生产经营活动而发生的各种费用。包括企业在筹建期间发生的开办费、公司经费(包括行政管理部门职工工资及福利费等职工薪酬、物料消耗、低值易耗品摊销、办公费和差旅费等)、董事会费(包括董事会成员津贴、会议费和差旅费等)、聘请中介机构费、咨询费(含顾问费)、诉讼费、业务招待费、技术转让费、矿产资源补偿费、研究费用等。

财务费用是指企业为筹集和使用生产经营资金而发生的各种费用,包括利息支出(减利息收入)、汇兑损益以及相关的手续费等。

投资损失是指企业对外投资时所产生的损失。在发生投资损失时,应冲减投资收益。

所得税费用是指企业根据其经营所得采用适用的税率计算确定的税金。缴纳所得税会引起经济利益流出企业,是企业的一种主要费用。

营业外支出是指企业发生的与日常经营活动无关的一些偶发事项所产生的支出,按规定应计入当期损益,如固定资产报废的净损失、由自然灾害等原因造成的非常规损失等。

六、利润

(一)利润的概念和特征

利润是指在一定会计期间所取得的最终经营成果,包括收入减去费用的净额、直接计入当期利润的利得和损失。

企业在一定会计期间的日常活动中实现的收入与发生的费用之差为经营成果,当实现的收入大于费用时,即为企业的营业利润,体现了利润的本质特征。根据我国现行《企业会计准则》的规定,企业产生的利得和损失,有些应直接计入当期利润,其中利得可增加企业的利润总额;损失则会减少企业的利润总额。

(二)利润的确认条件

利润反映的是企业在一定会计期间的收入减去费用的净额加上当期利得、减去当前损失后的最终结果。因此,利润的确认主要依赖于收入和费用的确认,以及利得和损失的确认。其金额的确定也主要取决于收入、费用、利得、损失金额的计算。

（三）利润的组成内容

利润包括收入减去费用后的净额、计入当期利润的利得和损失。

收入减去费用后的净额是指企业在其日常活动的一定会计期间实现的全部收入减去该期间发生的全部相关费用后的差额，即营业利润，反映了企业进行日常活动创造的业绩。

计入当期利润的利得和损失是指企业在非日常活动中产生的应当计入当期损益（收入或费用）的，最终会引起所有者权益发生增减变动的，与所有者投入资本或向所有者分配利润无关的利得（即营业外收入）和损失（即营业外支出）。企业应严格区分收入、费用与利得、损失，以便清晰地反映企业经营业绩的构成内容。当然，利得与损失对当期利润的影响后果是完全不同的。当利得大于损失时，当期利润增加；反之，当期利润减少。

第二节　会计要素的计量属性

计量属性反映的是会计要素金额的确定基础，主要包括历史成本、重置成本、可变现净值、现值和公允价值等。

一、历史成本

历史成本又称实际成本，是指企业取得或建造某项财产物资时实际支付的现金及现金等价物。在历史成本计量模式下，资产按照购置时支付的现金或现金等价物的金额计量，或者按照购置资产时所付出对价的公允价值计量；负债按照因承担现时义务而实际收到的款项或者资产的金额，或者承担现时义务的合同金额，或者按照日常活动中为偿还负债预期需要支付的现金或者现金等价物的金额计量。

二、重置成本

重置成本又称现行成本，是指按照当前市场条件重新取得相同的资产或与其相当的资产所需支付的现金或现金等价物。在重置成本计量模式下，资产按照现在购买相同或者相似资产所需支付的现金或者现金等价物的金额计量；负债按照现在偿付该项债务所需支付的现金或者现金等价物的金额计量。重置成本多用于盘盈的存货、固定资产的计量。

三、可变现净值

可变现净值是指资产在正常经营状态下可带来的未来现金流入或将要支付的现金流出。在可变现净值计量模式下，资产按照其正常对外销售所能收到现金或者现金等价物的金额扣减该资产至完工时估计将要发生的成本、估计的销售费用以及相关税费后的金额计量。可变现净值常用于存货资产减值等情况下的后续计量。

四、现值

现值是指对未来现金流量以恰当的折现率进行折现后的价值,是考虑货币时间价值的一种计量属性。在现值计量模式下,资产按照预计从其持续使用和最终处置中所产生的未来净现金流入量的折现金额计量;负债按照预计期限内需要偿还的未来净现金流出量的折现金额计量。现值通常应用于非流动资产(如固定资产、无形资产)可收回金额的确定。

五、公允价值

公允价值是指资产和负债按照市场交易者在计量日发生的有序交易中,出售资产所能收到的或者转移负债所需支付的价格计量。在公允价值计量属性下,资产按其在有序交易中出售资产所能收到的价格计量;负债按其在有序交易中所需支付的价格计量。

我国现行《企业会计准则》要求:"企业在对会计要素进行计量时,一般应当采用历史成本,采用重置成本、可变现净值、现值、公允价值计量的,应当保证所确定的会计要素金额能够取得并可靠计量。"

第三节　会计等式

一、会计等式的概念及表现形式

(一)会计等式的概念

会计等式也称为会计恒等式、会计方程式或会计平衡公式,是运用数学方程的原理描述会计要素之间数额相等关系的表达式。

(二)会计等式的表现形式

前已述及,企业的会计要素可分为静态会计要素和动态会计要素,这两类会计要素可以分别组合成以下两个主要会计等式。

①静态会计等式。静态会计等式是由静态会计要素组合形成的反映企业一定时点的财务状况的等式。该等式是会计等式中的基本会计等式,或第一会计等式。其形式为:

资产=负债+所有者权益

前已述及,所有者权益的概念为企业资产扣除负债后,由所有者享有的剩余权益。这一概念决定了上述会计等式必然成立。

等式右边的要素反映了企业资金的来源渠道。企业生产经营所需的资金,主要通过吸引投资者投资和向债权人借款等途径筹集。投资者和债权人将其自有的财产提供给企业使用,就相应地享有对企业资产的要求权,即所有者权益和债权人权益(即负债)。

等式左边的要素反映了企业资金的存在形态,如货币资金、储备资金、固定资金、生产资金和成品资金等。

尽管资金的来源方式有多种,资金的存在形态也各异,但会计上都可以采用货币计量,因而双方的总额总是相等的。静态会计等式就体现了资金两个不同侧面的金额相等关系。

②动态会计等式。动态会计等式是由动态会计要素组合形成的反映企业一定会计期间经营成果的等式。该等式是会计等式中的另一个主要等式,或第二会计等式。其形式为:

$$收入-费用=利润$$

根据我国现行《企业会计准则》的规定,利润要素的组成内容不仅包括收入减费用后的净额,还包括直接计入利润的利得和损失。为简便起见,本书采用广义收入和费用概念,收入中包括利得(营业外收入),费用中包括损失(营业外支出),将“收入-费用=利润”作为动态会计等式。

动态会计等式反映了企业利润的实现过程。企业进行生产经营活动的目的是获取收入,实现盈利。企业在取得收入的同时,必然发生相应的费用。通过收入与费用的比较,才能确定一定会计期间的盈利水平,确定实现的利润总额。

③综合会计等式。综合会计等式也称扩展会计等式,是由静态会计等式和动态会计等式综合而成的会计等式。其形式为:

$$资产+费用=负债+所有者权益+收入$$

将静态会计等式和动态会计等式综合形成综合会计等式,其两种表现形式为:

$$资产=负债+所有者权益+利润$$
$$资产=负债+所有者权益+收入-费用$$

在某一特定的会计期初,基本会计等式“资产=负债+所有者权益”成立;在一定的会计期间,企业获得收入,从而增加资产或减少负债;企业发生费用,从而减少资产或增加负债。收入扣除费用后形成利润,利润归所有者所有。从而在会计期末时,变化金额后的基本会计等式“资产=负债+所有者权益”仍然成立。

其中,第二个综合等式包含的会计要素更全面,也具有较大的实用价值。为了更清晰地体现该等式中会计要素之间的依存关系,可将等式右边的减项“费用”移项至等式左边做加项,形成综合会计等式,即:

$$资产+费用=负债+所有者权益+收入$$

二、交易或事项对会计等式的影响

根据交易或事项发生以后对会计等式中的会计要素产生的影响,可将其划分为以下四种类型。

（一）影响会计等式两边的会计要素,使双方要素同时增加,增加金额相等的交易或事项

[例2-1]　瑞奇公司为股份有限公司,收到投资人作为资本投入的货币资金800 000元,款项已存入银行。

会计确认:该项交易一方面涉及等式左边的资产要素(银行存款),另一方面涉及等式右边的所有者权益要素(股本),并使这两个要素同时增加。

会计计量:按实际成本计量,等式两边均增加 800 000 元,增加金额相等。

确认和计量的结果见表 2-1。

表 2-1 影响会计等式两边要素同时增加相等金额的交易或事项

资产	+	费用	=	负债	+	所有者权益	+	收入
+800 000						+800 000		

在这类交易或事项中,还包括资产与负债同增相等金额、费用与负债同增相等金额的情况。

(二)影响会计等式两边的会计要素,使等式双方要素同时减少,减少金额相等的交易或事项

[例 2-2] 瑞奇公司用银行存款 50 000 元,偿还银行到期短期借款。

会计确认:该项交易一方面涉及会计等式左边的资产要素(银行存款),另一方面涉及会计等式右边的负债要素(短期借款),并使这两个要素同时减少。

会计计量:按实际成本计量,等式两边均减少 50 000 元,减少金额相等。

确认和计量的结果见表 2-2。

表 2-2 影响会计等式两边要素同时减少相等金额的交易或事项

资产	+	费用	=	负债	+	所有者权益	+	收入
−50 000				−50 000				

在这类交易或事项中,还包括资产与所有者权益同减相等金额、资产与收入同减相等金额的情况。

(三)只影响会计等式左边的会计要素,使这些要素有增有减,增减金额相等的交易或事项

[例 2-3] 瑞奇公司用库存现金 1 000 元,向电信公司支付行政部门本月发生的通信服务费。

会计确认:该项交易涉及会计等式左边的资产要素(库存现金)和费用要素(管理费用),资产减少,费用增加。

会计计量:按实际成本计量,资产要素减少 1 000 元,费用要素增加 1 000 元,增减金额相等。

确认和计量的结果见表 2-3。

表 2-3 只影响会计等式左边要素有增有减相等金额的交易或事项

资产	+	费用	=	负债	+	所有者权益	+	收入
−1 000		+1 000						

当然,也有可能交易或事项的发生只影响某一个会计要素内部项目之间发生变动,一个项目增加,另一个项目减少,增减金额相等。

[例2-4] 瑞奇公司用银行存款30 000元购买不需要安装的设备(假定暂不考虑已缴纳的增值税进项税额)。

会计确认:该项交易只涉及会计等式左边的资产要素中的"固定资产"和"银行存款"两个项目,"固定资产"项目增加;"银行存款"项目减少。

会计计量:按实际成本计量,"固定资产"项目增加30 000元,"银行存款"项目减少30 000元,增减金额相等。

确认和计量的结果见表2-4。

表2-4 只影响会计等式中某一要素有增有减相等金额的交易或事项1

资产	+	费用	=	负债	+	所有者权益	+	收入
−30 000								
+30 000								

上例所示的交易或事项可以归入交易或事项的第三种类型。在这类交易或事项中,还包括费用要素内部项目的有增有减相等金额的交易或事项。

(四)只影响会计等式右边的会计要素,使这些要素有增有减,增减金额相等的交易或事项

[例2-5] 瑞奇公司向已预收货款的客户发货,实现销售收入100 000元(假定暂不考虑应缴纳的增值税销项税额)。

会计确认:该项交易涉及等式右边的负债要素(预收账款)和收入要素(主营业务收入),负债减少,收入增加。

会计计量:按实际成本计量,负债要素减少100 000元,收入要素增加100 000元,增减金额相等。

确认和计量的结果见表2-5。

表2-5 只影响会计等式右边要素有增有减相等金额的交易或事项

资产	+	费用	=	负债	+	所有者权益	+	收入
				−100 000				+100 000

在这类交易或事项中,还包括负债与所有者权益有增有减相等金额、收入与所有者权益有增有减相等金额的情况。

当然同前所述,也有可能交易或事项的发生只影响某一个会计要素内部项目之间发生变动,一个项目增加,另一个项目减少,增减金额相等。

[例2-6] 瑞奇公司用资本公积400 000元转增股本。

会计确认:该项交易同时涉及等式右边的所有者权益要素中的"股本"和"资本公积"两个项目,"股本"项目增加;"资本公积"项目减少,增减金额相等。

会计计量:按实际成本计量,"股本"项目增加 400 000 元,"资本公积"项目减少 400 000 元,增减金额相等。

确认和计量的结果见表 2-6。

表 2-6　只影响会计等式中某一要素有增有减相等金额的交易或事项 2

资产	+	费用	=	负债	+	所有者权益	+	收入
						−400 000		
						+400 000		

上例所示的交易或事项可以归入交易或事项的第四种类型。在这类交易或事项中,还包括负债要素、收入要素内部项目的有增有减相等金额的交易或事项。

三、交易或事项影响会计等式的规律和结论

(一)交易或事项影响会计等式的规律

从前述可知,当交易或事项发生以后,总会引起会计等式中的至少两个会计要素或同一要素内部的两个项目发生增减变化,并具有以下的规律。

规律 1:当交易或事项发生后,会影响会计等式左右两边的要素,两边同增或同减,增减金额相等,如例 2-1、例 2-2 所示。

规律 2:当交易或事项发生后,只影响会计等式某一边的要素,单边有增有减,增减金额相等,如例 2-3、例 2-4、例 2-5、例 2-6 所示。

(二)交易或事项影响会计等式的结论

通过分析交易或事项影响会计等式中各要素变动的规律,可以得出以下结论:交易或事项的发生不会打破会计等式的平衡关系。

前已述及,企业发生的交易或事项对会计等式的影响具有两大规律。在第一种规律下,等式双方的总额会在原有平衡的基础上同时增加或同时减少一个相等的金额,等式双方总额仍然保持平衡;在第二种规律下,会计要素发生变化的某一方增减金额相抵,总额保持不变,而等式另一边的会计要素未受到影响,金额未发生变化,因而会计等式仍然保持平衡。

由此可以得出结论:企业无论发生何种交易或事项,也无论交易或事项会导致会计等式中的会计要素发生何种变化,都不会打破会计等式的平衡关系,会计等式始终成立。

自测　客观题、答案及解析

客观题

客观题
答案及解析

第三章　账户设置

![学习目标图标] **学习目标**

通过本章的学习,学生理解会计核算方法,理解会计科目的含义及设置的意义,熟悉常用会计科目,理解会计科目设置的原则及级次,掌握账户的基本结构、主要功能及其分类。

![学习要求图标] **学习要求**

重点理解掌握会计科目的含义、账户的基本结构及其功能以及账户的基本分类。

![课程思政图标] **课程思政**

各级政府要建立财会监督协调工作机制,明确工作任务、健全机制、完善制度,加强对下级财会监督工作的督促和指导。

——节选自中共中央办公厅　国务院办公厅印发《关于进一步加强财会监督工作的意见》(2023-02-15)

引例　导热油的会计确认难题

某制造企业在核算购入导热油时,会计将导热油的购买成本通过"原材料"科目确认。在领用导热油时,会计将导热油的成本一次性计入"制造费用"科目。这样的会计处理存在问题吗?怎么处理才是正确的呢?

导热油是用于间接传递热量的一类热稳定性较好的专用油品。导热油在企业应用中较为广泛,并且可以循环使用,使用年限较长。因此导热油这种油品不同于企业用于生产的一般材料,在核算时应该区分对待。

导热油一般是一次注入,循环使用,那么在领用时一次性计入"制造费用"不够恰当。若受益期只是当期的,可以一次性计入"成本费用";然而导热油的使用年限较长,受益期则较长。如果导热油在设备开始使用时一次性加入,后续整个使用寿命内不再更换,可计入"固定资产——机器设备"的原值中;如果在设备的整个使用寿命中需多次更换,可以确认为一项单独的固定资产,或者计入长期待摊费用,在两次更换的间隔期内计提折旧或摊销。

💡 **启示**

企业种类繁多,交易或事项五花八门,在会计上如何进行确认、计量、记录和报告,不仅需要法律法规的规范,还需要会计人员的专业判断。那么什么是会计科目呢? 会计科目的规范和设置原则是怎样的呢? 什么又是账户呢? 账户与会计科目之间有着怎样的关系呢? 账户有着怎样的结构和功能呢? 我们就一起来学习这一章。

第一节 会计记录方法体系

一、会计记录的含义

会计记录是指将交易或事项确认和计量的结果采用专门的会计方法和载体进行记录的过程。

当企业交易或事项发生以后,在会计上要进行会计确认和计量。对于确认和计量的结果,应采用会计的专门方法和一定的载体记录下来,这个过程就是会计记录。会计记录采用的首要方法是账户设置,账户是记录交易或事项具体内容的主要载体。

二、会计记录方法

(一)会计记录方法

会计记录方法主要有账户设置、复式记账、会计凭证填制和审核、账簿登记、成本计算和财产清查六种方式。

1.账户设置

为了在工作中序时、连续地记录相关数据,可采用设置账户这种方式记录相关信息,从而全面系统地记录相关经济业务发生所引起的会计要素的增减变动。

2.复式记账

为全面地反映出每笔交易的来龙去脉,要对每一项经济业务都以相等的金额,在两个或者是两个以上的账户中进行登记。这种记账方法又可分为借贷、收付和增减等多种记账方法,其中借贷记账法应用比较广泛。

3.会计凭证填制和审核

会计凭证是记录经济业务、明确经济责任的书面证明,也是登记账簿的依据,它具有一定的格式,是证明经济业务发生的依据,也是会计记录的起点。

4.账簿登记

账簿是由一定格式的账页组成的,以会计凭证为依据,全面、系统、连续地记录各项经济业务的簿籍。账簿是保存会计数据资料的重要工具,是编制财务会计报告的基础。

5.成本计算

成本计算方法是指工业企业中计算产品成本各种方法的总称。成本计算方法在不同生产类型的企业中是不同的。成本计算的关键是明确成本计算对象,成本计算就是要计算各种产品的总成本和单位成本。

6.财产清查

财产清查是指通过对货币资金、实物资产和往来款项的盘点或核对,确定其实存数,查明账存数与实存数是否相符的一种专门方法。

（二）会计记录方法的作用

以上六种方法在会计记录各个环节发挥的作用不同,可分为以下两类。

①存储会计信息的作用包括账户设置、复式记账、会计凭证填制审核以及账簿登记。其中,账户设置和账簿登记可以为交易或事项的记录提供必要的载体,复式记账可以提供交易或事项的技术方法,会计凭证填制审核可以为交易或事项提供可靠的凭据。通过以上方法的结合运用,可以将应予记录的交易或事项的相关信息合理、有序地加工和存储。

②保证会计记录质量的作用包括成本计算和财产清查。企业发生交易或事项,不仅应在有关账户中加以记录,而且应根据账户提供的资料进行加工处理,计算产品的总成本和单位成本,即进行成本计算。此外,为保证交易或事项的账户记录与实物资产等情况完全符合,还需要定期或不定期地进行财产清查,保证会计信息资料的真实性和完整性,这就要应用财产清查方法。以上两种方法对会计信息的质量起到保证的作用。

（三）账户设置方法的地位

在以上六种会计记录方法中,账户设置方法是其他记录方法存在的前提和基础。只有建立起完整的账户体系,其他方法才会更有效地发挥它们的作用。在实务中,账户是根据科目来设置的。

第二节　会计科目

一、会计科目及其设置意义

（一）会计科目的概念

会计科目是对会计要素进行分类所形成的具体项目,是设置会计账户的依据,也是会计报表项目的主要构成内容。设置会计科目,并在此基础上设置账户,是会计的一种专门方法。

　　会计要素是对会计对象的具体化,而会计科目是对会计要素的具体内容进行分类核算的项目。企业在生产经营过程中发生的交易或事项,如果只用会计要素表现出来,则提供的信息就过于笼统和概括,不便于了解企业的具体事务。比如企业的资产有很多类型,如现金、银行存款、库存物品、设备、房产、专利技术等,企业的负债也有很多来源,如向银行借入的款项、欠供应商或客户的款项、尚未支付的薪酬、欠缴的税金等。企业交易或事项到底引起了哪类资产或负债的变动需要更细致反映。所以为了对六大会计要素的具体内容进行分类核算,就需要在会计要素的基础上,进一步对会计所核算和监督的具体内容进行更加详细的分类,这种分类所形成的项目就称为会计科目。

　　(二)设置会计科目的意义

　　①设置会计科目有助于系统全面地反映会计要素的内容。将会计要素进一步划分为会计科目,就能形成若干反映会计要素的子系统,不仅可以便于对会计要素内容分门别类地反映,还可以从整体上全面反映会计要素内容的变动状况。

　　②设置会计科目有助于设置账户来记录交易或事项。账户设置是会计记录的基本方法。设置账户可以记录交易或事项的内容及增减变动情况,而会计科目是设置账户的依据,是设置账户的必要前提。

　　③设置会计科目有助于提供会计信息,实现会计目标。前已述及,会计目标是为会计信息使用者提供对其经济决策有用的会计信息。根据会计信息使用者获取相关信息的需求设置会计科目,进而设置账户,能够提供会计信息使用者所关心的企业财务状况、经营成果和现金流量方面的信息,以及能够提供对总体信息进行具体说明的详细信息,满足会计信息使用者进行经济决策的需要,以实现会计目标。

二、会计科目规范及设置原则

(一)会计科目规范

　　财政部颁布的《企业会计准则——应用指南》中规范了我国企业的会计科目。以工业制造企业为例,一般应设置的主要会计科目见表3-1。

表3-1　工业制造企业常用会计科目

编号	名称	编号	名称
	一、资产类		合同负债*
1001	库存现金	2211	应付职工薪酬
1002	银行存款	2221	应交税费
1101	交易性金融资产	2231	应付利息
1121	应收票据	2232	应付股利
1122	应收账款	2241	其他应付款
1123	预付账款	2411	预计负债

编号	名称	编号	名称
	合同资产 *	2601	长期借款
	合同资产减值准备 *	2602	应付债券
1131	应收股利	2801	长期应付款
1132	应收利息		三、共同类（略）
1221	其他应收款		四、所有者权益类
1231	坏账准备	4001	实收资本
1402	在途物资	4002	资本公积
1403	原材料	4101	盈余公积
1405	库存商品	4103	本年利润
1411	周转材料	4104	利润分配
1471	存货跌价准备		五、成本类
1511	长期股权投资	5001	生产成本
1512	长期股权投资减值准备	5101	制造费用
1601	固定资产		六、损益类
1602	累计折旧	6001	主营业务收入
1603	固定资产减值准备	6051	其他业务收入
1604	在建工程	6111	投资收益
1605	工程物资	6115	资产处置损益
1606	固定资产清理	6301	营业外收入
1701	无形资产	6401	主营业务成本
1702	累计摊销	6402	其他业务成本
1703	无形资产减值准备	6405	税金及附加
1801	长期待摊费用	6601	销售费用
1901	待处理财产损溢	6602	管理费用
	二、负债类	6603	财务费用
2001	短期借款	6701	资产减值损失
2201	应付票据	6711	营业外支出
2202	应付账款	6801	所得税费用
2203	预收账款	6901	以前年度损益调整

* 会计科目编号尚不明确,企业可结合实际情况自行确定。

（二）设置会计科目的原则

设置会计科目,应遵循如下基本要求。

1.统一性与灵活性相结合

统一性是指企业在设置会计科目时,应严格按照我国相关会计规范的规定进行会计科目的设置,使企业之间在会计科目的设置上保持高度一致,以保证会计信息的可比性。灵活性是指在不违反会计准则关于确认、计量和报告规范的前提下,企业可以根据本企业的实际情况自行增设、分拆和合并会计科目。例如,在预收账款不常发生的企业,可以不设置"预收账款"科目,而将其并入"应收账款"科目,以减少会计科目设置的数量。

2.满足会计信息使用者对企业会计信息的需求

会计信息使用者既需要了解企业资产、负债和所有者权益等会计要素反映的财务状况总体信息,以及收入、费用和利润等会计要素反映的经营成果总体信息,而且还需要了解这些要素的具体分布和构成的详细信息。企业在设置会计科目时,应从满足会计信息使用者对企业会计信息的需求的角度予以全面考虑。

3.满足企业账务处理的需要

企业应当根据自身经营活动的特点,设置能够满足其对交易或事项进行账务处理所需要的会计科目。例如,产品生产企业的主要经营活动是进行产品的生产和销售,除了设置与其他会计主体具有共性的一些会计科目外,还应当专门设置反映产品生产成本和反映产品销售收入等特定内容的会计科目。

4.全面反映企业会计要素的内容

企业应当根据其资产、负债、所有者权益、收入、费用和利润会计要素内容设置数量足够的会计科目,使这些会计科目能够全面地反映会计要素的全部内容,为完整账户体系的建立提供充分保证。

5.明晰性

设置会计科目应当简明清晰且方便使用。每一个会计科目都包含了特定的核算内容。在设置会计科目时,应对每一个会计科目的核算内容加以明晰界定。会计科目应当文字简明、含义明确、通俗易懂,以便会计人员在进行交易或事项的账务处理过程中准确应用。

6.保持相对稳定

企业设置的会计科目一般应保持相对稳定,不宜经常变动。

三、会计科目的分类

（一）按会计科目反映的经济内容分类

会计科目按其反映的经济内容(即所属的会计要素)分类,可分为资产类、负债类、所有者权益类、成本类和损益类。

1.资产类科目

资产类科目是用来核算和监督企业资产的增减变动及其结余情况的会计科目。按资产的流动性可以分为反映流动资产的科目和反映非流动资产的科目。反映流动资产的科目有"库存现金""银行存款""交易性金融资产""应收票据""应收账款""预付账

款""其他应收款""在途物资""原材料""库存商品"等科目;反映非流动资产的科目有
"长期股权投资""固定资产""累计折旧""无形资产""长期待摊费用"等科目。

2.负债类科目

负债类科目是用来核算和监督企业负债的增减变动及其结余情况的会计科目。按
负债的流动性可以分为反映流动负债的科目和反映非流动负债的科目两类。反映流动
负债的科目有"短期借款""应付票据""应付账款""预收账款""其他应付款""应付职工
薪酬""应交税费""应付股利""应付利息"等科目;反映非流动负债的科目有"长期借款"
"应付债券""长期应付款"等科目。

3.所有者权益类科目

所有者权益类科目是用来反映所有者权益的增减变动及其结余情况的科目。按所
有者权益的形成和性质可以分为反映资本的科目和反映留存收益的科目。反映资本的
科目有"实收资本(或股本)""资本公积"等科目;反映留存收益的科目有"盈余公积""本
年利润""利润分配"。

4.成本类科目

成本类科目是用来归集费用、计算成本的会计科目。成本类科目有"生产成本""制
造费用"等科目。

5.损益类科目

损益类科目是指其一定时期的发生额合计要在当期期末结转到"本年利润"账户,用
以计算确定一定时期内损益的会计科目。按损益的不同内容可以分为反映收入的科目
和反映费用的科目。反映收入的科目有"主营业务收入""其他业务收入""投资收益"
"营业外收入"等科目;反映费用的科目有"主营业务成本""其他业务成本""税金及附
加""销售费用""管理费用""财务费用""营业外支出"等科目。

(二)按会计科目提供信息的详细程度及其统驭关系分类

会计科目按其提供信息的详细程度及其统驭关系分类,可以分为总分类科目和明细
分类科目。

1.总分类科目

总分类科目又称总账科目或一级科目,是对会计要素的内容进行总括分类,提供总
括信息的会计科目。例如,"应收账款""原材料"等总分类科目。总分类科目一般由财
政部统一制定。表3-1中所列示的会计科目均为工业制造企业常用的总分类科目。

2.明细分类科目

明细分类科目又称明细科目,是对总分类科目作进一步分类,提供更为详细和具体
会计信息的科目。例如,"应收账款"总分类科目下按债务人名称设置"A客户""B客户"
等二级科目。如果某一总分类科目所辖的明细分类科目较多,可在总分类科目下设置二
级明细科目,在二级明细科目下设置三级明细科目,以此类推。例如,在"生产成本"总分
类科目下,设置"基本生产"和"辅助生产"两个二级科目。在"基本生产"二级科目下再
设置"A产品""B产品"等三级科目;在"辅助生产"二级科目下设置"供电车间""修理车
间"等三级科目。二级明细科目是对总分类科目进一步分类的科目,三级明细科目是对

二级明细科目进一步分类的科目。

需要注意的是,并不是所有的总分类科目都有明细科目,如"本年利润"科目就没有明细科目。

第三节　账户

一、账户的概念及设置账户的含义

(一)账户的概念

账户是根据会计科目设置的,具有一定的格式和结构,用以连续、系统、全面地记录交易或事项,反映会计要素增减变动情况及其结果,并为财务报告的编制提供数据资料的载体。

(二)设置账户的含义

设置账户是会计核算的一种专门方法,可以从以下几个方面来理解。

①账户设置的主要依据是会计科目。会计科目是会计要素具体组成内容的各个部分的名称。设置会计科目的目的是为设置账户提供依据。一般企业根据会计规范的规定和自身的需要,设置会计科目,并根据会计科目设置相应的账户。例如,根据"原材料"科目设置"原材料"账户。

②账户具有一定的结构形式。设置科目只是对会计要素的具体分类,从单一的科目名称中并不能反映出经济业务的增减变化,所以为了能够连续、系统、全面地反映经济业务发生所引起的会计要素的增减变动,还必须根据会计科目开设账户,通过账户的一定结构和内容来体现。账户的结构一般由账户名称和一定的格式组成。账户的名称就是会计科目;账户的格式一般由所记录交易或事项具体内容的若干栏次组成。例如,在借贷记账法下通常设置的总分类账户的结构如图3-1所示。

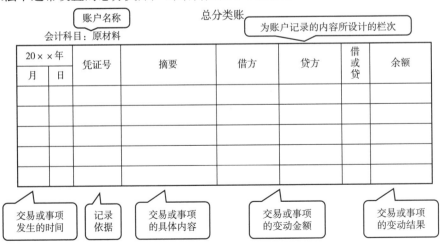

图 3-1　总分类账户的结构

③设置账户的直接目的是用以记录交易或事项。账户应根据反映各会计要素特定方面内容的需要而设置,每个账户所记录的内容都有清晰的界定。例如,"原材料"账户用来记录企业库存材料的增加额、减少额及余额等。利用完整的账户系统,就可以对交易或事项所引起的会计要素的增减变动进行连续、系统、全面的记录。

④设置账户的最终目的是为财务报告的编制提供数据资料。在账户中记录企业所发生的交易或事项的过程,是收集并分类整理相关会计信息的过程,也是为企业编制财务报告积累数据资料的过程。账户中所记录的增加额、减少额和余额等信息,是企业编制财务报告所必需的数据资料。

二、账户的基本结构及其主要功能

(一)账户的基本结构

账户的基本结构是指在账户的全部结构中用来登记增加额、减少额和余额的那部分结构。交易或事项发生后,需要在账户中记录的内容有很多,包括交易或事项发生的时间、记录的依据、基本内容、增加额、减少额和余额等,其中最重要的是增加额、减少额和余额。因而一般把账户中用来登记增加额、减少额和余额的那部分结构称为账户的基本结构。

将账户的基本结构从账户中截取出来,经过处理,可简化为 T 型账户,以便在教学中使用。T 型账户如图 3-2 所示。

借方	银行存款(账户名称)	贷方
期初余额		

图 3-2　T 型账户

T 型账户被分为左、右两方,在借贷记账法下分别称为借方和贷方,一方用来登记增加额,另一方用来登记减少额。至于哪一方登记增加,哪一方登记减少,取决于所记录经济业务的具体内容。

(二)账户的主要功能

账户的主要功能是提供主要以价值形式表现的信息数据。这些信息数据包括期初余额、本期增加发生额合计、本期减少发生额合计、期末余额。以"银行存款"账户为例,账户提供的主要信息数据如图 3-3 所示。

借方	银行存款		贷方
期初余额	300 000		
(1)	200 000		
		(2)	50 000
		(3)	30 000
(4)	70 000		
		(5)	48 000
本期增加发生额合计	270 000	本期减少发生额合计	128 000
期末余额	442 000		

图 3-3　账户提供的主要信息数据

在借贷记账法下,"银行存款"账户的借方登记增加额,贷方登记减少额。图3-3中,反映出企业本期发生了两笔收款交易,即(1)(4);发生了三笔付款交易,即(2)(3)(5)。

期初余额是指在某一会计期间开始时该账户的结余金额,这一金额一般是从上一个会计期间结转而来的。例如,在图3-3中,假定"银行存款"账户登记的是该企业某年10月发生的交易或事项,那么,其中的"期初余额300 000"就是该年度9月末的余额。期初余额是在账户中记录本会计期间发生的交易或事项的起点。账户如有期初余额,一般登记在账户中用来记录增加额的一方。在借贷记账法下,"银行存款"账户是用借方登记增加额的,期初余额相应地应登记在借方。有的账户是用贷方登记增加额的,则其期初余额就相应地登记在贷方。

本期增加发生额合计是指在本会计期间所发生的若干交易或事项所引起的该账户增加额的合计数。例如,在图3-3中,"本期增加发生额合计270 000"就是本月发生的(1)(4)两项交易增加额的合计数。需要注意的是,在"本期增加发生额合计270 000"中不包括期初余额。

本期减少发生额合计是指在本会计期间所发生的若干交易或事项所引起的该账户减少额的合计数。例如,在图3-3中,"本期减少发生额合计128 000"就是本月发生的(2)(3)(5)三项交易减少额的合计数。

期末余额是指在某一会计期间终了(如10月31日),经过计算得到的该账户的结余金额。计算公式为:

$$期末余额=期初余额+本期增加发生额合计-本期减少发生额合计$$

在图3-3中,"银行存款"账户的"期末余额442 000"就是"期初余额300 000"加上"本期增加发生额合计270 000",减去"本期减少发生额合计128 000"而得到的。期末余额是本会计期间该账户金额增减变动的结果。将本会计期间的期末余额结转至下期(如11月)就是下一个会计期间该账户的期初余额(即该账户11月1日期初余额为442 000)。账户如有期末余额,一般应登记在账户中用来记录增加额的一方。

三、账户的分类

(一)按账户反映的经济内容分类

账户按其所反映的经济内容分类,可分为资产类账户、负债类账户、所有者权益类账户、成本类账户和损益类账户五大类。

由于账户是根据会计科目设置的,因此按照《企业会计准则——应用指南》中会计科目的分类方法,账户也可以相应地分为五类,即资产类、负债类、所有者权益(包括利润要素)类、成本(部分资产要素)类和损益(包括收入要素和费用要素)类账户。在这种分类方法下,有的账户会有不同的归类。如资产类的"生产成本"账户被划为成本类,收入类的"主营业务收入"账户被划入损益类,费用类的"主营业务成本"账户也被划入损益类。

(二)按账户提供信息的详细程度及统驭关系分类

账户按其提供信息的详细程度及统驭关系分类,可分为总分类账户和明细分类账户。总分类账户是根据总分类科目设置的,用以提供总括信息的账户,简称总账账户或总账。明细分类账户是根据明细分类科目设置的,用以提供详细信息的账户,简称明细分类账或明细账。总分类账户是所属明细分类账户的统驭账户,对所属明细分类账户起着控制作用。明细分类账户是总分类账户的从属账户,对其所属的总分类账户起着辅助作用。

(三)按账户与会计报表的关系分类

账户按与会计报表的关系分类,可分为资产负债表账户和利润表账户。会计报表中的信息是以账户提供的各种数据资料经过加工整理形成的。资产类、负债类和所有者权益类账户提供的余额资料,是编制资产负债表的主要依据,故被称为资产负债表账户;收入类、费用类和利润类账户提供的发生额资料,是编制利润表的主要依据,故被称为利润表账户。

练习题

一、会计要素与会计科目

[目的]熟悉会计要素的内容,理解会计科目与会计要素的关系。

[资料]瑞奇公司 2023 年 10 月 1 日有关资金内容及金额如下。

1.存放在企业的现金	10 000 元
2.存放在银行的款项	3 870 000 元
3.库存的各种材料	190 000 元
4.房屋及建筑物	9 000 000 元
5.机器设备	8 000 000 元
6.投资者投入的资本	17 550 000 元
7.客户拖欠的货款	800 000 元
8.从银行借入的半年期借款	1 200 000 元
9.库存的完工产品	500 000 元
10.拖欠供应商的货款	3 500 000 元
11.企业留存的盈余公积	750 000 元
12.在产品占用资金	1 500 000 元
13.预收客户货款	2 040 000 元
14.预付供应商货款	1 170 000 元

[要求]根据资料,填表具体说明资料中的每一项内容应属于哪一类会计要素,应归属于哪一个会计科目。

资料序号	所属会计要素类别及其金额			应归属的会计科目
	资产	负债	所有者权益	

续表

资料序号	所属会计要素类别及其金额			应归属的会计科目
	资产	负债	所有者权益	
合计				

二、账户

[目的]熟悉账户的基本结构和期末余额的计算方法。

[资料]假定瑞奇公司 2023 年 9 月有关账户的月初余额和本期发生额见下表。

账户名称	月初余额	本期增加发生额	本期减少发生额	期末余额
银行存款	180 000	②30 000	①10 000　③1 000 ⑤20 000　⑥80 000	
应付账款	40 000	④50 000　⑧60 000	⑥80 000	
原材料	25 000	①10 000　④50 000	⑨80 000	
短期借款	10 000	②30 000	⑤20 000	
销售费用	0	③1 000	⑦1 000	
本年利润	50 000		⑦1 000	
固定资产	300 000	⑧60 000		
生产成本	30 000	⑨80 000	⑩100 000	
库存商品	0	⑩100 000		

[要求]根据资料计算各账户的期末余额,并填入表中的"期末余额"栏。

自测　客观题、答案及解析

| 客观题 | 客观题答案及解析 |

第四章　复式记账

学习目标

通过本章的学习,学生理解复式记账的基本原理,掌握借贷记账法的概念和内容,理解并熟悉账户平行登记方法。

学习要求

重点理解掌握借贷记账法下借贷符号的含义、账户结构、记账规则及会计分录的含义及形式。

课程思政

各级财政部门是本级财会监督的主责部门,牵头组织对财政、财务、会计管理法律法规及规章制度执行情况的监督。

——节选自中共中央办公厅　国务院办公厅印发《关于进一步加强财会监督工作的意见》(2023-02-15)

引例　葛家澍:必须替借贷记账法恢复名誉

1992年颁布的《企业会计准则》要求企业全部采用借贷记账法,为借贷记账法彻底恢复了名誉,消除了企业会计核算多种记账方法并存、与国际惯例不一致的局面。

中国历史上采用四柱清册的记账方法,将一本账本分为四大部分:"旧管(期初结存)""新收(本期增加)""开除(本期减少)""实在(期末结存)"。新中国成立后到1962年之前,我国采用的是西方的借贷记账法。但因为国情和政治等原因,结合中国古代四柱清册,在1965年同时创造出了适合商业企业使用的增减记账法、适合预算事业单位和工业企业使用的收付记账法(又细分为现金收付记账法、资金收付记账法、财产收付记账法)。

　　著名会计学家葛家澍教授发表在《中国经济问题》1978 年第 4 期的《必须替借贷记账法恢复名誉》一文指出：记账方法是记录经济业务的技术方法，它本身没有阶级性。借贷记账法是一个经实践检验过几百年，我国新中国成立以后也采用十多年，现今仍为世界各国所广泛采用的记账方法，是科学严密的一种复式记账方法。因为有了它，才开始了现代会计的发展史。因此，必须为科学的借贷记账法恢复名誉。

　　经过一段时间的讨论，会计界逐渐倾向于记账方法无阶级性的观点，借贷记账法完全可以应用于我国。为此，许多在"文革"期间废除借贷记账法而改用增减记账法的工交企业及其他企业纷纷改回。1992 年，财政部颁布《企业会计准则》，在总则第 8 条明确规定："企业记账采用借贷记账法。"

💡 启示

　　从我国新中国会计记账方法的演变过程来看，经济的发展阶段、政治制度、科学文化的发展都影响着会计方法的演进。采用借贷记账法，不仅是会计方法的变革，也是改革开放取得的成就。那么什么是复式记账法？什么是借贷记账法？借贷记账法应该如何应用呢？我们就一起来学习这一章。

第一节　复式记账的基本原理

一、复式记账的概念及理解

（一）复式记账的概念

　　复式记账是指对于每一笔交易或事项，都必须以相等金额在两个或两个以上相互联系的账户中进行记录，全面、系统地反映会计要素增减变化的一种记账方法。

　　例如，企业用银行存款 2 000 元购买原材料，原材料尚未运达企业。在这笔交易发生后，企业使用复式记账法对此项业务进行记录，需要在"银行存款"与"在途物资"两个账户中以相等的金额予以记录。不仅要在"银行存款"账户中记录银行存款减少 2 000 元，同时也要在"在途物资"账户中记录在途物资增加 2 000 元。

　　与复式记账有所不同的另一记账方法是单式记账。单式记账是指对交易或事项发生以后，只在一个账户（一般是反映货币资金或债权、债务的账户）中对其变动的某一个方面进行记录的方法。例如，上述例子中，若企业使用单式记账方法对此项业务进行记录，则只在"银行存款"账户中记录银行存款的减少，而对在途原材料的业务内容不在账户中予以记录。这时，从账户记录中只能看见银行存款的减少，并不能看到原材料的增加，也就不能观察到资金的完整的变化过程。所以，单式记账不能像复式记账那样对交易或事项进行全面完整的记录,这种方法早已被复式记账替代,在会计实务当中极少使用。

(二)复式记账概念的理解

对复式记账的概念可以从以下几个方面加深理解。

①复式记账对发生的交易或事项应在两个或两个以上的账户中进行记录。如上例中购买材料的业务在"银行存款"与"在途物资"两个账户中予以记录。若企业发生更为复杂的交易或事项时,需要记录的账户会有三个或者更多,但是仍然属于复式记账。

②复式记账对发生的交易或事项应在相互联系的账户中进行记录。相互联系的账户是指在某一特定的交易或事项发生以后应当记录的所有账户。如上例用银行存款购买原材料,材料尚未运达企业的业务发生以后,只能记录在"银行存款"和"在途物资"两个账户中。这样"银行存款"与"在途物资"两个账户在同一项交易中建立起了必然联系。如果随意变更这种必然联系,将这项交易记入其他账户,会发生账户记录的错误。

③复式记账对发生的交易或事项应在相互联系的账户中以相等的金额进行记录。如上例用银行存款购买原材料,材料尚未运达企业的业务发生后,在"银行存款"账户中记录减少 2 000 元,同时以相等的金额在"在途物资"账户中记录增加 2 000 元。简单交易或事项的账户记录体现了这种平衡关系,涉及多个账户的复杂的交易或事项的账户记录同样也会体现这种平衡关系。

④复式记账全面、系统地反映会计要素增减变动情况。在交易或事项发生后所记录的各个账户,所反映的都是一定会计要素的内容的特定部分。因而账户的记录也从某个方面体现了该账户所反映的会计要素内容的增加变动情况。

二、复式记账的理论依据

对发生的交易或事项进行复式记账是有理论依据的。该理论依据就是交易或事项影响会计要素增减变动的内在规律。

每一笔交易或事项发生以后,至少要影响会计等式中的两个要素或者同一个会计要素中的两个项目发生增减变动。这种变化可以总结为两条规律:或者同时影响会计等式双方的要素,使得双方要素同时增加或同时减少,且同增或同减的金额相等;或者只影响会计等式左方要素或者只影响会计等式右方要素,使得该方的会计要素或某一会计要素内部的两个项目之间发生有增有减的变动,且增减金额相等。以上两种情况,无论哪一种,都表明交易或事项的发生至少会使会计要素的两个方面发生变化。这样一来,如果要在会计上全面、系统地反映交易或事项的内容,那么至少需要在两个账户中进行记录,即是复式记账。

三、复式记账的作用

(一)复式记账能够全面、系统地记录企业发生的交易或事项

按照复式记账的要求,企业应建立能够涵盖所有会计要素具体内容的账户体系。利

用这个体系采用复式记账进行记录,能够把企业发生的交易或事项全面记录下来。而账户是按照会计要素内容分门别类设置的,所以复式记账还可以系统地记录企业发生的所有交易或事项。

(二)复式记账能够清晰地反映企业资金变动的来龙去脉,便于对交易或事项内容进行了解和检查

从复式记账对发生的交易或事项记录的过程和结果看,通过账户记录不仅可以清晰地了解各项交易或事项所引起的资金运动变化的全貌,以及账户所反映的会计要素之间的变化关系,还有利于检查交易或事项处理的合理性,从而保证账户记录的正确性。

(三)复式记账能够通过有关数据之间的平衡关系检查账户记录有无差错

采用复式记账记录企业在一定会计期间所发生的全部交易或事项,所有账户的增减发生额之间,以及所有账户的余额之间会实现自动平衡。这种平衡关系为检查交易或事项账户记录的正确性提供了依据。

复式记账被证实是一种科学的记账方法。复式记账法也有借贷记账法、增减记账法、收付记账法等种类。借贷记账法起源于13—14世纪的意大利,最初威尼斯的钱商通过借贷记账法记录他们的货币资金的借贷业务。随着商品经济的发展,借贷记账法不断地发展和完善,记录的内容不仅仅局限于货币资金的借贷业务,而是逐步扩展到了财产物资、经营资本和经营损益增减的变化,广泛应用于各个行业,流传到世界各国,逐渐发展成为通用的"商业语言"。目前,借贷记账法被世界上绝大多数国家使用。我国会计准则规定,企业、行政单位和事业单位会计核算采用借贷记账法记账。

第二节　借贷记账法及其应用

一、借贷记账法的概念

借贷记账法是以"借"或"贷"作为记账符号,记录交易或事项的发生和完成情况的一种复式记账方法。

我国现行的《企业会计准则——基本准则》中规定:"企业应当采用借贷记账法记账。"

二、借贷记账法的记账符号

借贷记账法的记账符号为"借""贷"二字。记账符号的主要作用是表示"增加"或者"减少",以及在账户中用来记录增加额和减少额的方向。但是需要注意的是,在借贷记账法中,并不是"借"就表示增加,"贷"就表示减少,而是"借"和"贷"这两个记账符号都可表示"增加"或者"减少"。记账符号的双重意义是根据账户的不同经济性质来界定的。

"借"和"贷"表示增加还是减少主要取决于账户的性质,即账户所反映的会计要素内容的经济性质。根据会计要素的内容,会计账户可以分为六类:资产类账户、负债类账户、所有者权益类账户、收入类账户、费用类账户和利润类账户。借贷记账法中的"借"和"贷"记账符号与这六类账户相结合后分别具有不同的意义。依照这种不同意义,可以将这六类账户再划分为两大类:资产类账户和费用类账户为一大类,对这两类账户而言,"借"表示增加,"贷"表示减少;负债类账户、所有者权益类账户、收入类账户和利润类账户为另一大类,对这四类账户而言,"贷"表示增加,"借"表示减少。借贷记账法的记账符号对于六类不同性质的账户的含义如图4-1所示。

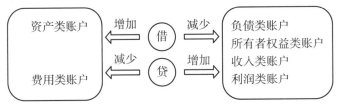

图 4-1　借贷记账法的记账符号对于六类不同性质的账户的含义

三、借贷记账法的账户结构

在借贷记账法下,账户的基本结构分为"借方"和"贷方"两栏,分别用来记录增加额和减少额。对于余额在账户中专设"余额"栏来进行记录。T型账户是账户的简单格式,分为左方和右方。在T型账户中,左方栏为"借方",右方栏为"贷方",分别用来记录增加额和减少额。记入其左方时称为"借记"该账户,记入其右方则为"贷记"该账户。余额一般登记在账户中用来记录增加额的那一方。借贷记账法下账户的基本结构如图4-2所示。

资产类账户、费用类账户		

借方	原材料		贷方
期初余额	×××		
增加额	×××	减少额	×××
期末余额	×××		

负债类账户、所有者权益类账户 收入类账户、利润类账户		

借方	短期借款		贷方
		期初余额	×××
减少额	×××	增加额	×××
		期末余额	×××

借方	管理费用		贷方
期初余额	×××		
增加额	×××	减少额	×××
期末余额	×××		

借方	股本		贷方
		期初余额	×××
减少额	×××	增加额	×××
		期末余额	×××

● 收入类账户、利润类账户结构同上

图 4-2　借贷记账法下账户的基本结构

（一）资产类账户的结构

在借贷复式记账法下，资产类账户的借方登记增加额，贷方登记减少额。资产类账户的期末余额一般在借方。

（二）负债类账户的结构

在借贷复式记账法下，负债类账户的贷方登记增加额，借方登记减少额。负债类账户的期末余额一般在贷方。

（三）所有者权益类账户的结构

所有者权益类账户的结构与负债类账户相同。在借贷复式记账法下，所有者权益类账户的贷方登记增加额，借方登记减少额。所有者权益类账户的期末余额一般在贷方。

（四）收入类账户的结构

收入的增加可以增加利润，而未分配利润属于所有者权益，因此，收入类账户的结构与所有者权益类账户的结构相同。在借贷记账法下，收入类账户的贷方登记增加额，借方登记减少额（结转额）。期末若有余额，在贷方。会计期末，收入结转入本年利润后，收入类账户无余额。

（五）费用类账户的结构

费用是企业在生产经营过程中对资产的消耗，可以将费用视为资产的一种转化形态，所以费用类账户的结构和资产类账户的结构相同。在借贷记账法下，费用类账户的借方登记增加额，贷方登记减少额（结转额）。期末若有余额，在借方。会计期末，费用结转入本年利润后，费用类账户无余额。

（六）利润类账户的结构

企业实现的利润在会计期末最终会归入所有者权益，因此，利润类账户的结构与所有者权益类账户的结构是相同的。在借贷记账法下，利润类账户的贷方登记增加额，借方登记减少额。关于利润类账户余额的知识在后续章节中涉及"本年利润"账户和"利润分配"账户时再详细介绍。

综上所述，借贷记账法下的账户结构见表4-1。

表4-1　借贷记账法下账户的基本结构

账户类别	借方	贷方	余额
资产类账户	增加	减少	借方
负债类账户	减少	增加	贷方
所有者权益类账户	减少	增加	贷方
收入类账户	减少或结转	增加	结转后无余额
费用类账户	增加	减少或结转	结转后无余额
利润类账户	减少	增加	

对借贷记账法下账户结构的理解还应注意以下两个问题。

①并不是所有账户在会计期末都一定有余额。一般而言,资产类账户、负债类账户和所有者权益类账户(含利润类账户)在会计期末时应有余额。但如果有的账户在没有期初余额且借贷双方的发生额相等时,就不会有期末余额;如果有的账户尽管有期初余额,但期初余额和本期增加发生的合计与本期减少发生额相等,则也没有期末余额。而收入类账户和费用类账户在会计期末是否有余额,与企业所采用的计算当期利润的方法有关。在不同的方法下,收入类账户和费用类账户可能有期末余额,也可能没有期末余额。当企业每月末都要将当期的收入和费用结转至"本年利润"以计算利润时,则每月末结转后的收入类账户和费用类账户没有余额;但如果企业只在年末才将全年的收入和费用结转至"本年利润"以计算利润,那么1—11月月末,收入类账户就有贷方余额,费用类账户就有借方余额,年末两类账户均无余额。

②个别账户的结构可能与以上介绍的账户的基本结构有所不同。例如"本年利润"账户,在企业实现盈利的情况下,期末余额在贷方;当企业发生亏损时,期末余额在借方;再如"累计折旧"账户,虽然按其反映的经济内容属于资产类账户,但其结构与一般的资产类账户的结构不同,其增加额登记在"累计折旧"账户的贷方,而减少额登记在借方,期末有余额在贷方,这与其他资产类账户的结构完全相反。

四、借贷记账法的记账规则

记账规则是指采用记账方法在账户中记录交易或事项时需要遵循的规律性要求。借贷记账法的记账规则可以概括为:有借必有贷,借贷必相等。

(一)有借必有贷

有借必有贷是指借贷记账法下记录交易或事项时在记账方向上的平衡。即在采用借贷记账法在两个或者两个以上的账户中记录同一笔交易或事项时,如果一个(或几个)账户是记录在借方,那么与之对应的另外几个(或一个)账户必然记录在贷方,即一借一贷、一借多贷或者一贷多借。在这一规则下,不会发生将一笔交易或事项的发生额都记录在两个(或两个以上)账户的借方,即有借无贷的情形;或者都记录在两个(或两个以上)账户的贷方,即有贷无借的情形。

(二)借贷必相等

借贷必相等是指借贷记账法下交易或事项在相互联系的账户中记录金额相等。即采用借贷记账法在两个或者两个以上的账户中记录同一笔交易或事项时,记录一个(或几个)账户借方的金额,一定会等于记录在其对应的另外几个(或一个)账户贷方的金额。不会发生在相互联系的账户中记录金额不相等的情况。

[例4-1]　瑞奇公司为股份有限公司,收到投资人作为资本投入的货币资金800 000元,款项已存入银行。

会计确认:该项交易一方面涉及资产要素("银行存款"账户增加);另一方面涉及所有者权益要素("股本"账户增加)。

会计计量:按实际成本计量,应分别在"银行存款"账户的借方和"股本"账户的贷方各记录 800 000 元。例 4-1 的账户记录如图 4-3 所示。

借　　股本（所有者权益类）　　贷		借　　银行存款（资产类）　　贷
	4-1　800 000	→ 4-1　800 000

图 4-3　例 4-1 的账户记录

该笔交易属于影响会计等式两边会计要素,两边同增的交易或事项类型。以上账户记录体现了"有借必有贷,借贷必相等"的记账规则。

[**例 4-2**]　瑞奇公司用银行存款 50 000 元,偿还银行到期短期借款。

会计确认:该项交易一方面涉及资产要素("银行存款"账户减少);另一方面涉及负债要素("短期借款"账户减少)。

会计计量:按实际成本计量,应分别在"短期借款"账户的借方和"银行存款"账户的贷方各记录 50 000 元。例 4-2 的账户记录情况如图 4-4 所示。

借　　短期借款（负债类）　　贷		借　　银行存款（资产类）　　贷
4-2　50 000		→ 4-2　50 000

图 4-4　例 4-2 的账户记录情况

该笔交易属于影响会计等式两边会计要素,两边同减的交易或事项类型。以上账户记录体现了"有借必有贷,借贷必相等"的记账规则。

[**例 4-3**]　瑞奇公司用资本公积 400 000 元转增股本。

会计确认:该项交易同时涉及所有者权益要素中的两个项目("股本"账户增加;"资本公积"账户减少)。

会计计量:按实际成本计量,应分别在"资本公积"账户的借方和"股本"账户的贷方各记录 400 000 元。例 4-3 的账户记录情况如图 4-5 所示。

借　　股本（所有者权益类）　　贷		借　资本公积（所有者权益类）　贷
	4-3　400 000	→ 4-3　400 000

图 4-5　例 4-3 的账户记录情况

这笔交易属于只影响会计等式右边会计要素,所有者权益要素内部有增有减的交易或事项类型。以上账户记录体现了"有借必有贷,借贷必相等"的记账规则。

[**例 4-4**]　瑞奇公司用银行存款 30 000 元购买不需要安装的设备(假定暂不考虑已缴纳的增值税进项税额)。

会计确认:该项交易同时涉及资产要素中的两个项目("固定资产"账户增加;"银行存款"账户减少)。

会计计量:按实际成本计量,应分别在"固定资产"账户的借方和"银行存款"账户的贷方各记录 30 000 元。例 4-4 的账户记录情况如图 4-6 所示。

借　　银行存款（资产类）　　贷		借　　固定资产（资产类）　　贷
	4-4　30 000	→ 4-4　30 000

图 4-6　例 4-4 的账户记录情况

这笔交易属于只影响会计等式左边会计要素,资产要素内部有增有减的交易或事项类型。以上账户记录体现了"有借必有贷,借贷必相等"的记账规则。

[**例**4-5] 瑞奇公司用银行存款70 000元偿还应付账款30 000元、短期借款40 000元。

会计确认:该项交易一方面涉及资产要素("银行存款"账户减少);另一方面涉及负债要素中的两个项目("应付账款"账户减少,"短期借款"账户减少)。

会计计量:按实际成本计量,应分别在"应付账款"账户的借方记录30 000元,在"短期借款"账户的借方记录40 000元,在"银行存款"账户的贷方记录70 000元。例4-5的账户记录情况如图4-7所示。

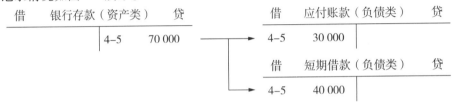

图4-7 例4-5的账户记录情况

这笔交易属于会计等式双方要素同减的交易或事项类型。尽管这笔经济业务被记录在三个账户中,但是仍然体现了"有借必有贷,借贷必相等"的记账规则。

[**例**4-6] 瑞奇公司购入原材料50 000元(假定暂不考虑已缴纳的增值税进项税额),已用银行存款支付48 000元,余款2 000元暂未支付。材料尚未运达。

会计确认:该项交易一方面涉及资产要素的两个项目("原材料"账户增加,"银行存款"账户减少),另一方面涉及负债要素("应付账款"账户增加)。

会计计量:按实际成本计量,应分别在"原材料"账户的借方记录50 000元,在"银行存款"账户的贷方记录48 000元,在"应付账款"账户的贷方记录2 000元。例4-6的账户记录情况如图4-8所示。

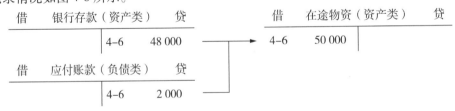

图4-8 例4-6的账户记录情况

该笔交易属于会计等式左边资产要素内部有增有减和会计等式双方要素同增同减交织在一起的交易或事项类型。尽管这笔经济业务被记录在三个账户中,但是仍然体现了"有借必有贷,借贷必相等"的记账规则。

综合以上的例题可以发现,企业发生的交易或事项的内容有的比较简单,有的比较复杂,有的涉及两个账户,有的涉及三个或更多的账户,从记账方向上看有一借一贷、一借多贷或多借一贷等情况,但是始终遵循"有借必有贷,借贷必相等"的记账规则,这说明借贷记账法的记账规则对于处理任何类型的交易或事项都是适用的。

五、会计分录和账户的对应关系

（一）会计分录的概念

会计分录简称"分录"，是指在将每笔交易或事项记入有关账户之前，明确其应登记的账户名称，所登记账户的记账方向和登记金额的一种记录。

会计分录由账户名称（科目）、记账方向和登记金额三个要素构成。只有在将交易或事项记入有关账户前，预先确定这三方面内容，才能够保证登记的账户正确，登记的方向正确，登记的金额正确。在我国，会计分录记载于记账凭证中。

（二）会计分录的编制步骤

编制会计分录的过程应当循序渐进，按照以下的步骤和方法进行，不可急于求成。现以例4-1为例来介绍会计分录的编制步骤和方法。

①确认所涉及的会计要素。在例4-1中，瑞奇公司收到投资者投入的货币资金，使企业的资产要素和所有者权益要素发生变化，这笔交易或事项影响到了资产要素和所有者权益要素。

②确定应登记的账户。在例4-1中，收到投资者投入的货币资金，应登记在"银行存款"账户中；因为瑞奇公司是股份制公司，投资者的投入资本应登记在"股本"中。

③分析账户的增减情况。在例4-1中，收到货币资金，"银行存款"账户增加；投资者投入资本，"股本"账户增加。

④确定账户的登记方向。在例4-1中，"银行存款"账户为资产类账户，增加额应登记在借方；"股本"账户为所有者权益账户，增加额应登记在贷方。

⑤确定登记的金额。在例4-1中，"银行存款"账户和"股本"账户各应登记800 000元。

按照这五个步骤，我们将②中确定的应登记账户、④中确定的记账方向和⑤中确定的登记金额按照会计分录的格式书写出来，就是会计分录。

[例4-1]　借：银行存款　　　　　　　　　800 000
　　　　　　　贷：股本　　　　　　　　　　　　　　　　800 000

以此类推，例4-2至例4-6的会计分录如下。

[例4-2]　借：短期借款　　　　　　　　　50 000
　　　　　　　贷：银行存款　　　　　　　　　　　　　　50 000

[例4-3]　借：资本公积　　　　　　　　　400 000
　　　　　　　贷：股本　　　　　　　　　　　　　　　　400 000

[例4-4]　借：固定资产　　　　　　　　　30 000
　　　　　　　贷：银行存款　　　　　　　　　　　　　　30 000

[例4-5]　借：应付账款　　　　　　　　　30 000
　　　　　　　　　短期借款　　　　　　　　40 000
　　　　　　　贷：银行存款　　　　　　　　　　　　　　70 000

[例4-6]　借：在途物资　　　　　　　　　50 000

贷:银行存款	48 000
应付账款	2 000

(三)会计分录的种类

按照一笔会计分录中所包含的账户数量的多少,会计分录可分为简单会计分录和复合会计分录两种。

简单会计分录是指只涉及一个借方账户和一个贷方账户的会计分录,即一借一贷的会计分录,例 4-1 至例 4-4 的会计分录即为一借一贷的简单会计分录。

复合会计分录是指由两个以上对应账户所组成的会计分录,即一借多贷、一贷多借或多借多贷的会计分录,例 4-5 和例 4-6 的会计分录即为多借一贷和一借多贷的复合会计分录。

复合会计分录实际上是由若干简单会计分录复合而成的。一笔复合会计分录可以分解为若干个简单会计分录。如例 4-5 的会计分录可以拆分为以下两个会计分录。

借:应付账款	30 000	
贷:银行存款		30 000
借:短期借款	40 000	
贷:银行存款		40 000

如例 4-6 的会计分录可以拆分为以下两个会计分录。

借:在途物资	48 000	
贷:银行存款		48 000
借:在途物资	2 000	
贷:应付账款		2 000

当然若干笔相关的简单会计分录也可复合为一笔复合会计分录。复合或分解的目的是便于会计工作更好地反映交易或事项的实质。

需要指出的是,为了保持账户对应关系的清晰,一般不宜把不同交易或事项合并在一起,编制多借多贷的会计分录。但在某些特殊情况下为了反映交易或事项的全貌,也可以编制多借多贷的会计分录。

(四)账户的对应关系与对应账户

账户的对应关系是指采用借贷记账法对每笔交易或事项进行记录时,相关账户之间形成的应借、应贷的相互关系。如例 4-1 的会计分录中,"银行存款"账户与"股本"账户之间就建立了对应关系。

对应账户是指存在对应关系的账户。例如,在例 4-1 中,"银行存款"账户与"股本"账户就互为对应账户。重要的规律是,在某一特定的交易或事项中,对应账户之间的对应关系是不可改变的。

(五)会计分录的书写格式要求

在教学中编制会计分录的书写格式应符合以下要求:①分录中借贷分行书写;②先借后贷,借方内容在上面,贷方内容在下面,不可先贷后借;③分录中贷方内容要缩进一个字书写,不要与借方内容齐头书写,更不能将贷方内容写在借方的前面;④分录中的借记金额和贷记金额错开分别排成两列,便于后续进行的借方发生额和贷方发生额分别汇总;⑤分录中的金额后面不必写"元"字。

六、借贷记账法的试算平衡

(一)试算平衡的概念

试算平衡是指根据会计等式的恒等关系和借贷记账法的记账规则,通过对所有账户发生额和余额的汇总计算和比较,来检查账户记录是否正确完整的一种方法。

(二)试算平衡的两种方法

1.发生额试算平衡

发生额试算平衡是指全部账户本期借方发生额合计与全部账户本期贷方发生额合计保持平衡,即:

$$全部账户本期借方发生额合计＝全部账户本期贷方发生额合计$$

发生额试算平衡的直接依据是借贷记账法的记账规则,即"有借必有贷,借贷必相等"。每一笔交易或事项发生后,基于这一记账规则,借贷双方的发生额是相等的。因此,不管企业在一定会计期间发生了多少交易或事项,登记记录了多少账户,只要将这些账户按照借方和贷方分别汇总发生额,必然会形成全部账户的本期借方发生额合计等于全部账户的本期贷方发生额合计。

2.余额试算平衡

余额试算平衡是指全部账户借方期末(初)余额合计与全部账户贷方期末(初)余额合计保持平衡,即:

$$全部账户借方期末(初)余额合计＝全部账户贷方期末(初)余额合计$$

余额试算平衡法的直接依据是会计等式"资产＝负债+所有者权益"中的恒等关系。在会计期末,收入类账户与费用类账户的余额结转后,这两类账户没有余额。在利润类账户并入所有者权益类账户,成本类账户并入资产类账户的情况下,期末有余额的应当只有资产、负债和所有者权益这三类账户。资产类账户的期末余额一般为借方余额,负债类账户和所有者权益类账户的余额一般为贷方余额,因此基于会计等式"资产＝负债+所有者权益"中的等量关系,必然会形成全部账户借方期末余额合计等于全部账户贷方期末余额合计。

(三)试算平衡表的编制

试算平衡是通过编制试算平衡表进行的。试算平衡表通常是在期末结出各账户的本期发生额合计和期末余额后编制的。试算平衡表一般应设置"期初余额""本期发生额""期末余额"三大栏目,其下分设"借方"和"贷方"两个栏目。各大栏目中的借方合计与贷方合计应该平衡相等,否则便存在记账错误。

[例4-7]　以例4-1至例4-6为例,补充期初余额资料(表4-2),编制总分类账户发生额及余额试算平衡表。

表 4-2　期初余额表

20××年 3 月 1 日　　　　　　　　　　　　　　　　　　　单位:元

账户名称	期初余额	
	借方	贷方
银行存款	200 000	
在途物资	10 000	
固定资产	1 000 000	
短期借款		150 000
应付账款		60 000
股本		600 000
资本公积		400 000
合计	1 210 000	1 210 000

假设例 4-1 至例 4-6 为 20××年 3 月发生的全部业务,现将例 4-1 至例 4-6 的会计分录编制如下。

[例 4-1]　借:银行存款　　　　　　　　800 000
　　　　　　　　贷:股本　　　　　　　　　　　　800 000
[例 4-2]　借:短期借款　　　　　　　　50 000
　　　　　　　　贷:银行存款　　　　　　　　　　50 000
[例 4-3]　借:资本公积　　　　　　　　400 000
　　　　　　　　贷:股本　　　　　　　　　　　　400 000
[例 4-4]　借:固定资产　　　　　　　　30 000
　　　　　　　　贷:银行存款　　　　　　　　　　30 000
[例 4-5]　借:应付账款　　　　　　　　30 000
　　　　　　　短期借款　　　　　　　　40 000
　　　　　　　　贷:银行存款　　　　　　　　　　70 000
[例 4-6]　借:在途物资　　　　　　　　50 000
　　　　　　　　贷:银行存款　　　　　　　　　　48 000
　　　　　　　　　　应付账款　　　　　　　　　　2 000

根据上述会计分录登记总分类账户,期末结算各总分类账户的本期发生额和期末余额,如图 4-9 至图 4-15 所示。

借		银行存款		贷
期初余额	200 000			
4-1	800 000			
		4-2		50 000
		4-4		30 000
		4-5		70 000
		4-6		48 000
本期借方发生额合计	800 000	本期贷方发生额合计		198 000
期末余额	802 000			

图 4-9　银行存款账户

60

借	在途物资		贷
期初余额	10 000		
4-6	50 000		
本期借方发生额合计	50 000	本期贷方发生额合计	0
期末余额	60 000		

图 4-10　在途物资账户

借	固定资产		贷
期初余额	1 000 000		
4-4	30 000		
本期借方发生额合计	30 000	本期贷方发生额合计	0
期末余额	1 030 000		

图 4-11　固定资产账户

借	短期借款		贷
		期初余额	150 000
4-2	50 000		
4-5	40 000		
本期借方发生额合计	90 000	本期贷方发生额合计	0
		期末余额	60 000

图 4-12　短期借款账户

借	应付账款		贷
		期初余额	60 000
4-5	30 000		
		4-6	2 000
本期借方发生额合计	30 000	本期贷方发生额合计	2 000
		期末余额	32 000

图 4-13　应付账款账户

借	股本		贷
		期初余额	600 000
		4-1	800 000
		4-3	400 000
本期借方发生额合计	0	本期贷方发生额合计	1 200 000
		期末余额	1 800 000

图 4-14　股本账户

借		资本公积		贷
		期初余额		400 000
4-3		400 000		
本期借方发生额合计		400 000	本期贷方发生额合计	0
			期末余额	0

图 4-15　资本公积账户

根据各账户的期初余额、本期发生额和期末余额,编制总分类账户试算平衡表进行试算平衡,见表 4-3。

表 4-3　总分类账户试算平衡表

总分类账户试算平衡表

20××年 3 月 31 日　　　　　　　　　　　　　　　　单位:元

账户名称	期初余额		本期发生额		期末余额	
	借方	贷方	借方	贷方	借方	贷方
银行存款	200 000		800 000	198 000	802 000	
在途物资	10 000		50 000		60 000	
固定资产	1 000 000		30 000		1 030 000	
短期借款		150 000	90 000			60 000
应付账款		60 000	30 000	2 000		32 000
股本		600 000		1 200 000		1 800 000
资本公积		400 000	400 000			0
合计	1 210 000	1 210 000	1 400 000	1 400 000	1 892 000	1 892 000

从表 4-3 可以看到,全部账户的期初借方余额合计等于全部账户期初贷方余额合计;全部账户本期借方发生额合计等于全部账户本期贷方发生额合计;全部账户的期末借方余额合计等于全部账户期末贷方余额合计。以上有关合计数之间各自相等,说明账户记录和试算表的编制过程是基本正确的。如果不相等,应查找差错,调整数字,直至有关合计数之间各自相等为止。

试算平衡表只是通过借贷金额是否平衡来检查账户记录是否正确的一种方法。如果借贷双方余额合计和发生额合计相等,表明账户记录基本正确。如果试算不平衡,那么表示记账一定有错误。但试算平衡时,不一定表示记账一定正确。因为有些错误并不影响借贷双方的平衡,通常有:①漏记某项交易或事项,将使本期借贷双方的发生额同时等额减少,借贷仍然平衡;②重复记录某项交易或事项,将使本期借贷双方的发生额同时等额虚增,借贷仍然平衡;③某项交易或事项记录的应借、应贷科目正确,但借贷双方金额同时多记或少记,且金额一致,借贷仍然平衡;④某项交易或事项记错了有关账户,借贷仍然平衡;⑤某项交易或事项颠倒了借贷记账方向,借贷仍然平衡;⑥某借方或贷方发生额中,偶然发生多记和少记并相互抵消,借贷仍然平衡。由于账户记录可能存在上述不能由试算平衡表发现的错误,因此需要对一切会计记录进行日常或定期的复核,以保证账户记录的正确性。

第三节 账户的平行登记

一、平行登记的概念和应用

(一)平行登记的概念

平行登记是指对所发生的每一笔交易或事项,都要以会计凭证为依据,一方面记入有关总分类账户,另一方面记入其所属明细分类账户的方法。

在会计实务中,大多数的总分类账户下都会设置明细分类账户,对发生的交易或事项既需要在相关总分类账户进行登记,又需要在其所属的明细账户中进行平行登记。在个别总分类账户下可以不设置明细分类账户,因此就不存在平行登记的要求了。

(二)平行登记的应用

[例4-8] 瑞奇公司购入 M、N 两种材料共计 80 000 元,其中,M 材料 50 000 元,从四通公司购得;N 材料 30 000 元,从八达公司购得。货款尚未支付,材料已运达但尚未验收入库(假设暂不考虑已经缴纳的增值税进项税额)。

会计确认:该笔交易一方面涉及资产要素("在途物资"总账账户增加,其所属的"M材料"和"N 材料"两个明细分类账户分别增加);另一方面涉及负债要素("应付账款"总账账户增加,其所属的"四通公司"和"八达公司"两个明细分类账户分别增加)。

会计计量:按实际成本计量,在"在途物资"总账账户的借方记录 80 000 元,其所属的"M 材料"明细分类账户的借方记录 50 000 元,"N 材料"明细分类账户的借方记录30 000元;在"应付账款"账户的贷方记录 80 000 元,其所属的"四通公司"明细分类账户的贷方记录 50 000 元,"八达公司"明细分类账户的贷方记录 30 000 元。

会计分录如下。

借:在途物资——M 材料   50 000
          ——N 材料   30 000
  贷:应付账款——四通公司   50 000
          ——八达公司   30 000

[例4-9] 瑞奇公司用在工商银行开立的账户中的银行存款 50 000 元偿还四通公司的货款。

会计确认:该笔交易一方面涉及负债要素("应付账款"总分类账户减少,其所属"四通公司"明细分类账户减少),另一方面涉及资产要素("银行存款"总分类账户减少,其所属的"工商银行"明细分类账户减少）。

会计计量:按实际成本计量,在"应付账款"总分类账户的借方记录 50 000 元,其所属"四通公司"明细分类账户的借方记录 50 000 元;在"银行存款"总分类账户的贷方记录 50 000 元,其所属"工商银行"明细分类账户的贷方记录 50 000 元。

会计分录如下:

借:应付账款——四通公司　　　　　　　　　　　　　50 000

　　贷:银行存款——工商银行　　　　　　　　　　　　　　　　50 000

（三）平行登记对会计分录的编制要求

对于需要进行平行登记的交易或事项,要注意分录编制时的变化。在分录中不仅要写出总分类账户的名称,还要写出所属明细分类账户的名称,发生额也应按明细分类账户分别写出,以便下一步总分类账户和明细分类账户的平行登记。

二、总分类账户与其所属明细分类账户之间的关系及平行登记的要点

（一）总分类账户与其所属明细分类账户之间的关系

总分类账户是根据总分类科目设置的,用于对会计要素具体内容进行总括分类核算的账户,用以提供会计要素某些方面的总括信息。而总分类账户对于交易或事项的反映存在一定的局限性,有必要根据总分类账户所反映的内容做进一步的分类,并设立明细分类账户。明细分类账户是根据明细分类科目设置的,用来对会计要素具体内容进行明细分类核算的账户,借以反映会计要素某些方面具体内容增减变动的详细信息。总分类账户与其所属明细分类账户之间存在密切的关系。

①统驭与被统驭的关系。总分类账户是其所属明细账户的统驭账户,它提供的是总括信息,这些信息是其所属明细账户所反映的详细信息的综合;明细分类账户从属于其总分类账户,提供某一方面具体内容增减变动的详细信息。

②相互配合的关系。总分类账户与其所属明细账户在提供信息的功能上可以起到相互配合的作用。明细分类账户提供的详细信息能对其所隶属的总分类账户起到详细补充说明的作用;而总分类账户提供总括性信息,它所起到的综合作用是明细分类账户不能替代的。所以只有把总分类账户与明细分类账户相互配合地加以利用,才能既总括又详细地反映同一交易或事项的内容,从而对交易或事项进行全面的处理。

（二）平行登记的要点

进行总分类账户与明细账户的平行登记,需要把握以下三个要点。

①登记的期间相同。对发生的交易或事项,记入总分类账户与其所属明细分类账户的具体时间可以有先后,但应在同一个会计期间记入总分类账户和所属明细分类账户。

②登记的方向相同。一般来说,在总分类账户及其所属明细分类账户中登记同一项交易或事项时,方向通常相同。即在总分类账户中记入账户借方,在其所属的明细分类账户中一般也应记入账户借方;在总分类账户中记入账户贷方,在其所属明细分类账户中一般也应记入账户贷方。

③登记的金额相等。同一交易或事项登记在总分类账户借方(或贷方)的金额必须与登记在该总分类账户所属的一个或几个明细分类账户的借方(或贷方)的金额或金额合计数相等。

三、平行登记的试算平衡

对交易或事项采用平行登记的方法,有关总分类账户与其所属明细分类账户在发生额及余额之间会产生平衡相等关系。为检验账户平行登记的过程和结果是否正确,可编制"总分类账户与明细分类账户发生额及余额试算平衡表",详细可见表4-4。

表4-4　总分类账户与明细分类账户发生额及余额试算平衡表

20××年 3 月 31 日　　　　　　　　　　　　　　　　单位:元

账户名称	期初余额		本期发生额		期末余额	
	借方	贷方	借方	贷方	借方	贷方
银行存款总分类账	90 000			50 000	40 000	
银行存款明细分类账合计	90 000			50 000	40 000	
工商银行	90 000			50 000	40 000	
在途物资总分类账	30 000		80 000		110 000	
在途物资明细分类账合计	30 000		80 000		110 000	
M 材料	10 000		50 000		60 000	
N 材料	20 000		30 000		50 000	
应付账款总分类账		40 000	50 000	80 000		70 000
应付账款明细分类账合计			50 000	80 000		70 000
四通公司		30 000	50 000	50 000		30 000
八达公司		10 000		30 000		40 000

编制"总分类账户与明细分类账户发生额及余额试算平衡表",首先应把相关总分类账户及其所属明细分类账户的期初余额、借方发生额合计、贷方发生额合计和期末余额相应地抄列在该表的发生额栏和余额栏,然后将明细分类账户的发生额和余额分别求和。再用这些合计数与该表中的总分类账户发生额和余额进行核对。如果相关金额之间相等,则说明平行登记的过程和结果基本正确;否则说明存在问题,应查找更正。

练习题

一、借贷记账法

[目的]练习借贷记账法下会计分录的编制和试算平衡方法。

[资料]

1.瑞奇公司有关总分类账户的期初余额如下。

库存现金	1 000	银行存款	250 000	在途物资	70 000
原材料	20 000	生产成本	15 000	固定资产	400 000
短期借款	100 000	应付账款	156 000	股本	500 000

2.本月发生如下交易或事项。

(1)从银行提取现金备用 5 000 元。

(2)取得短期借款 100 000 元,已存入银行。

(3)购入材料 40 000 元,货款尚未支付,材料已运达未办理入库手续(假设暂不考虑已缴纳的增值税)。

(4)将上述材料验收入库。

(5)用银行存款偿还前欠货款 60 000 元。

(6)生产产品领用材料 10 000 元。

(7)用银行存款 50 000 元购买不需要安装的设备一台(假设暂不考虑已缴纳的增值税)。

(8)收到投资者投入的货币资金 100 000 元,已存入银行。

[要求]

1.根据所给交易或事项编制会计分录。

2.编制总分类账户发生额及余额试算平衡表。

借	股本	贷
	期初余额	
本期发生额	本期发生额	
	期末余额	

借	应付账款	贷
	期初余额	
本期发生额	本期发生额	
	期末余额	

借	固定资产	贷
期初余额		
本期发生额	本期发生额	
期末余额		

借	原材料	贷
期初余额		
本期发生额	本期发生额	
期末余额		

借	生产成本	贷
期初余额		
本期发生额	本期发生额	
期末余额		

借	在途物资	贷
期初余额		
本期发生额	本期发生额	
期末余额		

借	库存现金	贷
期初余额		
本期发生额	本期发生额	
期末余额		

借	短期借款	贷
		期初余额
本期发生额	本期发生额	
		期末余额

借	银行存款	贷
期初余额		
本期发生额	本期发生额	
期末余额		

3.填制以下总分类账户发生额及余额试算平衡表。

总分类账户试算平衡表

20××年×月 30 日   单位:元

账户名称	期初余额		本期发生额		期末余额	
	借方	贷方	借方	贷方	借方	贷方
库存现金						
银行存款						
在途物资						
原材料						
生产成本						
固定资产						
短期借款						
应付账款						
股本						
合计						

二、平行登记

[目的]练习总分类账户与明细分类账户的平行登记及其试算平衡方法。

[资料]

1.假设瑞奇公司有关账户的期初余额为:

(1)银行存款 200 000 元

其中:银行存款——工商银行 150 000

———建设银行　50 000

（2）在途物资30 000元

　　其中：在途物资——X材料　20 000

　　　　　　———Y材料　10 000

（3）应付账款150 000元

　　其中：应付账款——高进公司　120 000

　　　　　　———讯飞公司　30 000

（4）原材料100 000万元

　　其中：原材料——X材料　60 000

　　　　　　———Y材料　40 000

2.瑞奇公司当月发生如下交易或事项。

（1）从高进公司购入X材料一批，货款50 000元尚未支付，材料运达企业尚未验收入库。

（2）从讯飞公司购入Y材料一批，货款40 000元尚未支付，材料运达企业尚未验收入库。

（3）将上述X材料和Y材料验收入库。

（4）用工商银行账户的银行存款支付前欠高进公司货款120 000元。

（5）用建设银行账户的银行存款支付前欠讯飞公司货款30 000元。

[要求]

1.根据所给交易或事项编制会计分录。

2.编制总分类账户与明细分类账户发生额及余额试算平衡表。

总分类账户与明细分类账户发生额及余额试算平衡表

20××年×月30日　　　　　　　　　　单位：元

账户名称	期初余额		本期发生额		期末余额	
	借方	贷方	借方	贷方	借方	贷方
银行存款总分类账						
银行存款明细分类账合计						
工商银行						
建设银行						
在途物资总分类账						
在途物资明细分类账合计						
X材料						
Y材料						
原材料总分类账						
原材料明细分类账合计						
X材料						
Y材料						

续表

账户名称	期初余额		本期发生额		期末余额	
	借方	贷方	借方	贷方	借方	贷方
应付账款总分类账						
应付账款明细分类账合计						
高进公司						
讯飞公司						

自测　客观题、答案及解析

客观题

客观题
答案及解析

第五章 工业制造企业主要经济业务的账务处理

学习目标

通过本章的学习,学生掌握工业制造企业主要交易或事项的具体账务处理,进一步理解并熟悉账户设置、借贷记账法以及会计假设、会计信息质量要求等会计基本概念的具体应用。

学习要求

重点掌握工业制造企业主要交易或事项的具体账务处理。能够理解会计要素的确认与计量,能够熟练应用借贷记账法。

课程思政

有关部门要依法依规强化对主管、监管行业系统和单位财会监督工作的督促指导。
——节选自中共中央办公厅　国务院办公厅印发《关于进一步加强财会监督工作的意见》(2023-02-15)

引例　虚假报表,迎合董事会下达的利润指标

公安机关于 2021 年 9 月依法对某股份有限公司涉嫌提供虚假会计报告罪立案侦查,查明:2020 年初,该企业各分公司把 2019 年的报表报到集团企业财务处,财务处主任都某把公司 2019 年报表显示严重亏损的情况汇报给董事长李某。李某当面指使都某必须完成 2019 年董事会下达的指标,为 2020 年公司配股做好准备,要求报表退回去重新做。

为此,李某还专门召集分公司开会。会上李某要求各分公司必须完成 2019 年董事会下达的利润指标,并要求都某督办。会后都某按照李某的指示,让财务处会计周某把 2019 年的报表退回家电分公司,家电分公司主管会计按照财务处的要求让家电各部再做虚假报表,与董事会下达的指标一致,同时向家电分公司的财务经理杨某汇报。

杨某认为这样下去公司亏空会更大,就同副经理给董事会写了一个报告,交给了总经理卢某。卢某于2020年2月初同都某一起向董事长李某汇报。李某不听汇报,指示公司财务报表必须与董事会下达的指标一致。按照李某的要求,家电分公司重新做报表,造成该公司财务报告虚假。

现已查实,该公司家电分公司2020年初第一次上报的2019年财务报表中显示亏损1.5亿元,重新制作的财务报表显示盈利近1亿元。

启示

该案例是一起严重违反法律、违反会计职业道德的会计处理事件。该公司虚报盈利,骗取在股市的配股权,使广大股民蒙受重大损失。该公司会计人员违反会计职业道德,屈从于压力,做假账,提供给社会虚假的财务信息,害人害己。

那么,对于企业的交易或事项,究竟应该如何进行账务处理呢? 这一章,我们就一起来学习工业制造企业交易或事项的账务处理。

第一节　工业制造企业的主要经济业务

一、工业制造企业的概念

企业是以盈利为主要经营目的的经济组织。企业通过对生产经营活动的有效组织和管理,力争创造更多的盈利:一方面可以提升企业的经营业绩,壮大企业的实力,为企业的可持续发展提供强有力的支持;另一方面也可以影响和带动所在地区的经济发展,更多地缴纳税费,承担企业的社会责任,为促进社会经济的发展作出贡献。

本章主要以从事产品生产的工业制造企业为探讨对象。与其他企业相比,工业制造企业的业务活动内容更为复杂,发生的经济业务更为多样。

二、工业制造企业的主要经济业务

工业制造企业的主要经济业务包括以下六类。

(一)资金筹集业务

资金筹集业务是指导致企业资本及债务规模和构成发生变化的业务,是企业获取资金、保证企业生产经营活动正常进行的必不可少的业务,也是开展生产经营活动的前提。企业获取资金的渠道主要有两条:一是吸引投资者向企业投入资本;二是通过向银行借款等负债的方式吸引社会投资。投入资本包括实收资本(或股本)和资本溢价(或股本溢价);负债包括企业从银行借得的短期借款和长期借款等。

(二)生产准备业务

工业制造企业为进行产品的生产,需要为产品的生产做好物资准备工作,这包括两个方面:一是购买机器设备等劳动资料形成固定资产,二是购买原材料等劳动对象形成储备资金。固定资产购置业务包括固定资产的入账成本的确认与计量、价款结算、税费缴纳、安装调试过程的核算等内容;原材料采购业务包括材料采购成本的确认与计量、价款结算、税费缴纳、材料验收入库等内容。

(三)产品生产业务

产品生产过程是工业制造企业生产经营活动的中心环节。在生产过程中,劳动者借助劳动资料对劳动对象进行加工,生产出适销对路的产品。在这个过程中发生的各种耗费,形成生产费用。为生产产品耗费的原材料形成材料费用,耗费的劳动者的劳动就形成了工资及福利费等人工费用,使用厂房、生产设备等劳动资料就形成了折旧费用等,这些费用共同形成了产品的生产成本。生产费用的发生、归集和分配,以及完工产品生产成本的计算和结转就构成了产品生产业务的主要内容。

(四)产品销售业务

企业在产品销售过程中,按照合同销售价格,形成销售收入,计算缴纳各种税费,与购买单位结算款项,结转已售产品的生产成本,发生广告费等销售费用,构成工业制造企业产品销售业务的主要内容。

(五)利润形成与分配业务

企业在生产经营活动中,形成了与经营活动相关的收入和费用,还可能发生与经营活动无关的利得和损失。将收入扣除费用,再加上利得,减去损失,如果为正数,即为企业取得的利润,如果为负数,即为亏损。

企业形成的利润,按照法律和股东大会的要求,指定利润的特定用途,分配利润给股东,就是企业的利润分配业务。经分配后,尚未分完的利润,可留待以后年度进行分配,就形成了未分配利润,结转下一年度。

(六)资金退出业务

企业的资金退出业务包括偿还各项债务、上交各项税金、向所有者分配利润等,这部分资金便离开本企业,退出本企业的资金循环与周转。

第二节　资金筹集业务的账务处理

企业组织生产经营活动,必须通过各种途径获取资金。企业筹集资金的方式多种多样,主要有以下两种:一是吸收投资;二是取得借款。企业通过发行股票或签订投资协议等方式吸收投资所获得的资金,通常称为投入资本,其所有权归属于企业的投资者,属于企业的所有者权益;企业通过向银行借款等方式所获得的资金,体现了企业与债权人之间的债权债务关系,属于企业的负债。

一、投入资本的账务处理

企业接受投入资本:按照投资主体不同,可分为国家资本金、法人资本金、个人资本金和外商资本金四种;按投资形式不同,可分为货币资金投资、实物资产投资(如设备、原材料等)和无形资产投资(如知识产权、专利权和土地使用权等)。

投入资本包括实收资本和资本公积两个部分:①实收资本。投资者投入的资本,按其在注册资本中所占的份额,作为实收资本。在股份公司称为股本,应按发行股票的面值金额确定。实收资本的构成比例即投资者的出资比例或股东的股份比例,通常是确定所有者在企业所有者权益中所占的份额和参与企业生产经营决策的基础,也是企业进行利润分配或股利分配的依据,还是企业清算时确定所有者对企业净资产的要求权的依据。②资本公积。资本公积在不同类型的企业表现为不同的内容。在股份公司,公司以超过股票票面金额的发行价格发行股票所获得的溢价款,应当列为资本公积;一般企业收到投资者超过其在注册资本中所占份额的部分,作为资本溢价,列为资本公积。资本公积可用于扩大企业生产经营规模或转增资本,不得用于弥补企业亏损。

(一)账户设置

①"股本"(或"实收资本")账户。"股本"账户属于所有者权益类账户,用以核算企业接受投资者投入的资本。贷方登记按投资者在股本(或注册资本)中所占份额确定的投入资本和由资本公积转增的部分;借方登记企业按法定程序批准后减少注册的资本和归还投资者的投资等。期末为贷方余额,反映企业股本(实收资本)总额。该账户按投资者设置明细账,进行明细分类核算。企业收到投资者投资超过其在股本(或注册资本)中所占份额的部分,作为股本(或资本)溢价,在"资本公积"账户中核算。

②"资本公积"账户。"资本公积"账户属于所有者权益类账户,用以核算企业取得的各种资本公积及其使用情况。贷方登记企业接受投资者投入的资本等形成的资本公积,如股本(或资本)溢价等;借方登记经股东大会或类似机构决议,用资本公积转增资本而减少的资本公积。期末为贷方余额,反映企业资本公积的实际结存数。该账户按资本公积产生的原因设置明细账,进行明细分类核算。

(二)账务处理

1.接受货币资金投资

股份有限公司发行股票接受货币资金投资,应以发行股票的面值金额,贷记"股本"账户,按超出股票面值的溢价收入,扣除委托券商代理发行股票而支付的手续费、佣金等后的金额,贷记"资本公积"账户,借记"银行存款"账户。

[例5-1] 瑞奇公司为股份有限公司。发行股票2 000 000股,每股面值1元,发行价每股2.5元,实际收到发行款5 000 000元已全部存入银行。会计分录为:

借:银行存款   5 000 000

贷:股本	2 000 000
资本公积	3 000 000

非股份有限公司接受货币资金投资,以实际收到或存入企业开户银行的金额,借记"银行存款"账户,按其在注册资本中所占份额,贷记"实收资本"账户,按其差额,贷记"资本公积"账户。

[例5-2]　渝强公司为有限责任公司,收到A公司作为资本投入的货币资金1 200 000元,款项已存入银行。股东A公司在该公司注册资本中占有的份额为1 000 000元。会计分录为:

借:银行存款	1 200 000
贷:实收资本	1 000 000
资本公积	200 000

2.接受实物资产投资

企业接受投资者的实物投资,如原材料、固定资产等,应按投资合同或协议约定的价值确定原材料或固定资产的价值,借记"原材料""固定资产"等账户,按其在股本或注册资本中所占份额,贷记"股本(实收资本)"账户,按其差额,贷记"资本公积"账户。

[例5-3]　瑞奇公司收到股东B公司作为资本投入的全新设备一台,协商作价1 200 000元。股东B公司在股本中所占份额为1 000 000元。会计分录为:

借:固定资产	1 200 000
贷:股本	1 000 000
资本公积	200 000

[例5-4]　瑞奇公司收到股东C公司作为资本投入的钢材一批,协商作价200 000元。股东C公司在股本中所占份额为200 000元。会计分录为:

借:原材料	200 000
贷:股本	200 000

3.接受无形资产投资

企业接受投资者以专利权、商标权、土地使用权、特许经营权等无形资产投资,应按投资合同或协议约定的价值确定无形资产的价值,借记"无形资产"账户,按其在股本或注册资本中所占份额,贷记"股本(实收资本)"账户,按其差额,贷记"资本公积"账户。

[例5-5]　瑞奇公司收到股东D作为资本投入的专利权,合同约定价值为1 000 000元,D公司在股本中所占份额为1 000 000元。会计分录为:

借:无形资产	1 000 000
贷:股本	1 000 000

二、银行借款的账务处理

银行借款是企业筹集资金的又一重要方式。银行借款是企业根据与银行签订的借款合同向银行或其他金融机构借入的,约定在一定期限内还本付息的款项。根据借款偿还期限的不同,可将银行借款分为短期借款和长期借款两大类。短期借款主要用于企业在生产经营过程中现金不足时的临时周转需要。长期借款主要用于企业为扩大经营规模等而进行的工程项目建设。企业借入的各种款项应按期支付利息和偿还本金。

（一）账户设置

①"短期借款"账户。"短期借款"账户属于负债类账户，用以核算企业向银行或其他金融机构等借入的，期限在一年以下（含一年）的各种借款。贷方登记取得的短期借款本金；借方登记归还的短期借款本金。期末为贷方余额，反映企业尚未归还的短期借款本金。该账户按借款人设置明细账，并按借款种类进行明细分类核算。短期借款的利息应记入"财务费用"账户。

②"长期借款"账户。"长期借款"账户属于负债类账户，用以核算企业向银行或其他金融机构等借入的，期限在一年以上的各种借款。贷方登记借入的长期借款本金和计提的长期借款利息；借方登记归还的长期借款本金和利息。期末为贷方余额，反映企业尚未归还的长期借款本金和利息。该账户按借款人设置明细账，并按借款种类进行明细分类核算。利用长期借款进行固定资产建设时，固定资产达到预定可使用状态前的利息支出记入"在建工程"账户，固定资产达到预定可使用状态后的利息支出应记入"财务费用"账户。

（二）账务处理

1.取得短期借款

短期借款一般是企业为维护正常的生产经营所需资金而借入的，属于企业的流动负债。企业向银行或其他金融机构取得的短期借款，应记入"短期借款"账户的贷方，同时记入"银行存款"账户的借方。

［例5-6］ 瑞奇公司向银行借入期限为3个月、年利率为6%的借款500 000元，已存入在银行开立的存款户。会计分录为：

借：银行存款　　　　　　　　　　　　500 000
　　贷：短期借款　　　　　　　　　　　　　　　500 000

企业从银行借入的短期借款，一般采用按季结算利息的方法。借款利息支出较大的企业，可以采用按月预提的方式计入各月的财务费用，按季结算，于季末一次性支付给贷款银行。借款利息的计算和账务处理，将在第6节中具体说明。借款的归还，将在第7节中具体说明。

2.取得长期借款

长期借款一般是企业为购买或建造固定资产，扩大再生产规模或研发新技术等所需资金而借入的，它是企业的长期负债。企业向银行或其他金融机构取得的长期借款，应计入"长期借款"账户的贷方，同时计入"银行存款"账户的借方。

［例5-7］ 瑞奇公司向银行借入用于更新改造厂房的借款1 000 000元，期限为2年，年利率10%，到期还本付息。款项已存入在银行开立的存款户。会计分录为：

借：银行存款　　　　　　　　　　1 000 000
　　贷：长期借款　　　　　　　　　　　　　　1 000 000

企业从银行借入的长期借款,应在资产负债表日确认当期的利息费用,并按以下原则计入有关成本费用:属于筹建期间的,计入管理费用;属于生产经营期间的,计入财务费用;如果长期借款用于购建固定资产等符合资本化条件的资产,在资产尚未达到预定可使用状态前,所发生的应当资本化的利息支出,计入在建工程;在资产达到预定可使用状态后发生的利息支出,以及按规定不能予以资本化的利息支出,计入财务费用。应付未付的利息,确认为负债,计入长期借款。具体核算待后续课程说明。

第三节　生产准备业务的账务处理

企业开展生产经营活动,须先为生产经营做好准备。这些准备工作包括建造厂房及其他建筑物、购置机器设备和采购材料等。因此企业生产准备业务的核算内容主要包括固定资产购置业务和材料采购业务。

一、固定资产取得业务的账务处理

固定资产是指为生产商品、提供劳务、出租或经营管理而持有的使用寿命超过一个会计年度的有形资产。固定资产一般包括房屋、建筑物、机器设备、运输工具等。固定资产应按照取得时的实际成本作为入账价值。取得时的实际成本包括买价、进口关税和其他税费,以及使固定资产达到预定可使用状态之前所发生的可归属于该项资产的费用,如运输费、装卸费、安装调试费等。企业外购固定资产取得的增值税专用发票所列应交增值税税额,应当作为进项税额,不得计入固定资产原始价值。

(一)账户设置

①"固定资产"账户。"固定资产"账户属于资产类账户,用以核算企业固定资产的原始价值。借方登记增加的固定资产的原始价值;贷方登记减少的固定资产的原始价值。期末为借方余额,反映企业期末结存固定资产的原始价值。该账户按固定资产的类别或项目设置明细账,进行明细分类核算。

②"在建工程"账户。"在建工程"账户属于资产(成本)类账户,用以核算企业设备安装、基建、更新改造等工程发生的实际支出。借方登记进行设备安装或工程施工所发生的全部支出;贷方登记设备安装或工程施工完成后结转入"固定资产"账户的工程实际成本。期末为借方余额,反映企业期末尚未完工的在建工程的成本。该账户按在建工程的种类设置明细账,进行明细分类核算。

③"应交税费"账户。"应交税费"账户属于负债类账户,用以核算企业按照税法规定计算的应缴纳的各种税费,包括增值税、消费税、所得税、资源税、土地增值税、城市维护建设税、房产税、城镇土地使用税、车船税、教育费附加、耕地占用税、契税等。有的税金在发生时直接缴纳,不需要预计应交数,如印花税等,不通过"应交税费"账户核算。贷方登记企业按税法规定计算出来的各种应交纳的税费;借方登记企业实际缴纳的各种税费。期末一般为贷方余额,反映企业应交而未交的税费。若有借方余额,反映企业多交

或尚未抵扣的税费。该账户按应交税费的种类设置明细账,进行明细分类核算。应交增值税还分别设置了"进项税额""销项税额""已交税金"等专栏。

增值税是以商品(含应税劳务)在流转过程中产生的增值额作为计税依据而征收的一种流转税。增值税采用税款抵扣的办法计算纳税,应纳增值税额=当期销项税额−当期进项税额。销项税额是指纳税人提供应税服务,按照销售额和增值税税率计算的增值税额。进项税额是指纳税人购进货物或者接受加工修理劳务和应税服务所支付或者负担的,在从销售方取得的增值税专用发票上(或其他合法凭证)注明的增值税额。增值税是价外税,可抵扣的进项税额不计入采购成本,销项税额不计入销售收入,在"应交税费——应交增值税"账户中进行明细核算。

(二)账务处理

企业购入的固定资产,有的不需要安装即可投入使用,有的则需要经过安装调试后才能交付使用。购入不需要安装的固定资产,按应计入固定资产成本的金额,记入"固定资产"账户的借方,按增值税专用发票上列明的增值税,借记"应交税费——应交增值税(进项税额)"账户,贷记"银行存款"等账户。购入需要安装的固定资产,应将固定资产达到预定可使用状态前发生的一切支出,先全部记入"在建工程"账户的借方,待安装完工,达到预定可使用状态时,再将已记入"在建工程"账户借方的金额作为固定资产的原始价值从其贷方转入"固定资产"账户的借方。

1.购入不需要安装的固定资产

[例5-8]　瑞奇公司购入不需要安装的生产设备一台,取得的增值税专用发票上注明买价300 000元,增值税额39 000元,发生运输费2 000元,已用银行存款支付上述款项。假定不考虑运输费涉及的增值税,会计分录为:

借:固定资产　　　　　　　　　　　　　　　302 000
　　应交税费——应交增值税(进项税额)　　　39 000
　　　贷:银行存款　　　　　　　　　　　　　　　　　　341 000

2.购入需要安装的固定资产

[例5-9]　瑞奇公司购入需要安装的生产设备一台并投入安装,取得的增值税专用发票上注明买价1 000 000元,增值税额130 000元,发生运输费1 000元,已用银行存款支付上述款项。假定不考虑运输费涉及的增值税,会计分录为:

借:在建工程　　　　　　　　　　　　　　　1 001 000
　　应交税费——应交增值税(进项税额)　　　130 000
　　　贷:银行存款　　　　　　　　　　　　　　　　　　1 131 000

[例5-10]　上述设备发生安装费10 000元,调试费1 000元,款项已通过银行存款支付。会计分录为:

借:在建工程　　　　　　　　　　　　　　　11 000
　　　贷:银行存款　　　　　　　　　　　　　　　　　　11 000

[例5-11]　上述设备安装完毕,经测试达到预定可使用状态,结转实际成本,投入使用。会计分录为:

借:固定资产   1 012 000
    贷:在建工程   1 012 000

二、材料采购业务的账务处理

（一）材料采购业务账务处理的主要内容

在生产企业中,生产者利用生产技术,借助厂房和机器设备对材料进行加工,从而生产出满足市场需求的商品。材料是产品生产企业必不可少的物资条件。其特点是一经投入产品生产或被其他方面耗用,便会改变其原有的实物形态,其价值也随之转化为产品的成本或直接转化为有关费用。企业生产经营所需的材料主要通过采购获取,因此企业应组织好材料的采购工作,既要保证能够及时、按量、按质地满足生产需要,又要避免储备过度,造成积压,占用资金。

在材料采购过程中,一方面企业要从供应商处购入材料并运回企业,验收入库,另一方面企业要为所购材料支付各种费用,并与供应商结算货款。因此,材料采购业务的账务处理包括材料采购实际成本的计算、货款的结算和材料的验收入库三方面。

1.计算材料的采购成本

材料的采购成本由买价和采购费用构成。

买价是指由供应商开具的增值税专用发票上开列的购买材料的价格,应根据购买材料的单价和数量计算确定。买价中不包括增值税专用发票上开列的进项税额。

采购费用是指企业将材料运达企业,以及验收入库过程中发生的有关费用,包括运输费、装卸费、包装费、保险费和运输途中的合理损耗,以及入库前的整理挑选费用等。而采购人员的差旅费、专设采购部门的经费、仓库经费、市内采购材料的零星运费,不作为采购费用计入采购成本,而是列作管理费用。凡能分清是为采购哪种材料所支付的采购费用,应直接计入该种材料的采购成本;凡不能分清的,如为运输多种材料所支付的运输费,则应该采用合理的分配标准(如按各种材料的重量比例、体积比例或价格比例等),分配计入各种材料的采购成本。

2.与供应商结算货款

企业应当按照合同的约定,及时向供应商支付货款。支付的款项包括材料的买价、增值税进项税额和供应商垫付的运费等。货款的结算方式主要有:①现金结算方式。即企业购入材料后,直接以货币资金(包括库存现金和银行存款)支付货款。②赊购方式。即企业与供应商达成协议,在企业从供应商处取得材料时并不马上支付货款,而是将支付货款的时间推迟到以后会计期间。③商业汇票结算方式。企业在购入材料后开出商业汇票(应付票据),承诺在未来的某个会计期间向供应商支付货款。商业汇票分为带息和不带息两种。如果是带息汇票,企业向供应商付款时,还应该根据商定的利率支付一定的利息。④预付款结算方式。企业在从供应商处取得材料之前,先向供应商支付部分或全部货款。当供应商实际供应材料时,企业可抵扣之前预付的款项。待材料采购业务结束后再结清货款。

3.材料验收入库

所购材料运回后,企业应该根据与供应商已签订的购销合同进行验收。经验收合格后,将材料存入仓库中以备生产所需,同时应确认入库材料的价值。

(二)账户设置

企业材料收发业务的日常核算通常采用实际成本法或计划成本法。本书仅介绍实际成本法。在实际成本法下,一般应设置如下5种主要账户。

①"在途物资"账户。"在途物资"账户属于资产类账户,也是材料采购成本的计算账户,用以归集企业外购材料的买价和采购费用,以及验收入库材料的实际成本。借方登记购入材料的实际成本(包括买价和采购费用);贷方登记验收入库材料的实际成本。期末为借方余额,反映尚未运达企业,或虽已运达企业但尚未验收入库的在途材料的实际成本。该账户按供应单位和材料种类设置明细账,进行明细分类核算。

②"原材料"账户。"原材料"账户属于资产类账户,用以核算企业库存中各种材料实际成本的增减变动和结存情况。借方登记已验收入库材料的实际成本;贷方登记发出(如生产领用)材料的实际成本。期末为借方余额,反映期末结存材料的实际成本。该账户按材料的保管地点(仓库)、材料的类别、品种、规格等设置明细账,进行明细分类核算。

③"应付账款"账户。"应付账款"账户属于负债类账户,是企业采用赊购方式采购材料和设备等应设置的账户,用以核算企业因赊购材料和设备等应付给供应商的款项及其偿还情况。贷方登记应予偿还但暂未付款的应付账款;借方登记已经偿还的应付账款。期末一般为贷方余额,反映企业期末尚未偿还的应付款项。如为借方余额,表示企业预付的款项。该账户按债权人设置明细账,进行明细分类核算。

④"应付票据"账户。"应付票据"账户属于负债类账户,用以核算企业因购买材料而开出并承兑的商业汇票。商业汇票有带息和不带息两种,都有约定的承兑付款期限。贷方登记企业已经开出、承兑的商业汇票的票面金额及应支付的利息;借方登记商业汇票到期后实际支付的款项。期末为贷方余额,反映企业尚未到期的商业汇票票面金额及利息。该账户按债权人设置明细账,进行明细分类核算。企业应设置"应付票据备查簿",详细登记每一应付票据的种类、签发日期、到期日、票面金额、票面利率、合同交易号、收款人以及付款日期和金额等资料。应付票据到期结清时,在备查簿中应予注销。

⑤"预付账款"账户。"预付账款"账户属于资产类账户,是企业采用预付款结算方式采购材料和设备等应设置的账户,用以核算企业按照购销合同规定预先付给供应商的款项及其结算情况。借方登记因购货而预付的款项和补付的款项等;贷方登记收到购货后抵扣的预付货款和供应商退回多预付的货款。期末一般为借方余额,反映企业期末预付款项的结余额;如为贷方余额,则反映企业期末尚应补付的款项(即供应商实际供货超过企业原预付款的差额)。该账户按供应商设置明细账,进行明细分类核算。

(三)账务处理

企业购入材料,按应计入材料采购成本的金额,借记"在途物资"账户,按取得的增值税专用发票上列明的增值税,借记"应交税费——应交增值税(进项税额)"账户,按实际支付或应支付的金额,贷记"银行存款""应付账款""应付票据""预付账款"等账户。

所购材料运达企业经验收入库后,借记"原材料"账户,贷记"在途物资"账户。

[例5-12] 瑞奇公司从新材公司购入甲材料,取得的增值税专用发票上载明数量5 000千克,单价100元,价款500 000元,增值税税额65 000元,价税合计565 000元。款项已用银行存款支付,材料尚未运达企业。会计分录为:

借:在途物资——甲材料　　　　　　　　　　500 000
　应交税费——应交增值税(进项税额)　　　 65 000
　贷:银行存款　　　　　　　　　　　　　　　　　　565 000

[例5-13] 瑞奇公司从新材公司购入乙材料,取得的增值税专用发票上载明数量2 000千克,单价300元,价款600 000元,增值税税额78 000元,价税合计678 000元。款项尚未支付,材料尚未运达企业。会计分录为:

借:在途物资——乙材料　　　　　　　　　　600 000
　应交税费——应交增值税(进项税额)　　　 78 000
　贷:应付账款——新材公司　　　　　　　　　　　678 000

发生共同采购费用,应该采用合理的分配标准(如按各种材料的重量比例、体积比例或价格比例等)分配计入各种材料的采购成本。分配公式为:

$$共同采购费用分配率=\frac{共同采购费用}{分配标准合计}$$

某种材料应分配的采购费用=该种材料的分配标准×共同采购费用分配率

[例5-14] 瑞奇公司从新材公司购买的甲材料和乙材料一并运达企业,发生共同运费8 400元,已用银行存款支付。运费按甲乙材料的重量分配。计算和会计分录为:

分配率=8 400/(5 000+2 000)=1.2(元/千克)
甲材料分配额=1.2×5 000=6 000(元)
乙材料分配额=1.2×2 000=2 400(元)

借:在途物资——甲材料　　　　　　　　　　6 000
　　　　　　——乙材料　　　　　　　　　　2 400
　贷:银行存款　　　　　　　　　　　　　　　　　　8 400

[例5-15] 瑞奇公司从新材公司购入的甲材料和乙材料已验收入库。甲材料的实际成本为506 000(500 000+6 000)元,乙材料实际成本为602 400(600 000+2 400)元。会计分录为:

借:原材料——甲材料　　　　　　　　　　　506 000
　　　　　——乙材料　　　　　　　　　　　602 400
　贷:在途物资——甲材料　　　　　　　　　　　506 000
　　　　　　　——乙材料　　　　　　　　　　　602 400

[例5-16] 瑞奇公司用银行存款67 800元偿还前欠新材公司价税款。会计分录为:

借:应付账款——新材公司　　　　　　　　　678 000
　贷:银行存款　　　　　　　　　　　　　　　　　　678 000

[例5-17]　瑞奇公司根据合同用银行存款180 080元向新材公司预付购买甲材料的价税款。会计分录为：

借：预付账款——新材公司　　　　　　　　180 800
　　贷：银行存款　　　　　　　　　　　　　　　　　180 800

[例5-18]　瑞奇公司向新材公司预付款的甲材料到货，取得的增值税专用发票上载明数量8 000千克，单价100元，价款800 000元，增值税税额104 000元，价税合计904 000元。会计分录为：

借：在途物资——甲材料　　　　　　　　　800 000
　　应交税费——应交增值税（进项税额）　104 000
　　贷：预付账款——新材公司　　　　　　　　　　904 000

[例5-19]　瑞奇公司用银行存款723 200元，向新材公司支付剩余的价税款。会计分录为：

借：预付账款——新材公司　　　　　　　　723 200
　　贷：银行存款　　　　　　　　　　　　　　　　　723 200

[例5-20]　瑞奇公司从新材公司购入乙材料，取得的增值税专用发票上载明数量1 000千克，单价300元，价款300 000元，增值税税额39 000元，价税合计339 000元。款项用开出并承兑的商业汇票支付，材料尚未运达企业。会计分录为：

借：在途物资——乙材料　　　　　　　　　300 000
　　应交税费——应交增值税（进项税额）　39 000
　　贷：应付票据　　　　　　　　　　　　　　　　　339 000

[例5-21]　瑞奇公司购入的甲材料和乙材料发生市内运输费100元，用现金支付。会计分录为：

借：管理费用　　　　　　　　　　　　　　100
　　贷：库存现金　　　　　　　　　　　　　　　　　100

第四节　产品生产业务的账务处理

一、生产费用及其计入生产成本的方式

（一）生产费用

生产费用是指企业在组织生产过程中发生的各种资产消耗，如对原材料等劳动对象的耗费，对房屋、建筑物、机器设备等劳动资料的消耗，以及对人力资源的耗费等。生产费用由三个部分组成：①直接材料。直接材料是指企业在产品生产过程中消耗并构成产品实体的原料、主要材料以及有助于产品形成的辅助材料和外购半成品等。②直接人工。直接人工是指企业支付给直接参加产品生产职工的工资，以及支付给生产人员的福利费等。③制造费用。制造费用是指与产品生产密切相关，但在发生后不便直接计入产

品成本,须在会计期末采用分配方法计入产品生产成本的耗费,包括企业产品生产部门管理人员的工资及福利费、固定资产的折旧费、物料消耗、办公费、水电费、保险费和劳动保护费等。

(二)生产成本

生产成本是指已计入一定产品成本的那部分生产费用。生产费用按照规定的方法计入一定的产品以后,即构成该产品的生产成本。由此可见,生产费用的发生是产品生产成本形成的基础,生产成本是生产费用计入一定产品之后的结果,即对象化了的生产费用。

生产费用计入生产成本的方式,一般有两种:①直接计入。一般而言,直接材料和直接人工可以直接分清是为生产哪一种产品而发生的,因而在发生时可直接计入所生产产品的成本。这两项生产费用也称为直接费用。②间接计入,也称分配计入。生产费用中的制造费用内容比较复杂,往往与多种产品的生产都有密切联系,所以需要采用分配的方法计入产品生产成本。基本做法是企业对日常发生的制造费用先在"制造费用"账户中归集,待期末(一般为月末)时采用一定的分配标准和分配方法计入相关产品的成本。

企业在生产经营活动中还会发生其他方面的费用,如销售费用、管理费用和财务费用。这些费用与产品的生产没有直接关系,发生以后不计入产品的生产成本,而是作为期间费用处理,直接计入这些费用发生期间的损益。

(三)完工产品成本的结转

完工产品是指已经完成所有生产工序并具备对外销售条件的产品。当产品生产完工经仓库验收入库后,以备销售。月末,当月完工产品的成本从"生产成本"账户结转入"库存商品"账户。如果月末尚有部分产品未完工,仍处于生产过程中,那么这部分产品称为在产品,月末"生产成本"账户仍有余额,反映在产品的生产成本。

二、账户设置

①"生产成本"账户。"生产成本"账户属于资产(成本)类账户,用以核算企业在产品生产过程中发生的各种费用,以及完工产品成本的结转情况。借方登记产品生产发生的直接材料、直接人工和分配转入的制造费用;贷方登记结转的完工产品的实际成本。期末为借方余额,反映企业期末尚未完工产品(在产品)的实际成本。该账户一般按产品品种设置明细账,进行明细分类核算。

②"制造费用"账户。"制造费用"账户属于资产(成本)类账户,用以核算企业在产品生产过程中发生的制造费用及其分配情况。借方登记日常发生的各种制造费用;贷方登记按照一定的方法分配计入产品生产成本的制造费用。期末结转后该账户一般没有余额。该账户按不同的车间部门设置明细账,进行明细分类核算。

③"应付职工薪酬"账户。"应付职工薪酬"账户属于负债类账户,用以核算企业应付职工的薪酬总额及其实际支付情况。贷方登记应付职工薪酬总额,同时按工资的不同用途记入有关的成本费用账户;借方登记实际支付给职工的薪酬。期末一般为贷方余

额,反映企业应付而未付的职工薪酬。该账户应按工资、职工福利费等薪酬项目设置明细账,进行明细分类核算。

④"累计折旧"账户。"累计折旧"账户属于资产类账户,用以核算企业的固定资产在使用过程中的累计折旧,属于"固定资产"账户的备抵账户。贷方登记按月计算的应计入当月成本费用的折旧额;借方登记因减少固定资产而同时结转的累计折旧额。期末为贷方余额,反映企业期末固定资产的累计折旧额。该账户按固定资产的类别或项目设置明细账,进行明细分类核算。

⑤"库存商品"账户。"库存商品"账户属于资产类账户,用以核算企业库存中各种商品成本的增减变动及其结存情况。借方登记已经验收入库的完工产品的实际成本;贷方登记发出商品(如销售)的实际成本。期末为借方余额,反映企业期末结存的各种商品的实际成本。该账户应按库存商品的种类、品种、规格等设置明细账,进行明细分类核算。

三、账务处理

(一)材料费用的归集和分配

企业应根据领料凭证确定用途后,编制"发出材料汇总表",按照确定的结果将发出材料的成本分别计入"生产成本""制造费用""管理费用"等账户和产品生产成本明细账。对于直接用于某种产品生产的材料费用,应直接计入该产品生产成本明细账中的直接材料项目;对于几种产品共同耗用、应由这几种产品共同负担的材料费用,应选择适当的标准(如产品的重量、体积、定额消耗量等)在各种产品之间进行分配之后,计入各种产品生产成本明细账中的直接材料项目;对于车间一般性消耗的材料费用,应先在"制造费用"账户中进行归集,于月末时再与其他间接费用一起分配计入有关产品的成本;对于企业行政管理部门耗用的材料费用,应计入"管理费用"账户。

[例5-22]　瑞奇公司根据当月各种领料单编制的发出材料汇总表见表5-1。会计分录为:

表5-1　发出材料汇总表

计量单位:千克　　　　　　　　　　　　　　　　　　　　　　　　金额单位:元

用途	甲材料			乙材料			金额合计
	数量	单价	金额	数量	单价	金额	
生产产品耗用	5 000	100	500 000	1 500	300	450 000	950 000
A产品	5 000	100	500 000				500 000
B产品				1 500	300	450 000	450 000
车间一般耗用				100	300	30 000	30 000
合计	5 000	100	500 000	1 600	300	480 000	980 000

借:生产成本——A 产品	500 000	
——B 产品	450 000	
制造费用	30 000	
贷:原材料——甲材料		500 000
——乙材料		480 000

（二）人工费用的归集和分配

人工费用就是职工薪酬,是指企业为获得职工提供的劳动而给予的各种形式的报酬。职工薪酬作为企业的一项支出,应该于实际发生时根据职工提供劳动的受益对象的不同,形成企业的不同项目的费用或成本。直接进行产品生产的生产工人的薪酬应记入"生产成本"账户,形成产品成本中的直接人工费用;车间管理人员的薪酬应记入"制造费用"账户;企业行政管理人员的薪酬应记入"管理费用"账户;在建工程人员的薪酬应记入"在建工程"账户;专设销售机构人员的薪酬应记入"销售费用"账户等。贷方记入"应付职工薪酬"账户,进而从银行提取现金,用于职工薪酬的发放。

[**例** 5-23] 瑞奇公司计算出本月应付职工工资为 360 000 元。其中:生产 A 产品工人工资为 180 000 元,生产 B 产品工人工资为 150 000 元,车间管理人员工资为 30 000元。会计分录为:

借:生产成本——A 产品	180 000	
——B 产品	150 000	
制造费用	30 000	
贷:应付职工薪酬		360 000

[**例** 5-24] 瑞奇公司从银行提取现金 360 000 元备发工资。会计分录为:

借:库存现金	360 000	
贷:银行存款		360 000

[**例** 5-25] 瑞奇公司用现金 360 000 元支付工资。会计分录为:

借:应付职工薪酬	360 000	
贷:库存现金		360 000

[**例** 5-26] 瑞奇公司按工资总额的 14% 计算分配本月的福利费 50 400 元。其中:生产 A 产品工人福利费为 25 200 元,生产 B 产品工人福利费为 21 000 元,车间管理人员福利费为 4 200 元。会计分录为:

借:生产成本——A 产品	25 200	
——B 产品	21 000	
制造费用	4 200	
贷:应付职工薪酬		50 400

[**例** 5-27] 瑞奇公司本月慰问生病职工,用现金支付福利费 500 元。会计分录为:

借:应付职工薪酬	500	
贷:库存现金		500

（三）制造费用的归集和分配

制造费用是企业为生产产品而发生的各种间接生产费用，包括企业生产部门为组织和管理生产活动而发生的费用，如车间管理人员的薪酬费用、车间生产使用的照明费、劳动保护费、设备折旧费等。

在生产多产品的企业里，制造费用在发生时一般无法直接判定其应归属的成本核算对象，因而不能直接计入所生产的产品成本中，而是于上述费用发生时在"制造费用"账户的借方进行归集，然后于期末采用一定的标准（如生产工人工资、生产工时等），在各种产品之间进行分配，以计算各产品应负担的间接费用。

[例5-28] 瑞奇公司月末计提生产车间固定资产折旧12 000元。会计分录为：

借：制造费用 12 000

　　贷：累计折旧 12 000

[例5-29] 瑞奇公司用银行存款支付生产车间发生的水电费10 000元。会计分录为：

借：制造费用 10 000

　　贷：银行存款 10 000

"制造费用"账户借方所归集的制造费用，于期末时采用一定的分配标准在各种产品之间进行分配。分配公式为：

$$制造费用分配率 = \frac{待分配的制造费用}{分配标准合计}$$

$$某产品分配的制造费用 = 该产品的分配标准 \times 制造费用分配率$$

[例5-30] 瑞奇公司月末按生产A、B两种产品生产工时比例分配制造费用，计入生产成本。本月发生制造费用总额为120 000元。A产品生产工时为4 000小时，B产品生产工时为2 000小时。分配过程和会计分录为：

制造费用分配率 = 120 000÷(4 000+2 000) = 20（元/小时）

A产品分配额 = 20×4 000 = 80 000（元）

B产品分配额 = 20×2 000 = 40 000（元）

借：生产成本——A产品 80 000

　　　　　　——B产品 40 000

　　贷：制造费用 120 000

（四）完工产品成本的计算和结转

到月末，企业生产的某种产品可能会全部完工，可能会部分完工，也可能全部未完工。如果月末某种产品全部完工，那么该种产品成本明细账中所归集的费用总额就是这种产品完工产品的总成本。总成本除以该种产品的总产量即可计算出该种产品的单位成本；如果月末该种产品全部未完工，那么该种产品成本明细账中所归集的费用总额就是这种产品在产品的总成本；如果月末某种产品部分完工部分未完工，那么该种产品成本明细账中所归集的费用总额要采用适当的分配方法在完工产品和在产品之间进行分配,然后才能计算出完工产品的总成本和单位成本。生产费用如何在完工产品和在产品之间进行分配,是成本计算中的重要且复杂的问题,将在成本会计课程中详细讲述。

当期完工的产品,经验收入库后,以备销售。完工产品的成本要从"生产成本"账户结转至"库存商品"账户中。

［例 5-31］ 瑞奇公司于月末结转完工产品成本 900 000 元,其中 A 产品完工产品成本为 500 000 元,B 产品完工产品成本为 400 000 元。会计分录为:

```
借:库存商品——A 产品              500 000
        ——B 产品              400 000
    贷:生产成本——A 产品                      500 000
            ——B 产品                      400 000
```

第五节 产品销售业务的账务处理

一、产品销售业务账务处理的主要内容

产品销售一般是指企业对其所生产的产品的销售。发生的主要业务活动有与购买方进行价款和税金的结算,按要求进行销售收入和销售成本的确认,计算缴纳税金。另外,企业还可能有对外销售材料的业务活动。

企业将产品销售给购买方后,应及时办理价税款的结算并收回。与购买方结算价税款的方式,一般有现金交易、赊销、票据结算、预收款项等。

二、账户设置

①"主营业务收入"账户。"主营业务收入"账户属于收入(损益)类账户,用以核算企业因销售产品等主营业务而产生的收入。贷方登记企业实现的主营业务收入;借方登记期末结转入"本年利润"账户的收入。期末结转后没有余额。该账户按主营业务的种类设置明细账,进行明细分类核算。

②"主营业务成本"账户。"主营业务成本"账户属于费用(损益)类账户,用以核算企业在确认销售产品等主营业务收入时应结转的产品成本。借方登记确认主营业务收入后结转的销售成本;贷方登记期末结转入"本年利润"账户的产品销售成本。期末结转后没有余额。该账户按主营业务的种类设置明细账,进行明细分类核算。

③"其他业务收入"账户。"其他业务收入"账户属于收入(损益)类账户,用以核算企业确认的主营业务活动以外的其他经营活动实现的收入。贷方登记企业获得的各项其他业务收入;借方登记会计期末结转入"本年利润"账户的已经实现的其他业务收入。期末结转后没有余额。

④"其他业务成本"账户。"其他业务成本"账户属于费用(损益)类账户,用以核算企业确认的主营业务活动以外的其他经营活动所发生的支出。借方登记企业为获得各项其他业务收入而产生的相关成本和费用;贷方登记会计期末结转入"本年利润"账户的

其他业务成本。期末结转后没有余额。

⑤"应收账款"账户。"应收账款"账户属于资产类账户,用以核算企业因销售产品、提供劳务而应向客户收取的款项。借方登记各种应收款项;贷方登记实际收回的应收款项。期末一般为借方余额,反映企业尚未收回的应收账款。期末如为贷方余额,则反映企业预收的账款。该账户按债务人设置明细账,进行明细分类核算。

⑥"应收票据"账户。"应收票据"账户属于资产类账户,用以核算企业因销售商品、提供劳务等而收到的商业汇票。借方登记收到商业汇票的票面金额;贷方登记商业汇票到期收到的款项。期末为借方余额,反映企业持有的商业汇票的票面金额。该账户按开出、承兑商业汇票的单位设置明细账,进行明细分类核算。

⑦"预收账款"账户。"预收账款"账户属于负债类账户,用以核算企业按照合同规定预收的款项。贷方登记企业向购货单位预收的款项;借方登记向购货单位发出商品抵扣的预收款。期末为贷方余额,反映企业预收的款项。期末如为借方余额,则反映企业尚未转销的款项。该账户按购货单位设置明细账,进行明细分类核算。

⑧"税金及附加"账户。"税金及附加"账户属于费用(损益)类账户,用以核算企业因经营活动发生的消费税、城市维护建设税和教育费附加等相关税费及其结转情况。借方登记按规定计算确定的与经营活动相关的税费;贷方登记在会计期末结转入"本年利润"账户的税金及附加。期末结转后没有余额。

三、账务处理

(一)产品销售收入的实现及其款项结算的账务处理

企业销售产品,开具增值税专用发票,按增值税专用发票上列明的价款,贷记"主营业务收入"账户,按增值税销项税额,贷记"应交税费——应交增值税(销项税额)"账户,根据收款的方式,按价税合计金额,借记"银行存款""应收账款""应收票据"或"预收账款"等账户。

[例5-32]　瑞奇公司销售A产品100件,每件售价3 000元,价款300 000元,增值税销项税额为39 000元,价税合计339 000元,款已收回存入银行。会计分录为:

借:银行存款　　　　　　　　　　　　　　　　　339 000
　　贷:主营业务收入——A产品　　　　　　　　　　　　　　300 000
　　　　应交税费——应交增值税(销项税额)　　　　　　　　39 000

[例5-33]　瑞奇公司向远大公司销售B产品200件,每件售价2 000元,价款400 000元,增值税销项税额为52 000元,价税合计452 000元。用银行存款垫付运费2 000元。款项暂未收回。会计分录为:

借:应收账款——远大公司　　　　　　　　　　　454 000
　　贷:主营业务收入——B产品　　　　　　　　　　　　　　400 000
　　　　应交税费——应交增值税(销项税额)　　　　　　　　52 000
　　　　银行存款　　　　　　　　　　　　　　　　　　　　2 000

[例5-34]　月末时,瑞奇公司收到远大公司偿还的前欠款项454 000元,已存入银

行。会计分录为:

```
借:银行存款                                      454 000
    贷:应收账款——远大公司                                    454 000
```

[例 5-35]　瑞奇公司向恒兴公司销售 A 产品 80 件,每件售价 3 000 元,价款 240 000 元,增值税销项税额为 31 200 元,价税合计 271 200 元。瑞奇公司收到恒兴公司签发的一张金额为 271 200 元、期限为 6 个月的银行承兑汇票一张。会计分录为:

```
借:应收票据                                      271 200
    贷:主营业务收入——A 产品                                   240 000
        应交税费——应交增值税(销项税额)                           31 200
```

[例 5-36]　瑞奇公司预收腾达公司购买 B 产品 100 件的价税款 226 000 元的 20% 作为定金,金额为 45 200 元,已存入银行。会计分录为:

```
借:银行存款                                       45 200
    贷:预收账款——腾达公司                                     45 200
```

[例 5-37]　瑞奇公司向腾达公司发出 B 产品 100 件,每件售价 2 000 元,价款 200 000 元,增值税销项税额为 26 000 元,价税合计 226 000 元。会计分录为:

```
借:预收账款——腾达公司                            226 000
    贷:主营业务收入                                         200 000
        应交税费——应交增值税(销项税额)                           26 000
```

[例 5-38]　瑞奇公司于月末收回腾达公司剩余账款为 180 800 元,已存入银行。会计分录为:

```
借:银行存款                                      180 800
    贷:预收账款——腾达公司                                    180 800
```

(二)产品销售成本结转的账务处理

企业在确认销售产品后,应结转成本。企业为生产产品发生的可归属于产品成本的费用,应当在确认产品销售收入时计入当期的主营业务成本(费用)。此时,将已售产品的成本从"库存商品"账户的贷方结转至"主营业务成本"的借方。

[例 5-39]　瑞奇公司本月销售 A 产品的成本为 440 000 元,销售 B 产品的成本为 360 000 元。月末结转已销售产品成本共计 800 000 元。会计分录为:

```
借:主营业务成本——A 产品                          440 000
            ——B 产品                          360 000
    贷:库存商品——A 产品                                    440 000
            ——B 产品                                    360 000
```

(三)其他销售业务的账务处理

企业确认的在其他经营活动中实现的收入,如出租固定资产、包装物,以及销售材料等,记入"其他业务收入"账户的贷方,同时根据开具的增值税专用发票上列明的销项税额,贷记"应交税费——应交增值税(销项税额)"账户,根据收款方式的不同借记"银行存款"等账户。

企业确认的在其他经营活动中所发生的支出,包括出租固定资产的折旧额、出租包装物的摊销额、出售材料的成本等,应记入"其他业务成本"账户的借方。

[例 5-40]　瑞奇公司出售甲材料一批,价款为 10 000 元,增值税销项税额为 1 300元,价税合计为 11 300 元,款已收到存入银行。会计分录为:

借:银行存款　　　　　　　　　　　　　　11 300
　　贷:其他业务收入　　　　　　　　　　　　　　　10 000
　　　　应交税费——应交增值税(销项税额)　　　　　　1 300

[例 5-41]　结转已售甲材料的成本为 9 000 元。会计分录为:

借:其他业务成本　　　　　　　　　　　　9 000
　　贷:原材料——甲材料　　　　　　　　　　　　　　9 000

（四）税金及附加的核算

企业在销售产品实现主营业务收入的同时,除缴纳增值税以外,也应该缴纳消费税、城市维护建设税、教育费附加等税费。与增值税不同,这些税属于价内税,应于月末确认为"税金及附加"费用,并形成"应交税费"负债,于下月初缴纳。

[例 5-42]　瑞奇公司于月末经计算本月销售产品应缴纳的消费税为 100 000 元,城市维护建设税为 7 000 元,教育费附加为 3 000 元。已计提,但尚未缴纳。会计分录为:

借:税金及附加　　　　　　　　　　　　110 000
　　贷:应交税费——应交消费税　　　　　　　　　　100 000
　　　　　　　　——应交城市维护建设税　　　　　　　7 000
　　　　　　　　——应交教育费附加　　　　　　　　　3 000

第六节　利润形成和分配的账务处理

一、利润形成与计算

（一）利润形成

如果当期实现的收入大于相关的费用,那么二者之差为企业实现的利润,反之则为发生的亏损。根据我国现行《企业会计准则》的规定,利润包括应当计入当期损益的利得(营业外收入)和损失(营业外支出)。其中,利得会增加当期利润,损失则会减少当期利润。

（二）利润的计算

为了便于财务报告使用者理解企业利润的不同来源,我国规定企业应当将不同性质的收入和费用类别进行对比,从而得出一些中间性的利润指标(如营业利润、利润总额等),最终计算出净利润指标。计算步骤和公式如下:

营业收入＝主营业务收入＋其他业务收入
营业成本＝主营业务成本＋其他业务成本

$$营业利润=营业收入-营业成本-税金及附加-销售费用-管理费用-$$
$$财务费用+投资收益+资产处置收益+……$$
$$利润总额=营业利润+营业外收入-营业外支出$$
$$净利润=利润总额-所得税费用$$

二、利润形成的核算

（一）期间费用的核算

期间费用是指应直接计入当期损益,而不能直接归属于某个特定产品成本的各项费用。这些期间费用,在企业经营过程中发生,与产品生产活动的管理和销售有一定的关系,但与产品的制造过程没有直接关系。企业能够很容易地确定期间费用应归属的会计期间,但难以确定其应归属的产品。所以,期间费用不计入产品的生产成本,而是从当期损益中予以扣除。

期间费用包括销售费用、管理费用和财务费用。销售费用是指产品销售过程中所发生的费用,包括保险费、包装费、广告费、展览费、按合同约定应由销售方承担的运输费等,以及为销售本企业的产品而专设的销售机构的职工薪酬、业务费和折旧费等。管理费用是指企业为组织和管理企业生产经营所发生的各项费用,包括企业在筹建期间内发生的开办费、董事会和行政管理部门在企业的经营管理中发生的或者应由企业统一负担的公司经费(包括行政管理部门职工工资及福利费、物料消耗、低值易耗品摊销、办公费和差旅费等)、工会经费、董事会费(包括董事会成员津贴、会议费和差旅费等)、聘请中介机构费、咨询费(含顾问费)、诉讼费、业务招待费、房产税、车船税、城镇土地使用税、印花税、技术转让费、矿产资源补偿费、研究费用、排污费等。财务费用是指企业为筹集生产经营所需资金等而发生的筹资费用,包括利息支出(减利息收入)、汇兑损益以及相关的手续费、企业发生的现金折扣或收到的现金折扣等。

1.账户设置

①"销售费用"账户。"销售费用"账户属于费用(损益)类账户,用以核算企业因销售商品而发生的各种费用及其结转情况。借方登记各种销售费用的发生数;贷方登记在会计期末结转入"本年利润"账户的销售费用数。期末结转后没有余额。该账户按费用项目设置明细账,进行明细分类核算。

②"管理费用"账户。"管理费用"账户属于费用(损益)类账户,用以核算企业行政管理部门为组织和管理企业的生产经营活动而发生的各种费用及其结转情况。借方登记各种管理费用的发生数;贷方登记在会计期末结转入"本年利润"账户的管理费用数。期末结转后没有余额。该账户按费用项目设置明细账,进行明细分类核算。

③"财务费用"账户。"财务费用"账户属于费用(损益)类账户,用以核算企业为筹集生产经营所需资金而发生的各种费用及其结转情况。借方登记本期发生的各项财务费用,如利息支出、手续费等;贷方登记冲减的财务费用(如利息收入)和会计期末结转入"本年利润"账户的财务费用数。期末结转后没有余额。该账户按费用项目设置明细账,

进行明细分类核算。

④"应付利息"账户。"应付利息"账户属于负债类账户,用以核算企业按照合同约定应支付的利息。贷方登记按合同计算确定的应付利息;借方登记实际支付的利息。期末为贷方余额,反映企业应付未付的利息。该账户按债权人设置明细账,进行明细分类核算。

⑤"其他应收款"账户。"其他应收款"账户属于资产类账户,用以核算企业除货款等以外的其他应收及暂存款项。借方登记企业发生的其他各种应收、暂付款项;贷方登记其他应收款项的收回。期末余额在借方,反映企业尚未收回的其他应收款项。该账户按对方单位(或个人)设置明细账,进行明细分类核算。

2.账务处理

[例5-43]　瑞奇公司以银行存款支付本月份水电费20 000元,其中专设销售机构水电费为4 000元,行政管理部门水电费为16 000元。会计分录为:

借:销售费用　　　　　　　　　　　4 000
　管理费用　　　　　　　　　　　16 000
　贷:银行存款　　　　　　　　　　　　　　20 000

[例5-44]　瑞奇公司于月末计提本月固定资产折旧6 000元,其中专设销售机构所使用的固定资产折旧为2 000元,行政管理部门所使用的固定资产折旧为4 000元。会计分录为:

借:销售费用　　　　　　　　　　　2 000
　管理费用　　　　　　　　　　　4 000
　贷:累计折旧　　　　　　　　　　　　　　6 000

[例5-45]　瑞奇公司于月末结算和分配本月应付销售人员工资为100 000元,行政管理人员工资为120 000元。会计分录为:

借:销售费用　　　　　　　　　　　100 000
　管理费用　　　　　　　　　　　120 000
　贷:应付职工薪酬　　　　　　　　　　　220 000

[例5-46]　瑞奇公司以银行存款支付产品广告费200 000元。会计分录为:

借:销售费用　　　　　　　　　　　200 000
　贷:银行存款　　　　　　　　　　　　　　200 000

[例5-47]　瑞奇公司以银行存款支付产品销售过程中发生的运输费3 000元。会计分录为:

借:销售费用　　　　　　　　　　　3 000
　贷:银行存款　　　　　　　　　　　　　　3 000

[例5-48]　瑞奇公司以银行存款支付业务招待费2 000元。会计分录为:

借:管理费用　　　　　　　　　　　2 000
　贷:银行存款　　　　　　　　　　　　　　2 000

[例5-49]　瑞奇公司林经理预借差旅费5 000元,以现金支付。会计分录为:

借:其他应收款——林经理   5 000
　　贷:库存现金   5 000

[例 5-50]　林经理出差归来报销差旅费 4 800 元,冲销原借支,余款退回现金。会计分录为:

借:管理费用   4 800
　库存现金   200
　　贷:其他应收款——林经理   5 000

[例 5-51]　依上例,林经理报销差旅费为 5 150 元,冲销原借支,并以现金补付 150 元。会计分录为:

借:管理费用   5 150
　　贷:其他应收款——林经理   5 000
　　　库存现金   150

[例 5-52]　瑞奇公司于月末计提本月短期借款利息 2 500 元。会计分录为:

借:财务费用   2 500
　　贷:应付利息   2 500

[例 5-53]　瑞奇公司于年末计提本年长期借款利息 100 000 元。会计分录为:

借:财务费用   100 000
　　贷:长期借款   100 000

[例 5-54]　瑞奇公司办理银行转账业务,支付了手续费 10 元。会计分录为:

借:财务费用   10
　　贷:银行存款   10

[例 5-55]　银行于 21 日结息,瑞奇公司取得银行存款利息收入 300 元。会计分录为:

借:银行存款   300
　　贷:财务费用   300

(二)营业外收支的核算

企业的营业外收支是指企业发生的与日常活动无直接关系的各项利得和损失,包括营业外收入和营业外支出。营业外收入是指企业取得的与其日常生产经营活动无直接关系的各项利得,主要包括非流动资产毁损报废利得、债务重组利得、罚没利得、政府补贴利得、确实无法支付而按规定程序经批准后转作营业外收入的应付款项、捐赠利得、盘盈利得等。营业外支出是指企业发生的与其日常生产经营活动无直接关系的各项损失,主要包括固定资产盘亏损失、固定资产报废净损失、债务重组损失、捐赠支出、罚没支出和非常损失等。

营业外收支虽然与企业正常的生产经营活动没有直接关系,但同样能够增加或减少企业的利润。在进行账务处理时,一般按照营业外收支发生的时间,按其实际发生额在当期作为利润的加项或减项分别予以确认和计量。

1.账户设置

①"营业外收入"账户。"营业外收入"账户属于收入(损益)类账户,用以核算企业发生的各项营业外收入。贷方登记企业发生的各项营业外收入;借方登记会计期末结转入"本年利润"账户的营业外收入。期末结转后没有余额。该账户按收入项目设置明细账,进行明细分类核算。

②"营业外支出"账户。"营业外支出"账户属于费用(损益)类账户,用以核算企业发生的各项营业外支出。借方登记企业发生的各项营业外支出。贷方登记会计期末结转入"本年利润"账户的营业外支出。期末结转后没有余额。该账户按支出项目设置明细账,进行明细分类核算。

2.账务处理

[例5-56]　瑞奇公司收到客户单位支付的违约罚款收入10 000元,已存入银行。会计分录为:

借:银行存款　　　　　　　　　　　　　　10 000
　贷:营业外收入　　　　　　　　　　　　　　　10 000

[例5-57]　瑞奇公司用银行存款支付税收滞纳金500元。会计分录为:

借:营业外支出　　　　　　　　　　　　　　500
　贷:银行存款　　　　　　　　　　　　　　　　500

[例5-58]　瑞奇公司开出转账支票向灾区捐款100 000元。会计分录为:

借:营业外支出　　　　　　　　　　　　　100 000
　贷:银行存款　　　　　　　　　　　　　　　100 000

(三)利润形成的核算

企业应当按会计期间核算利润,于会计期末将各损益类账户记录的金额转入"本年利润"账户,通过"本年利润"账户借、贷方的记录,结算出本期的损益额。所以于会计期末通过编制结账分录,结清各损益类账户。"本年利润"账户集中反映了利润的实现情况。

1.账户设置

"本年利润"账户。"本年利润"账户属于利润(所有者权益)类账户,用以核算企业实现的净利润。贷方登记会计期末从有关收入类账户结转来的本期收入;借方登记会计期末从有关费用账户结转来的本期费用,以及在年度终了时结转入"利润分配——未分配利润"账户的净利润。年度终了结转后没有余额。

2.账务处理

[例5-59]　年末,瑞奇公司有关收入类账户的贷方发生额为:"主营业务收入"20 000 000元、"其他业务收入"150 000元、"营业外收入"100 000元。结转至"本年利润"账户。会计分录为:

借:主营业务收入　　　　　　　　　　20 000 000
　其他业务收入　　　　　　　　　　　　150 000
　营业外收入　　　　　　　　　　　　　100 000

贷:本年利润　　　　　　　　　　　　　　　　　　　　　　20 250 000

[例5-60]　年末,瑞奇公司有关费用类账户的借方发生额为:"主营业务成本"15 000 000元、"其他业务成本"120 000元、"税金及附加"50 000元、"销售费用"1 000 000元、"管理费用"800 000元、"财务费用"200 000元、"营业外支出"300 000元。结转至"本年利润"账户。会计分录为:

借:本年利润　　　　　　　　　　　　　　　　17 470 000
　贷:主营业务成本　　　　　　　　　　　　　　　　　15 000 000
　　其他业务成本　　　　　　　　　　　　　　　　　　120 000
　　税金及附加　　　　　　　　　　　　　　　　　　　 50 000
　　销售费用　　　　　　　　　　　　　　　　　　　1 000 000
　　管理费用　　　　　　　　　　　　　　　　　　　　800 000
　　财务费用　　　　　　　　　　　　　　　　　　　　200 000
　　营业外支出　　　　　　　　　　　　　　　　　　　300 000

（四）净利润的核算

利润总额扣除所得税费用后就形成净利润。所得税费用是指企业按照税法的规定,根据其应税所得和适用税率计算出来的应当缴纳的税金。其计算公式为:

$$应纳所得税额＝应纳税所得额×适用税率$$

式中,应纳税所得额是按税法规定计算所得税费用额的基数,一般是在企业按照会计准则计算出来的利润的基础上,按照税法的有关规定进行进一步调整得到的。为简便起见,本书假定不需做任何调整,以企业实现的利润为基数直接计算。适用的税率假定为25%。

所得税费用于发生时在"所得税费用"账户中归集。与其他的损益账户一样,记录的金额于会计期末转入"本年利润"账户,以形成净利润。

1.账户设置

"所得税费用"账户。"所得税费用"账户属于费用（损益）类账户,用以核算企业确认的应从当期利润总额中扣除的所得税费用。借方登记企业按照税法规定应缴纳的所得税费用额;贷方登记会计期末结转入"本年利润"账户的所得税费用额。期末结转后没有余额。

2.账务处理

[例5-61]　瑞奇公司本年实现的利润总额为2 780 000元,适用的所得税税率为25%。假设无纳税调整项目,计算所得税费用为695 000元。会计分录为:

借:所得税费用　　　　　　　　　　　　　　　　695 000
　贷:应交税费——应交所得税　　　　　　　　　　　　695 000

[例5-62]　瑞奇公司将所得税费用695 000元结转至本年利润。会计分录为:

借:本年利润　　　　　　　　　　　　　　　　　695 000
　贷:所得税费用　　　　　　　　　　　　　　　　　　695 000

净利润＝2 780 000-695 000＝2 085 000(元)

三、利润分配的核算

(一)利润分配的内容和程序

利润分配就是企业根据股东大会或类似权力结构批准、对企业可供分配利润指定其特定用途和分配给投资者的行为。利润分配的内容包括提取公积金和向投资者分配等。

可供企业当年分配的利润主要由两部分组成:一部分是本年度实现的净利润;另一部分是企业在以前年度实现但并未在以前年度分配完,留待后续年度分配的利润。对本年度而言,企业上一年度的未分配利润就是本年度的年初未分配利润。可供本年分配的利润应为:

本年可供分配的利润＝本年实现的净利润+年初未分配利润

企业实现的净利润一般按下列顺序进行分配:①根据法律规定,按净利润的10%提取法定盈余公积金,法定盈余公积金累计金额达到注册资本的50%以上的,可不再提取;②按股东大会决议提取任意盈余公积金;③向投资者分配利润(股利)。

经过以上的分配环节后,剩余的部分为本年的未分配利润,可留待以后年度进行分配。

(二)账户设置

①"利润分配"账户。"利润分配"账户属于利润(所有者权益)类账户,用以核算企业实现利润及其分配情况。贷方登记年终时从"本年利润"账户结转来的全年实现的净利润(实现利润增加数),以及在年终时从"利润分配——提取法定盈余公积""利润分配——应付现金股利(或利润)"等明细分类账户结转入"利润分配——未分配利润"明细分类账户借方的已分配利润数;借方登记按规定实际分配的利润数(可供分配利润的减少数),以及在年终时结转入"利润分配——未分配利润"明细分类账户借方的已分配利润数。年末结转后,若为贷方余额,表示企业历年积存的未分配利润。该账户按"提取法定盈余公积""应付现金股利或利润""未分配利润"等设置明细账,进行明细分类核算。

"利润分配"总分类账户所属的明细分类账户包括"提取法定盈余公积""应付现金股利或利润""未分配利润"等,其结构分别为:

"利润分配——提取法定盈余公积"明细分类账户用以核算企业法定盈余公积金的提取及其年末结转情况。借方登记按规定提取的法定盈余公积金数;贷方登记年末时结转入"利润分配——未分配利润"明细分类账户的已提取的法定盈余公积金数。年终结转后,该明细分类账户没有余额。

"利润分配——应付现金股利"明细分类账户(在有限责任公司可设置为"利润分配——应付利润")用以核算企业应付现金股利(或利润)的分配及其年末结转情况。借方登记按规定已经宣告分配给投资者的现金股利(或利润)数;贷方登记年末时结转入"利润分配——未分配利润"明细分类账户的已经分配给投资者的现金股利(或利润)

数。年终结转后,该明细分类账户没有余额。

"利润分配——未分配利润"明细分类账户用以核算企业实现利润(亏损)和已分配利润的转入,以及未分配利润的情况。该明细分类账户只在年终时登记。贷方登记从"本年利润"账户结转来的本年实现的净利润数;借方登记从"利润分配——提取法定盈余公积""利润分配——应付现金股利"等明细分类账户结转来的已分配利润数。年终时该账户的贷方余额反映企业历年结存的未分配利润(如为负数,反映未弥补亏损)。

②"盈余公积"账户。"盈余公积"账户属于所有者权益账户,用以核算企业从净利润中提取的盈余公积。贷方登记企业按规定提取的盈余公积;借方登记用于弥补亏损或转增资本的盈余公积。期末为贷方余额,反映企业尚存的盈余公积。该账户按"法定盈余公积""任意盈余公积"设置明细账,进行明细分类核算。

③"应付股利"账户。"应付股利"账户属于负债类账户,用以核算企业分配的现金股利或利润。贷方登记企业根据股东大会或类似机构审议批准的利润分配方案应支付的现金股利或利润;借方登记实际支付的现金股利或利润。期末为贷方余额,反映企业应付未付的现金股利(或利润)。该科目按投资者设置明细账,进行明细分类核算。

（三）账务处理

[**例** 5-63] 瑞奇公司本年实现净利润 2 085 000 元,假定没有年初未分配利润,根据规定,按净利润的 10% 提取法定盈余公积金 208 500 元。计算过程和会计分录为:

法定盈余公积金 = 2 0850 000×10% = 208 500(元)

　　借:利润分配——提取法定盈余公积　　　　　　　208 500
　　　　贷:盈余公积　　　　　　　　　　　　　　　　　　　208 500

[**例** 5-64] 瑞奇公司按照批准的利润分配方案,向投资者分配现金股利 1 800 000 元。会计分录为:

　　借:利润分配——应付现金股利　　　　　　　1 800 000
　　　　贷:应付股利　　　　　　　　　　　　　　　　1 800 000

[**例** 5-65] 年末,瑞奇公司将本年实现的净利润 2 085 000 元从"本年利润"账户结转至"利润分配——未分配利润"账户。会计分录为:

　　借:本年利润　　　　　　　　　　　　　　2 085 000
　　　　贷:利润分配——未分配利润　　　　　　　　2 085 000

[**例** 5-66] 年末,瑞奇公司将已经提取的法定盈余公积金 208 500 元、已经分配的现金股利 1 800 000 元,分别从"利润分配——提取法定盈余公积"和"利润分配——应付现金股利"明细分类账户结转入"利润分配——未分配利润"明细分类账户。会计分录为:

　　借:利润分配——未分配利润　　　　　　　2 008 500
　　　　贷:利润分配——提取法定盈余公积　　　　　　208 500
　　　　　　——应付现金股利　　　　　　　　　　1 800 000

"未分配利润"明细分类账户有贷方余额 76 500 元,为当年未分配完的利润。"利润分配"的其他明细分类账户已没有余额。

第七节 资金退出业务的账务处理

资金退出业务包括偿还各项债务、上交各项税金、向所有者分配利润等,这部分资金便离开本企业,退出本企业的资金循环与周转。

一、银行借款的偿还

(一)短期借款的偿还

[例5-67] 承[例5-6]和[例5-52],瑞奇公司用银行存款 507 500 元支付 3 个月前借入现已到期的银行借款本金 500 000 元和已预提但尚未支付的利息 7 500 元。会计分录为:

借:短期借款   500 000
 应付利息   7 500
  贷:银行存款   507 5000

(二)长期借款的偿还

[例5-68] 承[例5-7]和[例5-53],瑞奇公司用银行存款 1 200 000 元支付两年前借入现已到期的银行借款本金 1 000 000 元和已预提但尚未支付的利息 200 000 元。会计分录为:

借:长期借款   1 200 000
  贷:银行存款   1 200 000

二、税金的缴纳

[例5-69] 瑞奇公司用银行存款 500 000 元缴纳增值税。会计分录为:
借:应交税费——应交增值税(已交税金)   500 000
  贷:银行存款   500 000

[例5-70] 承[例5-42],瑞奇公司用银行存款 110 000 元缴纳消费税、城市维护建设税和教育费附加。会计分录为:

借:应交税费——应交消费税   100 000
     ——应交城市维护建设税   7 000
     ——应交教育费附加   3 000
  贷:银行存款   110 000

[例5-71] 承[例6-51],瑞奇公司用银行存款 695 000 元缴纳企业所得税。会计分录为:

借:应交税费——应交所得税   695 000
  贷:银行存款   695 000

三、股利和利润的支付

[例 5-72] 承[例 5-64],瑞奇公司用银行存款 1 800 000 元向投资者支付本年度应付的现金股利。会计分录为:

借:应付股利   1 800 000

    贷:银行存款   1 800 000

练习题

一、资金筹集业务的账务处理

[目的]练习企业资金筹集业务的账务处理方法。

[资料]假设瑞奇公司 12 月发生如下经济业务。

(1)溢价发行股票 1 000 000 股,每股面值 1 元,发行价为每股 2.5 元,实际收到发行款 5 000 000 元已全部存入银行。

(2)收到股东 U 作为资本投入的全新设备一台,协商作价 2 200 000 元。股东 U 在股本中所占份额为 1 000 000 元。

(3)收到股东 V 作为资本投入的建材一批,协商作价 500 000 元。股东 V 在股本中所占份额为 500 000 元。

(4)收到股东 W 作为资本投入的专利权,合同约定价值为 2 000 000 元,股东 W 在股本中所占份额为 2 000 000 元。

(5)向银行借入期限为 3 个月、年利率为 6%的借款 100 000 元,已存入在银行开立的存款户。

(6)向银行借入用于更新改造厂房的借款 2 000 000 元,期限为 2 年,年利率 8%,到期还本付息。款项已存入在银行开立的存款户。

[要求]根据资料编制会计分录。

二、生产准备业务的账务处理

[目的]练习企业生产准备业务的账务处理方法。

[资料]假设瑞奇公司 12 月发生如下经济业务。

(1)购入不需要安装的生产设备一台,取得的增值税专用发票上注明买价 200 000 元,增值税额 26 000 元。发生运输费 1 000 元,已用银行存款支付上述款项。假定不考虑运输费涉及的增值税。

(2)购入需要安装的生产设备一台并投入安装,取得的增值税专用发票上注明买价 2 000 000元,增值税额 260 000 元。发生运输费 1 000 元,已用银行存款支付上述款项。假定不考虑运输费涉及的增值税。

(3)上述设备发生安装费 2 000 元,调试费 500 元,款项已通过银行存款支付。

(4)上述设备安装完毕,经测试达到预定可使用状态,结转实际成本,投入使用。

(5)从旺财公司购入甲材料,取得的增值税专用发票上载明:数量 1 000 千克,单价

200元,价款200 000元,增值税税额26 000元,价税合计226 000元。款项已用银行存款支付,材料尚未运达企业。

（6）从旺财公司购入乙材料,取得的增值税专用发票上载明:数量2 000千克,单价120元,价款240 000元,增值税税额31 200元,价税合计271 200元。款项尚未支付,材料尚未运达企业。

（7）从旺财公司购买的甲材料和乙材料一并运达企业,发生共同运费9 000元,已用银行存款支付。按甲乙材料的重量分配,甲材料承担3 000元,乙材料承担6 000元。

（8）从旺财公司购入的甲材料和乙材料已验收入库。甲材料的实际成本为203 000元（200 000+3 000）,乙材料的实际成本为246 000元（240 000+6 000）。

（9）用银行存款271 000元偿还前欠旺财公司的价税款。

（10）根据合同,用银行存款113 000元向旺财公司预付购买甲材料的价税款。

（11）向旺财公司预付的甲材料到货,取得的增值税专用发票上载明:数量2 500千克,单价200元,价款500 000元,增值税税额65 000元,价税合计565 000元。

（12）用银行存款452 000元向旺财公司支付剩余的价税款。

（13）从旺财公司购入乙材料,取得的增值税专用发票上载明:数量1 000千克,单价120元,价款120 000元,增值税税额15 600元,价税合计135 600元。款项用开出并承兑的商业汇票支付,材料尚未运达企业。

[要求]根据资料编制会计分录。

三、产品生产业务的账务处理

[目的]练习企业产品生产业务的账务处理方法。

[资料]假设瑞奇公司12月发生如下经济业务。

（1）根据当月各种领料单编制的发出材料汇总表见下表。

发出材料汇总表

计量单位:千克　　　　　　　　　　　　　　　　　　　　　　　　金额单位:元

用途	甲材料			乙材料			金额合计
	数量	单价	金额	数量	单价	金额	
生产产品耗用	1 000	200	200 000	1 500	120	180 000	380 000
A产品	1 000	200	200 000				200 000
B产品				1 500	120	180 000	180 000
车间一般耗用				100	120	12 000	12 000
合计	1 000	200	200 000	1 600	120	192 000	392 000

（2）计算出本月应付职工工资250 000元。其中:生产A产品的工人工资为120 000元,生产B产品的工人工资为100 000元,车间管理人员的工资为30 000元。

（3）从银行提取现金250 000元备发工资。

（4）用现金250 000元支付工资。

（5）按工资总额的 14% 计算分配本月的福利费 35 000 元。其中:生产 A 产品的工人福利费为 16 800 元,生产 B 产品的工人福利费为 14 000 元,车间管理人员的福利费为 4 200元。

（6）本月慰问职工生日,用现金支付福利费 1500 元。

（7）月末计提生产车间固定资产折旧 50 000 元。

（8）用银行存款支付生产车间发生的水电费 8 000 元。

（9）月末按生产 A、B 两种产品生产工时比例分配制造费用,计入生产成本。本月发生制造费用总额为 104 000 元。A 产品生产工时为 3 000 小时,B 产品生产工时为 5 000 小时。A 产品的分配额为 39 000 元,B 产品的分配额为 65 000 元。

（10）于月末结转完工产品成本 800 000,其中 A 产品完工产品成本 300 000 元,B 产品完工产品成本 500 000 元。

[要求]根据资料编制会计分录。

四、产品销售业务的账务处理

[目的]练习企业产品销售业务的账务处理方法。

[资料]假设瑞奇公司 12 月发生如下经济业务。

（1）销售 A 产品 100 件,每件售价 2 000 元,价款为 200 000 元,增值税销项税额为 26 000元,价税合计 226 000 元,款已收回且存入银行。

（2）向宏伟公司销售 B 产品 300 件,每件售价 1 000 元,价款为 300 000 元,增值税销项税额为 39 000 元,价税合计 339 000 元。用银行存款垫付运费 1 000 元。款项暂未收回。

（3）月末时收到宏伟公司偿还的前欠款项 340 000 元,已存入银行。

（4）向远大公司销售 A 产品 80 件,每件售价 2 000 元,价款为 160 000 元,增值税销项税额为 20 800 元,价税合计 180 800 元。收到远大公司签发的一张金额为 180 800 元,期限为 6 个月的银行承兑汇票一张。

（5）预收三通公司购买 100 件 B 产品的价税款 113 000 元的 20% 作为定金,金额为 22 600 元,已存入银行。

（6）向三通公司发出 B 产品 100 件,每件售价 1 000 元,价款为 100 000 元,增值税销项税额为 13 000 元,价税合计 113 000 元。

（7）于月末收回三通公司剩余账款 90 400 元,已存入银行。

（8）本月销售 A 产品的成本为 240 000 元,销售 B 产品的成本为 160 000 元。月末结转已销售产品成本共计 400 000 元。

（9）出售甲材料一批,价款为 12 000 元,增值税销项税额为 1 560 元,价税合计13 560元,款已收到且存入银行。

（10）结转已售甲材料的成本 10 500 元。

（11）经月末计算,本月销售产品应缴纳的消费税为 10 000 元,城市维护建设税为 700 元,教育费附加为 300 元。已计提但尚未缴纳。

[要求]根据资料编制会计分录。

五、利润形成和分配的账务处理

[目的]练习企业利润形成和分配业务的账务处理方法。

[资料]假设瑞奇公司12月发生如下经济业务。

（1）以银行存款支付本月份水电费10 000元，其中专设销售机构水电费3 000元，行政管理部门水电费7 000元。

（2）于月末计提本月固定资产折旧8 000元，其中专设销售机构所使用的固定资产折旧3 000元，行政管理部门所使用的固定资产折旧5 000元。

（3）于月末结算和分配本月应付销售人员工资120 000元，行政管理人员工资150 000元。

（4）以银行存款支付产品广告费250 000元。

（5）以银行存款支付产品销售过程中发生的运输费5 000元。

（6）以银行存款支付业务招待费1 000元。

（7）李经理预借差旅费5 000元，以现金支付。

（8）李经理出差归来报销差旅费14 500元，冲销原借支，余款退回现金。

（9）于月末计提本月短期借款利息1 500元。

（10）于年末计提本年长期借款利息160 000元。

（11）办理银行转账业务，支付了手续费20元。

（12）银行于21日结息，瑞奇公司取得银行存款利息收入200元。

（13）收到客户单位支付的违约金5 000元，已存入银行。

（14）用银行存款支付税收滞纳金400元。

（15）期末，有关收入类账户的贷方发生额为："主营业务收入"2 000 000元、"其他业务收入"150 000元、"营业外收入"10 000元。结转至"本年利润"账户。

（16）期末，有关费用类账户的借方发生额为："主营业务成本"1 400 000元、"其他业务成本"120 000元、"税金及附加"20 000元、"销售费用"140 000元、"管理费用"200 000元、"财务费用"170 000元、"营业外支出"10 000元。结转至"本年利润"账户。

（17）本期实现利润100 000元，适用的所得税税率为25%。假设无纳税调整项目，计算所得税费用为25 000元。

（18）将所得税费用25 000元结转至本年利润。

[要求]根据资料编制会计分录。

六、资金退出业务的账务处理

[目的]练习企业资金退出业务的账务处理方法。

[资料]假设瑞奇公司12月发生如下经济业务。

（1）用银行存款101 500元支付3个月前借入现已到期的银行借款本金100 000元和已预提但尚未支付的利息1 500元。

（2）用银行存款2 320 000元支付两年前借入现已到期的银行借款本金2 000 000元和已预提但尚未支付的利息320 000元。

（3）用银行存款70 000元缴纳增值税。

（4）用银行存款11 000元缴纳消费税、城市维护建设税和教育费附加。

（5）用银行存款 25 000 元缴纳企业所得税。

[要求]根据资料编制会计分录。

七、采购成本的计算

[目的]练习共同采购费用的分配方法和采购成本的计算方法。

[资料]从旺财公司购入甲材料,取得的增值税专用发票上载明:数量 1 000 千克,单价 200 元,价款 200 000 元,增值税税额 26 000 元,价税合计 226 000 元。购入乙材料,取得的增值税专用发票上载明:数量 2 000 千克,单价 120 元,价款 240 000 元,增值税税额 31 200 元,价税合计 271 200 元。甲材料和乙材料一并运达企业,发生共同运费 9 000 元。

[要求]

1.按甲乙材料的重量分配共同采购费用。

2.计算甲、乙材料的采购总成本和单位成本。

八、制造费用的分配

[目的]练习制造费用的分配方法。

[资料]月末按生产 A、B 两种产品生产工时比例分配制造费用,计入生产成本。本月发生制造费用总额为 104 000 元。A 产品生产工时为 3 000 小时,B 产品生产工时为 5 000 小时。

[要求]将制造费用按 A、B 两种产品生产工时比例进行分配。

✎ **自测 客观题、答案及解析**

客观题

客观题
答案及解析

第六章　会计凭证

学习目标

通过本章的学习,学生掌握会计凭证的概念、作用、种类,理解编制和审核会计凭证方法的重要地位。掌握原始凭证、记账凭证的概念与种类,熟悉原始凭证、记账凭证的内容、填制与审核要求以及凭证保管规定,了解会计凭证的传递过程。

学习要求

重点理解会计凭证的概念和作用,掌握原始凭证和记账凭证的概念与分类,掌握记账凭证的填制方法。

课程思政

各单位要加强对本单位经济业务、财务管理、会计行为的日常监督。

——节选自中共中央办公厅　国务院办公厅印发《关于进一步加强财会监督工作的意见》(2023-02-15)

引例　伪造、销毁财务单据

2022年7月5日,建水县公安局在工作中发现,建水某村委会报账员白某某在担任报账员期间,通过伪造虚假单据套取资金用于个人消费。其在2021年3月22日至2021年5月8日期间开具收据25张,收据涉及金额77.21万元,至今未入账。

事情败露后,白某某心存侥幸,以为销毁相关会计凭证就可以隐瞒其犯罪事实,遂将2021年4月至5月的财务单据带到野外烧毁。其行为已触犯了《中华人民共和国刑法》第一百六十二条的规定,涉嫌故意销毁会计凭证罪。2022年7月29日,民警依法将犯罪嫌疑人白某某抓获归案。

　　该案例是一起关于会计凭证处理的严重违法案件。由于单位对会计凭证的重视程度不高,没有建立完善的会计凭证的审核以及管理制度,导致经办人员抱着侥幸心理,进行作假并挪用公款,对个人和单位造成难以挽回的影响。

　　那么,会计凭证对企事业单位有什么重要意义? 企事业单位应如何建立完善的会计凭证制度呢? 我们在本章就一起来学习有关会计凭证的相关知识。

第一节　会计凭证的概念和种类

一、会计凭证的概念

　　会计凭证是记录交易或事项的发生和完成情况,明确经济责任,并据以登记账簿的证明文件,是原始凭证和记账凭证的总称。

　　合法地取得、正确地填制和审核会计凭证,是会计的专门方法之一。每个企业都必须按一定的程序填制和审核会计凭证,根据审核无误的会计凭证登记账簿,如实地反映企业的经济业务。

二、会计凭证的种类

　　按填制的程序和用途不同,会计凭证可分为原始凭证和记账凭证两类。

　　（一）原始凭证

　　原始凭证是在交易或事项发生或完成时取得或填制的,是用来载明交易或事项的内容或完成情况的书面证明。原始凭证是进行会计核算的原始资料和主要依据。

　　（二）记账凭证

　　记账凭证是由会计人员根据审核无误的原始凭证或汇总原始凭证编制的,是用来确定会计分录的会计凭证。记账凭证是登记账簿的直接依据。

三、会计凭证的作用

　　会计凭证的主要作用表现在以下几个方面。

　　（一）会计凭证是提供交易或事项信息的重要载体

　　在交易或事项发生以后,经办人员或会计人员取得或填制原始凭证,以此作为会计核算所需的原始资料。原始凭证还需要在有关人员之间传递,完成交易或事项信息的传递过程。所以会计凭证是提供交易或事项信息的重要载体。

（二）会计凭证是登记账簿的必要依据

会计人员取得或填制原始凭证,根据审核无误的原始凭证编制会计分录,填制记账凭证,以此来作为登记账簿的依据。在业务量大、会计凭证多的单位,可以先对会计凭证进行整理和汇总,再登记账簿,从而简化登记账簿的工作。

（三）会计凭证是明确经济责任的重要手段

企业交易或事项的经办人员在完成交易或事项一定环节的内容时,通过在会计凭证上签字或盖章,可以明确经济责任。一旦发生差错或出现问题,也方便查找。在会计凭证的传递过程中,有关部门或有关人员也要在会计凭证上签字或盖章,从而相互牵制和制约,有利于及时发现问题、解决问题。

（四）会计凭证的审核是实施会计监督的具体措施

会计人员审核会计凭证可以检查交易或事项的真实性、合法性和合规性,也可以使交易或事项的会计处理符合相关规定的要求,从而保障会计信息质量。通过对会计凭证的审核,还可以及时发现企业在经营管理中存在的问题、管理制度中存在的漏洞等,以便及时采取措施加以解决,提高企业管理水平。

第二节　填制和审核原始凭证

一、原始凭证的概念和种类

（一）原始凭证的概念

原始凭证是在交易或事项发生或完成时取得或填制的,是用来载明交易或事项的内容或完成情况的书面证明。原始凭证是进行会计核算的原始资料和主要依据。

对原始凭证的概念可以从以下几个方面加以理解。

①原始凭证的填制程序。原始凭证是在交易或事项发生时取得或填制的。

②原始凭证的主要内容。原始凭证载明了交易或事项的内容或完成情况。

③原始凭证的主要用途。原始凭证是进行会计核算的原始资料和主要依据。

（二）原始凭证的种类

原始凭证按照不同标准可分为不同的类别。

1.原始凭证按照来源的不同,可以分为外来原始凭证和自制原始凭证

外来原始凭证是指交易或事项发生或者完成时,由与企业有经济业务往来的外部单位或个人提供的。例如,购买原材料时从销售方取得的增值税专用发票、委托运输企业运送货物时从运输企业取得的运费增值税专用发票、职工出差报销的飞机票、火车票、住宿发票和餐饮费发票、在开户银行办理存款收支业务时从银行取得的收款通知单和付款通知单等都属于外来原始凭证。增值税专用发票的格式如图6-1所示。

电子发票（增值税专用发票）

发票号码：23502000000025857265
开票日期：2023年09月21日

购买方信息	名称：重庆▇▇▇交通工程有限责任公司	销售方信息	名称：重庆▇▇科技贸易有限公司
	统一社会信用代码/纳税人识别号：91500000▇▇14715		统一社会信用代码/纳税人识别号：91500106▇▇1272E

项目名称	规格型号	单位	数量	单价	金额	税率/征收率	税额
*塑料制品*HDPE钢塑复合缠绕管（B1型）	DN2400 SN16	米	82.1	2638.053105968331	216584.16	13%	28155.94
*塑料制品*HDPE钢塑复合缠绕管（B1型）					-2165.84	13%	-281.56
合　　计					¥214418.32		¥27874.38
价税合计（大写）	⊗贰拾肆万贰仟贰佰玖拾贰圆柒角整				（小写）¥242292.70		

备注	工程名称：石唐大道（二期）道路工程 工程地点：渝北区玉峰山镇

开票人：吴▇

图 6-1　增值税专用发票的格式

自制原始凭证是由本企业有关部门或人员在经办或完成某项交易或事项时填制的原始凭证。例如,由企业仓库管理人员在原材料验收入库后填制的验收单、由企业领用材料的车间的领料人员填制的领料单和限额领料单、由企业出差人员填制的差旅费借款单等。领料单格式如图 6-2 所示。

领　料　单

领料单位：第一车间　　　　　　　　　　　　　　　　　　　凭证编号：0102
用　　途：生产A产品　　　　　20×3年11月5日　　　　　　仓　库：01号

材料类别	材料编号	材料名称	规格	计量单位	数量		单价	金额
					请领	实领		
钢材	0501	圆钢	11 mm	千克	200	200	5.00	1 000
钢材	0505	圆钢	15 mm	千克	200	200	6.00	1 200
合计	—	—	—	—	400	400		2 200

发料 苏红军　　　　领料 杨宏伟　　　　领料单位负责人 吴非凡　　　　记账 刘小霞

图 6-2　领料单的格式

2.原始凭证按格式分类,可分为通用凭证和专用凭证

通用凭证是指由有关部门统一印制、在一定范围内使用的具有统一格式和使用方法的原始凭证。统一凭证的使用范围因制作部门的不同而有所差异,可以分地区、分行业使用,也可以全国通用。例如,某省（市）印制的在该省（市）通用的发票、由中国人民银行制作的在全国通用的银行转账结算凭证、由国家税务总局统一印制的全国通用的增值税专用发票等。

专用凭证是指由企业自行印制的原始凭证。例如,领料单、差旅费报销单、折旧计算表、工资费用分配表等。

3.原始凭证按填制的手续和包含的内容分类,可分为一次原始凭证、累计原始凭证和汇总原始凭证

一次原始凭证是指一次性填制完成,只记录一笔经济业务且仅一次有效的原始凭证。例如,验收单、领料单、发货单、银行结算凭证、增值税专用发票等。增值税专用发票上填列的商品名称可能是一种,也可能是几种,但增值税专用发票是由销售企业一次填写完成的。增值税专用发票见图6-1,领料单见图6-2。一次原始凭证填制方便,但在一定的会计期间同类交易或事项频繁发生时,需要填制的数量较多,给会计核算带来不便。

累计凭证是指在一张原始凭证上连续记载一定会计期间内重复发生的同类交易或事项,需要分次完成填制手续的原始凭证。例如,限额领料单。在使用限额领料单发出原材料时,一般是由企业的材料供应部门在月初给材料领用部门规定一个在本月内可领用某种材料的额度。在该月中,由材料的领用部门分次领取。每次领料时,有关经办人员在限额领料单上填写领料数量等,并签字或盖章。结出累计数和结余数,并按照费用限额进行费用控制。月末,累计求出全月领用材料总额,填入限额领料单的相关栏次。限额领料单的格式见表6-1。

表6-1 限额领料单的格式

限 额 领 料 单

领料单位:生产车间　　　　　　20××年11月1日　　　　　　发料仓库:01号
用　途:产生B产品　　　　　　　　　　　　　　　　　　　　发料编号:1102

材料类别	材料编号	材料名称及规格	计量单位	领料限额	实际零用	单价	金额	备注
管件	0501	钢 10 mm	公斤	1 000	980	4.00	3 920	

| 日期 | 请领 | | 实发 | | | 限额结余 | 退库 | |
	数量	签章	数量	发件人	领件人		数量	单据
11.2	400		400			600		
11.10	400		400			200		
11.20	180		180			20		
合计	980		980			20		

供应单位负责人　　　　　　生产计划部门负责人　　　　　　仓库负责人

汇总原始凭证是指根据一定会计期间内若干反映同类性质交易或事项的原始凭证汇总编制而成的原始凭证。例如发出材料汇总表,格式见表6-2。企业为了反映本月发出材料的总体情况,在月末时,可将月内填制的所有领料单和限额领料单进行汇总,编制出发出材料汇总表。汇总原始凭证不仅合并了同类经济业务,简化了凭证编制和记账工作,还可以提供经营管理所需要的总体信息。

表 6-2　发出材料汇总表的格式

发出材料汇总表

20××年 9 月 30 日

会计科目(用途)	领料部门	原材料	燃料	合计
生产成本	一车间	56 000		56 000
	二车间	32 000		32 000
	小计	88 000		88 000
制造费用	一车间	2 400		2 400
	二车间	1 500		1 500
	小计	3 900		3 900
管理费用	管理部门	1 000		1 000
合计		92 900		92 900

会计主管　　　　　　　　　　　　复核　　　　　　　　　　制表

4.原始凭证按填制方法不同,可分为手工填制原始凭证、电脑填制原始凭证、网络填制原始凭证和自动化填制原始凭证

手工填制原始凭证是通过手工书写、填写的方式来记录经济业务信息,通常使用纸质凭证,如手写的收据、发票等。手工填制凭证需要员工手动记录相关信息,并确保准确性和完整性。

电脑填制原始凭证是指企业使用电脑软件,如财务会计系统或电子表格,通过输入相关数据来生成凭证。随着计算机技术的广泛应用,许多企业都采用电脑填制凭证。这种方法可以提高凭证填制的效率和准确性,同时方便存储和检索凭证信息。

网络填制原始凭证是指通过在互联网上的特定平台填写凭证信息,并进行电子签名和认证,完成凭证的记录和存储。随着互联网的普及,一些企业采用在线填写原始凭证的方式。这种方法可以实现实时录入和审批,方便远程办公和管理。

自动化填制原始凭证是通过与其他系统的数据交互,自动生成凭证,并自动记录相关的经济业务信息。在一些大型企业或特定行业,采用自动化系统来实现凭证的自动填制。这种方法可以提高凭证填制的效率,减少人为错误和重复劳动。

企业应当根据规模大小、业务特点和信息技术水平选择合适的凭证填制方法,并确保填制过程中的信息准确、完整和可审查。同时,需要遵守相关法律法规和会计准则,保证凭证的合规性。

二、原始凭证的填制

(一)原始凭证的基本内容

因为经济业务内容和经济管理要求不同,原始凭证的名称、格式和内容也不同,但无论哪种原始凭证,都必须详细反映有关经济业务发生或完成的情况,都应具备一些共同

的基本内容:①原始凭证的名称;②填制凭证的日期;③填制凭证的单位名称或者填制人姓名;④经办人员的签名或者盖章;⑤接受凭证单位名称;⑥经济业务内容;⑦数量、单价和金额。对原始凭证基本内容的理解如图6-3所示。

图6-3　原始凭证的基本内容

(二)原始凭证的填制要求

当原始凭证需要人工填制时,需要注意以下填制要求。

①记录真实。填制人员应在原始凭证上如实填写交易或事项的实际情况,准确地记录交易或事项内容、数量、单价和金额等关键信息,并反映实际交易的真实情况。这反映了会计信息质量的可靠性要求。

②内容完整。原始凭证所要求填列的项目必须逐项填列齐全,不得遗漏或省略。原始凭证中的年、月、日要按照填制原始凭证的实际日期填写;名称要齐全,不能简化;品名或用途要填写明确,不能含糊不清;有关人员的签章必须齐全。

③手续齐备。单位自制的原始凭证必须有经办单位负责人的签名盖章;对外开具的原始凭证必须加盖本单位公章或财务专用章;从外部取得的原始凭证,必须盖有填制单位的公章或财务专用章;对外开出或从外取得的电子形式的原始凭证必须附有符合《中华人民共和国电子签名法》的电子签名;从个人处取得的原始凭证,必须有填制人员的签名或盖章。

④书写规范。原始凭证要按规定填写,文字要简明,字迹要清楚,易于辨认,不得使用未经国务院公布的简化汉字。大小写金额必须符合填写规范,小写金额用阿拉伯数字逐个书写,不得写连笔字。在金额前要填写人民币符号"¥"(使用外币时填写"$""£"等相应的货币符号),且与阿拉伯数字之间不得留有空白。金额数字一律填写到角、分,无角无分的,写"00"或符号"-";有角无分的,分位写"0",不得用符号"-"。大写金额用汉

字壹、贰、叁、肆、伍、陆、柒、捌、玖、拾、佰、仟、万、亿、元、角、分、零、整等,一律用正楷或行书字体书写。大写金额前未印有"人民币"字样的,应加写"人民币"三个字且和大写金额之间不得留有空白。大写金额到元或角为止的,后面要写"整"或"正"字;有分的,不写"整"或"正"字。如小写金额为¥5 009.00,大写金额应写成"伍仟零玖元整"。

⑤编号连续。各种凭证要连续编号,以便检查。如果凭证已预先印定编号,如发票、支票等重要凭证,在因错报废时,应加盖"作废"戳记,妥善保管,不得撕毁。

⑥不得涂改、刮擦、挖补。原始凭证金额有错误的,应当由出具单位重开,不得在原始凭证上更正。原始凭证有其他错误的,应当由出具单位重开或更正,更正处应当加盖出具单位印章。

⑦填制及时。交易或事项办理完毕后,经办人员应及时取得或填制原始凭证,并送交会计机构审核。

(三)原始凭证的填制案例

[例6-1] 如[例5-15]瑞奇公司从新材公司购买的材料入库时,仓库保管员验收后,填制"收料单",其格式与内容见表6-3。

表6-3 收料单格式与内容

收 料 单

供货单位:新材公司　　　　　　20××年10月25日　　　　　　　　凭证编号:1025
发票编号:00005481　　　　　　　　　　　　　　　　　　　　　收料仓库:2 号

材料编号	材料名称	计量单位	数量		金额(元)			
			应收	实收	单价	买价	运杂费	合计
0810	甲材料	千克	5 000	5 000	100	500 000	6 000	506 000
0811	乙材料	千克	2 000	2 000	300	600 000	2 400	602 400
备注:					合计			1 108 400

仓库保管员　　　　　　　　　　　　　　　　收料人

[例6-2] 如[例5-22]瑞奇公司当月生产车间人员领取材料时,填制"领料单",其格式与内容见表6-4。

表6-4 领料单格式与内容

领 料 单

领料单位:生产车间　　　　　　20××年10月5日　　　　　　　　凭证编号:1005
用　　途:A 产品　　　　　　　　　　　　　　　　　　　　　发料仓库:2 号

材料编号	材料名称	计量单位	数量		单价	金额
			请领	实发		
0810	甲材料	千克	1 000	1 000	100	10 000
备注:					合计	10 000

记账:李松　　　　　发料:王清　　　　　领料主管:刘宏　　　　　领料:张东

上述原始凭证可根据发生的经济业务直接填制,但有些原始凭证需要计算后才能进行填制,如例6-3。

[例6-3]　如[例5-30]瑞奇公司在月末分配制造费用时,应编制"制造费用分配表",其格式与内容见表6-5。

表6-5　制造费用分配表格式与内容

制造费用分配表

20××年10月31日

产品名称	分配标准 (产品生产工时)	分配率	分配金额
A	4 000		80 000
B	2 000		40 000
合计	6 000	20	120 000

主管:李峰　　　　　　　　　　　审核:王晓燕　　　制表:许梦

三、原始凭证的审核与管理

(一)原始凭证的审核

原始凭证的审核是指财务人员对收到的原始凭证进行审查,以确保凭证的真实性、合法性和准确性,从而作为依据进行后续账务处理。根据《中华人民共和国会计法》第十四条规定,会计机构、会计人员必须按照国家统一的会计制度的规定对原始凭证进行审核,对不真实、不合法的原始凭证有权不予接受,并向单位负责人报告;对记载不准确、不完整的原始凭证予以退回,并要求按照国家统一的会计制度的规定更正、补充。审核内容包括以下四个方面:

①审核原始凭证的真实性。真实性的审核包括凭证日期是否真实,业务内容是否真实,数据是否真实等。对于外来原始凭证,必须有填制单位公章或财务专用章和填制人签章。其中,电子形式的外来原始凭证,应当附有符合《中华人民共和国电子签名法》的电子签名(章);对自制原始凭证,必须有经办部门和经办人员的签名或盖章。此外,对通用原始凭证,还应审核凭证本身的真实性,以防作假。

②审核原始凭证的合法性、合理性。审核原始凭证所记录经济业务是否符合国家法律法规,是否履行了规定的凭证传递和审核程序;审核原始凭证所记录的经济业务是否符合企业经济活动的需要,是否符合有关的计划和预算等。

③审核原始凭证的完整性。审核原始凭证各项基本要素是否齐全,是否有漏项情况,日期是否完整,数字是否清晰,文字是否工整,有关人员签章是否齐全,凭证联次是否正确等。

④审核原始凭证的正确性。审核原始凭证记载的各项内容是否正确,包括:a.接受原始凭证单位的名称是否正确;b.金额的填写和计算是否正确。阿拉伯数字分位填写,不得连写。小写金额前要标明"￥"字样,中间不得留有空位。大写金额前要加"人民币"字

样。大写金额与小写金额要相符。c.更正是否正确。原始凭证记载的各项内容均不得涂改、刮擦和挖补。

对于经审核的原始凭证,应根据下列不同情况分别处理:a.对于完全符合要求的原始凭证,应当及时作为依据编制记账凭证入账。b.对于真实合法、合理但内容不够完整、记载不够准确的原始凭证,应退回给有关经办人员,由其负责将有关凭证补充完整、更正错误或重开后,再办理正式会计手续。c.对于不真实、不合法的原始凭证,会计机构和会计人员有权不予接受,并向单位负责人报告。d.原始凭证记载的各项内容均不得涂改。原始凭证金额有错误的,应当由出具单位重开,不得在原始凭证上更正。原始凭证有其他错误的,应当由出具单位重开或者更正,更正处应当加盖出具单位印章。

（二）原始凭证的管理

原始凭证是反映企业发生的交易或事项内容的凭据,也是企业重要的经济档案资料。对于审核无误的原始凭证,应及时交给有关会计人员填制记账凭证。记账凭证填制完毕后,应与原始凭证认真核对,并将原始凭证粘贴于记账凭证的背面,便于日后查找与核对。一定会计期间的交易或事项处理完毕后,应将原始凭证与记账凭证装订成册,移交档案管理部门专门保管,待法定保管期限届满后,方可按规定销毁。

第三节　填制和审核记账凭证

一、记账凭证的概念和种类

（一）记账凭证的概念

记账凭证是指会计人员根据审核无误的原始凭证,按照经济业务事项的内容加以归类,并予以确定会计分录后所填制的会计凭证。记账凭证是登记账簿的直接依据。

原始凭证记载的是发生的交易或事项的内容,但由于其格式上的限制,绝大多数原始凭证上都不能表明发生的交易或事项应登记在哪些账户中,应记在账户的哪一方以及登记的金额是多少等。因此,有必要根据原始凭证填制记账凭证,编制会计分录,作为登记账簿的直接依据。根据记账凭证登记账簿,可以防止或减少差错,保证登记账簿的准确性。

记账凭证的概念可以从以下三个方面来理解。

①记账凭证的填制程序。记账凭证根据经审核无误的原始凭证归类整理编制。

②记账凭证的主要内容。记账凭证的主要内容是按设置的账户,运用复式记账法,编制会计分录。

③记账凭证的主要用途。记账凭证是登记账簿的直接依据。

（二）记账凭证的种类

实务中使用的记账凭证有多种,可按其用途和所包含交易或事项内容的多少两种方法进行分类。

1.按照记账凭证的用途不同,可分为专用记账凭证和通用记账凭证

记账凭证的用途是指其在交易或事项的处理过程中的适用性。有的记账凭证有着专门的用途,只适用于反映某一类交易或事项;有的记账凭证不具有专门的用途,可适用于所有的交易或事项。据此可以将记账凭证分为专用记账凭证和通用记账凭证。其中,专用记账凭证包括收款凭证、付款凭证和转账凭证。

①专用记账凭证。专用记账凭证是指专门用来为某一特定类别的交易或事项填制的记账凭证。某一特定类别是从交易或事项与货币资金收支关系的角度进行分类所形成的。按照这种分类方法,可将企业的交易或事项分为收款交易或事项、付款交易或事项和转账交易或事项三类,简称收款业务、付款业务和转账业务。与这三类交易或事项对应填制的专用记账凭证即为收款凭证、付款凭证和转账凭证。

收款记账凭证是指专门用于记录库存现金和银行存款收款业务的记账凭证。收款凭证根据有关库存现金和银行存款收款业务的原始凭证填制,是登记库存现金日记账、银行存款日记账以及有关明细分类账和总分类账等账簿的依据,也是出纳人员收讫款项的依据。根据收款形式的不同,收款记账凭证又可以分为现金收款记账凭证和银行存款收款记账凭证两种。现金收款记账凭证的借方为"库存现金"科目。银行存款收款记账凭证的借方为"银行存款"科目。收款记账凭证的基本格式见表6-6。

表6-6 收款记账凭证的基本格式

收款记账凭证

借方科目:银行存款　　　　　　　　　20××年10月20日　　　　　　　　　收字第15号

摘要	贷方科目		金额	记账	
	一级科目	明细科目			附件肆张
收到投资	股本		2 000 000	√	
	资本公积		3 000 000	√	
合计			5 000 000		

主管　　　　记账　　　　稽核　　　　填制　　　　出纳　　　　交款

付款记账凭证是指专门用于记录库存现金和银行存款付款业务的记账凭证。付款凭证根据有关库存现金和银行存款付款业务的原始凭证填制,是登记库存现金日记账、银行存款日记账以及有关明细分类账和总分类账等账簿的依据,也是出纳人员支付款项的依据。根据付款形式的不同,付款记账凭证又可以分为现金付款记账凭证和银行存款付款记账凭证两种。现金付款记账凭证的贷方为"库存现金"科目,银行存款付款记账凭证的贷方为"银行存款"科目。付款记账凭证的基本格式见表6-7。

转账记账凭证是指专门用于记录不涉及库存现金和银行存款业务的记账凭证。转账记账凭证根据有关转账业务的原始凭证填制,是登记有关明细分类账和总分类账等账

簿的依据。转账记账凭证借方或贷方均不是"库存现金"和"银行存款"科目。转账记账凭证的基本格式见表6-8。

表6-7 付款记账凭证的基本格式
付款记账凭证

贷方科目:银行存款　　　　　　　　20××年10月25日　　　　　　　　付字第10号

摘要	借方科目		金额	记账	附件肆张
	一级科目	明细科目			
购入设备	固定资产	生产设备	302 000	√	
	应交税费	应交增值税	39 000	√	
合计			341 000		

主管　　　　记账　　　　稽核　　　　填制　　　　出纳　　　　交款

表6-8 转账记账凭证的基本格式
转账记账凭证
20××年10月20日　　　　　　　　转字第12号

摘要	一级科目	明细科目	借方金额	贷方金额	记账	附件肆张
收到投资	固定资产		1 200 000		√	
	股本			1 000 000	√	
	资本公积			200 000	√	
合计			1 200 000	1 200 000		

主管　　　　记账　　　　稽核　　　　填制　　　　出纳　　　　交款

②通用记账凭证。通用记账凭证也可以将其直接称为记账凭证,是指可以用来反映所有的交易或事项的一种记账凭证。采用通用记账凭证的企业,无论是对收款、付款交易或事项,还是对转账交易或事项,在填制记账凭证时,都采用同一格式的记账凭证,而不再有记账凭证种类上的划分。通用记账凭证的格式与专用记账凭证中的转账记账凭证格式基本相同。通用记账凭证的基本格式见表6-9。

2.按照记账凭证包含交易或事项内容的多少,可分为单一记账凭证、汇总记账凭证和科目汇总表

①单一记账凭证。单一记账凭证是指在一张凭证上只包含一笔交易或事项内容的记账凭证。专用记账凭证和通用记账凭证均为单一记账凭证。每一张单一记账凭证只反映一笔交易或事项的内容,即只能编制一笔交易或事项的会计分录,并可直接作为登

记有关账簿的依据。使用这类记账凭证时,企业在一定会计期间发生多少笔交易和事项,就需要填制多少张记账凭证,并且是根据每一张记账凭证直接登记日记账、明细账和总账等各种账簿。在交易或事项繁多的企业,势必会增加账簿登记的工作量。

表 6-9　通用记账凭证的基本格式

记账凭证

20××年 10 月 20 日　　　　　　　　　　　　编号:1

摘要	一级科目	明细科目	借方金额	贷方金额	记账
收到投资	银行存款		5 000 000		√
	股本			2 000 000	√
	资本公积			3 000 000	√
合计			5 000 000	5 000 000	

附件 肆 张

主管　　　　　记账　　　　　稽核　　　　　填制　　　　　出纳　　　　　交款

②汇总记账凭证。汇总记账凭证是指根据一定会计期间专用记账凭证定期汇总编制的,包含若干交易或事项内容的记账凭证。将一定会计期间的收款记账凭证、付款记账凭证、转账记账凭证分别汇总编制形成汇总收款记账凭证、汇总付款记账凭证和汇总转账记账凭证。汇总收款记账凭证、汇总付款记账凭证和汇总转账记账凭证格式分别见表 6-10、表 6-11、表 6-12。

表 6-10　汇总收款记账凭证的基本格式

汇总收款记账凭证

借方科目:银行存款　　　　　　　　20××年 9 月　　　　　　　　汇收字第 1 号

贷方科目	金额				总账页数	
	(1)	(2)	(3)	合计	借方	贷方
股本	1 000 000			1 000 000		
主营业务收入	60 000	180 000	150 000	390 000		
应交税费	7 800	23 400	19 500	50 700		
合计	1 067 800	203 400	169 500	1 440 700		

附注:(1)自__1__日至__10__日　　收款凭证　共计__3__张
　　　(2)自__11__日至__20__日　　收款凭证　共计__7__张
　　　(3)自__21__日至__31__日　　收款凭证　共计__5__张

表 6-11　汇总付款记账凭证的基本格式

汇总付款记账凭证

贷方科目:银行存款　　　　　　　　　　20××年9月　　　　　　　　　汇付字第 1 号

借方科目	金额				总账页数	
	（1）	（2）	（3）	合计	借方	贷方
管理费用	3 000	20 000	80 000	103 000		
在途物资	20 000	80 000	150 000	250 000		
应交税费	2 600	10 400	19 500	32 500		
销售费用	1 000	50 000	120 000	171 000		
合计	26 600	160 400	369 500	556 500		

附注:（1）自__1__日至__10__日　　付款凭证　共计__4__张
　　　（2）自__11__日至__20__日　付款凭证　共计__11__张
　　　（3）自__21__日至__31__日　付款凭证　共计__7__张

表 6-12　汇总转账记账凭证的基本格式

汇总转账记账凭证

贷方科目:原材料　　　　　　　　　　20××年9月　　　　　　　　　汇转字第 1 号

借方科目	金额				总账页数	
	（1）	（2）	（3）	合计	借方	贷方
生产成本	200 000	180 000	220 000	600 000		
制造费用	2 500	3 500	4 000	10 000		
管理费用	1 000	1 200	1 800	4 000		
在建工程	36 000	24 000	15 000	75 000		
合计	239 500	208 700	240 800	689 000		

附注:（1）自__1__日至__10__日　　付款凭证　共计__7__张
　　　（2）自__11__日至__20__日　付款凭证　共计__10__张
　　　（3）自__21__日至__31__日　付款凭证　共计__8__张

汇总记账凭证是按专用记账凭证的种类分别进行汇总的。通过每一种汇总记账凭证得到的应当是会计期间每一个账户发生额的汇总结果,实际上是专用记账凭证中的会计分录所涉及的各个账户在一定会计期间的若干次交易或事项发生额的合计数。因此,在每一份汇总记账凭证中都包含了性质相同的多项交易或事项的内容。在一定会计期末编制的汇总收款记账凭证上,则包含了企业在该会计期间所发生的全部收款交易或事项;在汇总付款记账凭证上,则包含了企业在该会计期间所发生的全部付款交易或事项;在汇总转账凭证上,则包含了企业在该会计期间所发生的全部转账交易或事项。

③科目汇总表。科目汇总表也称为记账凭证汇总表,是根据一定期间内的专用记账凭证或通用记账凭证定期汇总编制的。实际上是按记账凭证上的会计分录所涉及的会计科目进行汇总,并将汇总的结果集中体现在一张表格上。因其是以记账凭证上的会计科目为对象进行的汇总,故称为科目汇总表。科目汇总表的参考格式见表6-13。

表6-13　科目汇总表的参考格式

科目汇总表　　　　　　　　　　　　科汇1

编制单位:××公司　　　　20××年9月1—10日　　　　单位:元

会计科目	本期发生额		总账页数
	借方金额	贷方金额	
银行存款	1 067 800	26 600	
股本		1 050 000	
管理费用	3 000		
在途物资	50 000		
应交税费	6 500	7 800	
主营业务收入		60 000	
生产成本	10 000		
原材料		10 000	
固定资产	50 000		
应付账款		33 900	
销售费用	1 000		
合计	1 188 300	1 188 300	

二、记账凭证的内容和填制

(一)记账凭证的基本内容

记账凭证是登记会计账簿的依据。为了保证账簿记录的正确性,记账凭证应该具有以下基本内容:①填制记账凭证的日期;②记账凭证的编号;③经济业务摘要;④会计科目；⑤应计方向及金额；⑥所付原始凭证的张数；⑦填制人员、稽核人员、记账人员和会计主管人员的签名或盖章。收款记账凭证和付款记账凭证上还应当由出纳人员签名或盖章。现以通用记账凭证为例，说明记账凭证的基本内容，如图6-4所示。

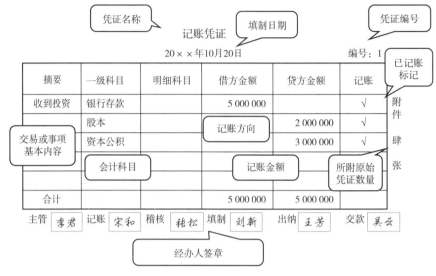

图6-4　记账凭证的基本内容

（二）记账凭证的填制方法

1.专用记账凭证的填制方法

①收款记账凭证的填制方法。收款记账凭证应根据经审核无误的库存现金和银行存款的收款业务的原始凭证填制。

收款记账凭证左上角的"借方科目"按收款的性质填写"库存现金"或"银行存款"；日期填写填制收款记账凭证的日期；右上角填写收款记账凭证的顺序号；"摘要"填写所记录的交易或事项的简要说明；"贷方科目"填写与收入"库存现金"或"银行存款"相对应的会计科目；"记账"是指该收款记账凭证已登记账簿的标记，防止交易或事项被重记或漏记；"金额"是指该交易或事项的发生额；该收款记账凭证右边"附件×张"是指该收款记账凭证所附原始凭证的张数；最下边分别由有关人员签章，以明确账证经管责任。

［例6-4］　以［例5-1］所列内容，瑞奇公司收到发行款时填制收款记账凭证。

该案例中瑞奇公司属于收款交易或事项，应填制收款专用记账凭证，填制内容如图6-5所示。

②付款记账凭证的填制方法。付款记账凭证应根据经审核无误的库存现金和银行存款的付款业务的原始凭证填制。

付款记账凭证的填制方法与收款记账凭证基本相同，不同的是在付款记账凭证的左上角应填列贷方科目，即"库存现金"或"银行存款"科目，"借方科目"栏应填写与"库存现金"或"银行存款"相对应的一级科目和明细科目。

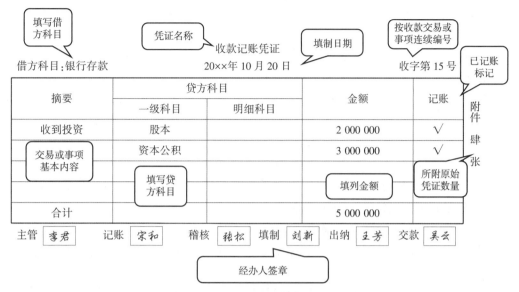

图 6-5 收款记账凭证的填制方法

[例 6-5] 以[例 5-8]所列内容,瑞奇公司购入设备时填制付款记账凭证。

该案例中瑞奇公司属于付款交易或事项,应填制付款专用记账凭证,填制内容如图 6-6 所示。

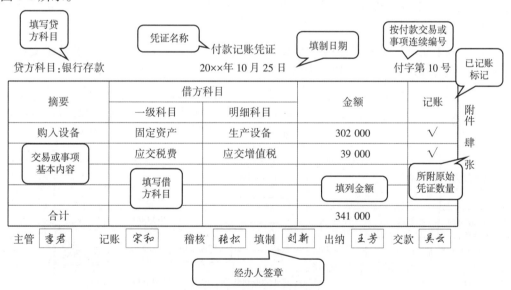

图 6-6 付款记账凭证的填制方法

需要注意的是,有些交易或事项属于收款和付款兼而有之。对这类交易或事项在专用记账凭证的填制上有特殊要求。

[例 6-6] 企业从银行提取现金 2 000 元。会计分录为:

借:库存现金   2 000
　　贷:银行存款   2 000

119

[**例** 6-7]   企业将现金 3 000 元存入银行。会计分录为:

借:银行存款   3 000
　　贷:库存现金   3 000

前两例属于库存现金与银行存款相互划转的交易。每一笔交易都兼有收款和付款的性质。如从银行提取现金,对于"库存现金"账户是收款,对于"银行存款"账户是付款;将现金存入银行,对于"银行存款"账户是收款,对于"库存现金"账户是付款。对于这类兼有收款和付款性质的交易,当然没有必要也不能既填制收款记账凭证,又填制付款记账凭证。否则就会重复记账,发生记账错误。

对于这类涉及"库存现金"和"银行存款"之间相互划转业务的交易,为避免重复记账,一般只填制付款记账凭证,不再填制收款记账凭证。即从银行提取现金,应填制银行存款付款记账凭证;将现金存入银行,应填制库存现金付款记账凭证。

③转账记账凭证的填制方法。转账记账凭证应根据经审核无误的转账业务的原始凭证填制。

转账记账凭证中"总账科目"和"明细科目"栏填写应借、应贷的总账科目和明细科目,借方科目在前,贷方科目在后。借方科目应记金额在同一行的"借方金额"栏填列,贷方科目应记金额在同一行的"贷方金额"栏填列,"借方金额"栏合计数与"贷方金额"栏合计数应相等。

[**例** 6-8]   以 [例 5-3]所列内容,瑞奇公司收到股东投入的全新设备时,应填制转账记账凭证。

该案例中瑞奇公司借贷方均不涉及"库存现金""银行存款"科目,属于转账交易或事项,应填制转账记账凭证。填制内容如图 6-7 所示。

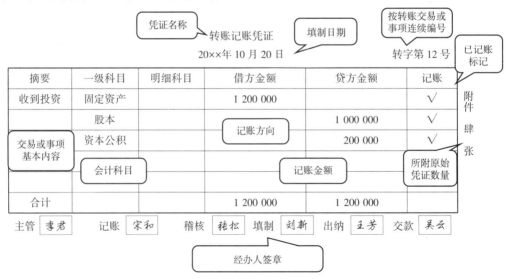

图 6-7 转账记账凭证的填制方法

专用记账凭证的优点在于:①记账凭证分工细化,可更为详细地反映企业发生的各类交易或事项;②在同一张记账凭证上能够编制出一笔交易或事项的完整分录,直接体现相关账户之间的对应关系,便于检查核对;③有利于有关部门和人员之间相互牵制,便于在会计部门内部实行岗位责任制。

专用记账凭证的缺点在于:①不便于汇总。编制汇总记账凭证和科目汇总表是以专用记账凭证上的会计科目为依据的。由于专用记账凭证上往往有两个或更多会计科目,在汇总时对专用记账凭证要反复使用,容易造成汇总上的遗漏;②制证工作量较大。采用专用记账凭证时,在一张记账凭证上只能反映一项交易或事项内容,企业发生的交易或事项量越大,需要填制的记账凭证数量就越多。特别是在手工记账的情况下,这方面的缺点愈加突出;③根据专用记账凭证直接登记总分类账和明细分类账,会增加账簿登记的工作量。

2.通用记账凭证的填制方法

通用记账凭证的格式和内容与转账记账凭证基本相同,其反映的内容不受交易或事项类别的限制,因此不必区分是收款交易或事项、付款交易或事项还是转账交易或事项。

[例6-9]　以[例5-1]所列内容,瑞奇公司收到发行款时填制的记账凭证,填制内容如图6-8所示。

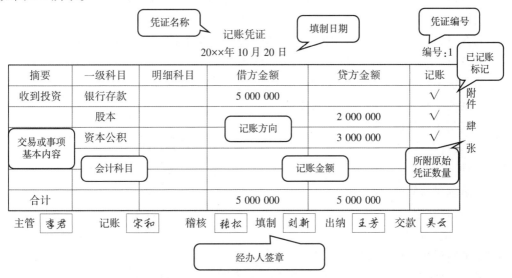

图6-8　通用记账凭证的填制方法

与专用记账凭证相比,通用记账凭证的优点在于:①种类单一,格式简化,填制方法易掌握;②可降低记账凭证的印制或购买成本;③适用范围广,特别是使用电子计算机会计处理系统的企业,通用记账凭证更具有无可比拟的优势。

不过,通用记账凭证也存在与专用记账凭证相同的缺点,如不便汇总、制证工作量较大以及加大账簿登记的工作量等。

3.科目汇总表的填制方法

科目汇总表的填制方法就是根据企业在一定会计期间发生的交易或事项所填制的所有记账凭证(专用记账凭证或通用记账凭证),按照相同会计科目(总分类科目)加以归类,定期(每 10 天或 15 天,或每月一次)分别汇总每一个科目的借方、贷方的发生额,并将汇总结果填列于科目汇总表的相应栏内。汇总得到的各科目发生额合计数是登记相关总分类账户的依据。在登记总分类账时,只需要将各科目的本期借方、贷方发生额的合计数分次或月末一次记入相应总分类账即可。科目汇总表还可以集中反映一定汇总期间全部账户的借方发生额合计和贷方发生额合计,体现二者之间的平衡相等关系。

在实务中,对于各科目的发生额可利用科目汇总表工作底稿进行汇总。

[例 6-10] 瑞奇公司 20××年 9 月发生如下交易和事项。

① 1 日,收到投资者投入投资款 1 000 000 元,存入银行。

② 2 日,用银行存款支付企业当月管理部门房租 3 000 元。

③ 3 日,购买材料不含税价 20 000 元,取得增值税专用发票,税率 13%,款项已付,材料尚未送达。

④ 4 日,销售产品的不含税价为 50 000 元,增值税税率为 13%,产品已发,货款已收。

⑤ 5 日,生产产品领用材料 10 000 元。

⑥ 6 日,收到投资者投入设备,作价 50 000 元。

⑦ 7 日,购买材料,不含税价为 30 000 元,取得增值税专用发票,税率 13%,款项未付,材料尚未送达。

⑧ 8 日,销售产品的不含税价为 10 000 元,增值税税率为 13%,货款已收。

⑨ 9 日,支付上月销售部门水电费 1 000 元。

请分别编制该企业 9 月上旬的专用记账凭证和科目汇总表。

编制各交易或事项的专用记账凭证。

①填制收款凭证,编号收 1:

借:银行存款	1 000 000	
贷:股本		1 000 000

②填制付款凭证,编号付 1:

借:管理费用	3 000	
贷:银行存款		3 000

③填制付款凭证,编号付 2:

借:在途物资	20 000	
应交税费——应交增值税(进项税额)	2 600	
贷:银行存款		22 600

④填制收款凭证,编号收 2:

借:银行存款	56 500	
贷:主营业务收入		50 000
应交税费——应交增值税(销项税额)		6 500

⑤填制转账凭证,编号转 1:

借:生产成本	10 000	
贷:原材料		10 000

⑥填制转账凭证,编号转 2:

借:固定资产 50 000

  贷:股本 50 000

⑦填制转账凭证,编号转 3:

借:在途物资 30 000

  应交税费——应交增值税(进项税额) 3 900

  贷:应付账款 33 900

⑧填制收款凭证,编号收 3:

借:银行存款 11 300

  贷:主营业务收入 10 000

    应交税费——应交增值税(销项税额) 1 300

⑨填制付款凭证,编号付 3:

借:销售费用 1 000

  贷:银行存款 1 000

根据专用记账凭证编制科目汇总表工作底稿,如图 6-9 所示。

科目汇总表工作底稿
20××年10月1—10日

借	银行存款	贷
① 1 000 000	② 3 000
④ 56 500	③ 22 600
⑧ 11 300	⑨ 1 000
合计 1 067 800	合计 26 600

借	股本	贷
	① 1 000 000
	⑥ 50 000
	合计 1 050 000

借	管理费用	贷
② 3 000	
合计 3 000	

借	在途物资	贷
③ 20 000	
⑦ 30 000	
合计 50 000	

借	应交税费	贷
③ 2 600	④ 6 500
⑦ 3 900	⑧ 1 300
合计 6 500	合计 7 800

借	主营业务收入	贷
	④ 50 000
	⑧ 10 000
	合计 60 000

借	生产成本	贷
⑤ 10 000	
合计 10 000	

借	原材料	贷
	⑤ 10 000
	合计 10 000

借	固定资产	贷
⑥ 50 000	
合计 50 000	

借	应付账款	贷
	⑦ 33 900
	合计 33 900

借	销售费用	贷
⑨ 1 000	
合计 1 000	

图 6-9　科目汇总表工作底稿

根据汇总结果编制科目汇总表见表 6-14。

表 6-14　科目汇总表

科目汇总表　　　　　　　　　　　　　　　　科汇 1

20××年 9 月 1—10 日　　　　　　　　　　　单位:元

会计科目	本期发生额		总账页数
	借方金额	贷方金额	
银行存款	1 067 800	26 600	

续表

会计科目	本期发生额		总账页数
	借方金额	贷方金额	
股本		1 050 000	
管理费用	3 000		
在途物资	50 000		
应交税费	6 500	7 800	
主营业务收入		60 000	
生产成本	10 000		
原材料		10 000	
固定资产	50 000		
应付账款		33 900	
销售费用	1 000		
合计	1 188 300	1 188 300	

由于记账凭证是根据借贷记账法的记账规则"有借必有贷,借贷必相等"编制的,因此,在科目汇总表上汇总得出的一定会计期间所有账户的借方发生额合计与其贷方发生额合计应当相等。利用这种相等关系可以检查记账凭证填制的正确性,保证账户登记的准确性。

在科目汇总表上汇总的各会计科目在一定会计期间的汇总发生额,可以作为登记总分类账的依据,并且能够大大减轻登记总分类账的工作量。在这一点上,科目汇总表与汇总记账凭证具有相同的作用。

科目汇总表的优点在于:①格式简单,方便适用,编制方法易于掌握;②种类单一,成本较低;③汇总结果可用于检查记账凭证编制的正确性,保证账簿登记的准确性;④适用范围较广,不论是使用专用记账凭证还是使用通用记账凭证的企业均适用。

4.汇总记账凭证的填制方法

在填制各种专用记账凭证的基础上,按照一定的方法进行汇总,就形成了汇总记账凭证。

①汇总收款凭证的填制方法。把收款记账凭证上会计分录的借方科目(库存现金或银行存款)作为主体科目设置汇总收款记账凭证,按其对应的贷方科目定期(如每5天或10天)汇总,每月填制一张。汇总时计算出每一个贷方科目的发生额合计数,填入汇总收款记账凭证的相应栏次。汇总后得到的所有贷方科目发生额的合计数,就是主体科目的借方发生额总额。

[例6-11] 瑞奇公司9月1—10日发生如[例6-7]所示的三笔收款交易,即①④⑧。在收款凭证上编制的会计分录也如[例6-7]所示。

三笔收款业务的会计分录中,借方科目均为"银行存款";对应的贷方科目有三个,分别是"股本"1笔、"主营业务收入"2笔、"应交税费"2笔。按借方科目"银行存款"设置

汇总收款记账凭证,按对应贷方科目进行汇总,可以计算出:

"股本"科目贷方发生额汇总数=1 000 000(元)

"主营业务收入"科目贷方发生额汇总数=50 000+10 000=60 000(元)

"应交税费"科目贷方发生额汇总数=6 500+1 300=7 800(元)

进一步汇总出:

"银行存款"科目借方发生额汇总数=1 000 000+60 000+7 800=1 067 800(元)

根据汇总结果编制汇总收款凭证如图6-10中"1—10日凭证"栏所示。

按借方科目设置

汇总收款记账凭证

借方科目:银行存款　　　　　　　　　　　20××年9月　　　　　　　　　　汇收字第1号

贷方科目	金额				总账页数	
	(1)	(2)	(3)	合计	借方	贷方
股本	1 000 000			1 000 000		
主营业务收入	60 000	180 000	150 000	390 000	月终合计,记入有关总分类账	
应交税费	7 800	23 400	19 500	50 700		
	按贷方科目汇总		这两栏数字为假设			
合计	1 067 800	203 400	169 500	1 440 700	记入"银行存款"账户借方	

附注:(1)自__1__日至__10__日　收款凭证　共计__3__张
　　　(2)自__11__日至__20__日　收款凭证　共计__7__张
　　　(3)自__21__日至__31__日　收款凭证　共计__5__张

图6-10　汇总收款凭证的填制方法

②汇总付款凭证的填制方法。把付款记账凭证上会计分录的贷方科目(库存现金或银行存款)作为主体科目设置汇总付款记账凭证,按其对应的借方科目定期(如每5天或10天)汇总,每月填制一张。汇总时计算出每一个借方科目的发生额合计数,填入汇总付款记账凭证的相应栏次,这就是汇总付款凭证的填制方法。汇总后得到的所有借方科目发生额的合计数,就是主体科目的贷方发生额总额。

[例6-12]　瑞奇公司9月1—10日发生如[例6-7]所示的三笔付款交易,即②③⑨。在付款凭证上编制的会计分录也如[例6-7]所示。

三笔付款业务的会计分录中,贷方科目均为"银行存款";对应的借方科目有四个,分别是"管理费用"1笔、"在途物资"1笔、"应交税费"1笔、"销售费用"1笔。按贷方科目"银行存款"设置汇总付款记账凭证,按对应借方科目进行汇总,可以计算出:

"管理费用"科目借方发生额汇总数=3 000(元)

"在途物资"科目借方发生额汇总数=20 000(元)

"应交税费"科目借方发生额汇总数=2 600(元)

"销售费用"科目借方发生额汇总数=1 000(元)

进一步汇总出:

"银行存款"科目贷方发生额汇总数=3 000+20 000+2 600+1 000=26 600(元)

根据汇总结果编制汇总付款凭证如图 6-11 中"1—10 日凭证"栏所示。

汇总付款记账凭证

按贷方科目设置						

贷方科目:银行存款　　　　　　　20××年 9 月　　　　　　　汇付字第 1 号

借方科目	金额				总账页数	
	(1)	(2)	(3)	合计	借方	贷方
管理费用	3 000	20 000	80 000	103 000		
在途物资	20 000	80 000	150 000	250 000		月终合计，记入有关总分类账
应交税费	2 600	10 400	19 500	32 500		
销售费用	1 000	50 000	120 000	171 000		
	按借方科目汇总	这两栏数字为假设				
合计	26 600	160 400	369 500	556 500		记入"银行存款"账户借方

附注:(1)自 1 日至 10 日　　付款凭证　共计 4 张
　　　(2)自 11 日至 20 日　　付款凭证　共计 11 张
　　　(3)自 21 日至 31 日　　付款凭证　共计 7 张

图 6-11　汇总付款凭证的填制方法

③汇总转账凭证的填制方法。把转账记账凭证上会计分录的贷方科目(如原材料、固定资产等)作为主体科目设置汇总转账记账凭证,按其对应的借方科目定期(如每 5 天或 10 天)汇总,每月填制一张。汇总时计算出每一个借方科目的发生额合计数,填入汇总转账记账凭证的相应栏次。汇总后得到的所有借方科目发生额的合计数,就是主体科目的贷方发生额总额。具体汇总过程与汇总付款记账凭证基本相同,此处不再赘述。

汇总记账凭证的优点在于可以减轻登记总分类账的工作量。由于在汇总记账凭证上已经将本期所有账户的发生额进行了汇总,可以定期或不定期地按其汇总金额登记有关总分类账,不必再根据大量的专用记账凭证逐笔登记,因此可以大大减轻登记总分类账的工作量。

汇总记账凭证的缺点在于汇总程序比较烦琐。进行各种专用记账凭证汇总时,不仅汇总的工作量大,还容易产生汇总错误且难以发现。因而这种汇总方法在实务中已很少采用。

三、记账凭证的填制要求与审核

(一)记账凭证填制的基本要求

记账凭证的填制除了要做到内容完整、书写规范外,还必须符合下列要求。

1.附件等应齐全

附件即填制记账凭证时所依据的原始凭证。除结账和更正错账编制的记账凭证可以不附原始凭证外,其他记账凭证必须附有原始凭证。记账凭证可以根据每一张原始凭证填制,或根据若干张同类原始凭证汇总填制,也可以根据原始凭证汇总表填制,但不得将不同内容和类别的原始凭证汇总填制在一张记账凭证上。编制记账凭证时应在记账凭证上注明所附原始凭证的张数,这样不仅可以防止人为抽换或毁损,而且便于与记账凭证的内容相核对。

2.摘要简明扼要

"摘要"栏对交易或事项内容的文字说明应简练明确,抓住重点,能够清晰地反映交易或事项的核心信息。既要防止简而不明,又要避免过于烦琐。

3.科目运用准确

在记账凭证上编制会计分录,以及在记账凭证汇总过程中所使用的会计科目,应按统一规范填写科目名称,不得随意简化或改动。在记账凭证上需要列示的二级或明细科目也要填列齐全。记账凭证上的应借应贷的记账方向和账户对应关系应当清楚。编制复合会计分录时,应根据交易或事项的类型确定会计分录的种类,一般应是一借一贷、一借多贷、多借一贷。

4.记账凭证应连续编号

对编制完毕的记账凭证应由主管该项业务的会计人员连续编号,以便登记账簿时使用。如果企业采用通用记账凭证,那么可以直接按业务发生的顺序连续编号,如第 1 号、第 2 号等。如果一笔交易或事项需要填制两张或两张以上记账凭证的,那么可以采用"分数编号法"编号,如"第 $3\frac{1}{2}$ 号""第 $3\frac{2}{2}$ 号"。如果企业采用专用记账凭证,那么可以按不同种类的记账凭证采用"字号编号法"连续编号。如"银收字第 1 号""现收字第 3 号""银付字第 2 号""现付字第 4 号""转字第 5 号"等。如果企业编制汇总记账凭证,那么可以采用"汇收字第×号""汇付字第×号""汇转字第×号",科目汇总表可采用"科汇字第×号"字样按月连续编号。

(二)记账凭证的审核

为保证会计信息的质量,在记账前应由有关稽核人员对记账凭证进行严格的审核。审核的内容主要包括:①记账凭证是否有原始凭证为依据,所附原始凭证或原始凭证汇总表的内容与记账凭证的内容是否一致;②记账凭证各项目的填写是否齐全,如日期、凭证编号、摘要、会计科目、金额、所附原始凭证张数以及有关人员签章;③记账凭证应借、应贷科目以及对应关系是否正确;④记账凭证上所记录的金额与原始凭证的有关金额是否一致,计算是否正确;⑤记账凭证中的记录是否文字工整、数字清晰,是否按规定进行更正等;⑥出纳人员在办理收款或付款业务后,是否已在原始凭证上加盖"收讫"或"付讫"戳记。

第四节　会计凭证的传递与保管

一、会计凭证的传递

会计凭证的传递是指会计凭证从取得、填制、使用到归档保管的整个过程中,在本单位内部各有关部门和人员之间的传送程序和传递时间。

会计凭证是办理交易或事项的依据,这决定了会计凭证具有在相关部门和人员之间流动的特性。各种会计凭证记录的交易或事项不尽相同,所需办理业务的手续和时间也不一样。因此,企业应当为每一种会计凭证的传递规定合理的传递程序和在各环节的停留时间。合理地组织会计凭证的传递,对于反映和监督交易或事项的完成情况、合理地组织生产经营活动、加强经济管理责任制具有重要意义。

设计会计凭证的传递要注意这三个方面的问题。

①确定有序的传递路线。会计凭证的传递路线是指记账凭证流经的环节和先后次序。企业应根据交易或事项的具体内容及处理上的要求,确定合理有序的会计凭证传递路线,使会计凭证沿着最快捷、最合理的路线传递,保证经办人员能够及时进行交易或事项的处理以及会计人员能够及时进行账务处理。

②明确合理的传递时间。会计凭证的传递时间是指会计凭证在有关部门和人员手中停留的时间。企业应根据各个环节处理交易或事项的需要,合理地确定会计凭证在有关部门和人员手中的停留时间,以确保会计凭证的及时传递,避免在某些环节停留时间过长而影响下一个环节的处理。

③办理严密的传递手续。会计凭证的传递手续是指相关部门和人员在会计凭证的交接过程中应当办理的手续。为避免会计凭证的丢失或损坏,消除会计凭证在传递过程中的安全隐患,应当在会计凭证交接的各环节办理交接手续,明确各环节及有关人员的责任。

二、会计凭证的保管

会计凭证的保管是指会计凭证记账后的整理、装订、归档和存查工作。会计凭证作为记账的依据,是重要的会计档案和经济资料。任何单位在完成经济业务手续和记账后,必须将会计凭证按规定的立卷归档制度形成会计档案,妥善保管,防止丢失,不得任意销毁,以便日后随时查阅。会计凭证的保管要求主要有以下几点。

①会计机构在依据会计凭证记账后,应定期(每天、每旬或每月)对各种会计凭证进行分类整理,按照编号顺序连同所附原始凭证一起,加具封面和封底,装订成册,并在装订线上加贴封签,防止抽换凭证。会计凭证的封面应注明单位名称、凭证种类、凭证张数、起止号数、年度、月份、会计主管人员和装订人员等有关事项,会计主管人员和保管人员等应在封面上签章。

②从外单位取得的原始凭证如有遗失,应当取得原开具单位盖有公章的证明,并注明原来凭证的号码、金额和内容等,由经办单位会计机构负责人、会计主管人员和单位领导批准后,才能代作原始凭证。如果确实无法取得证明的,如火车、轮船、飞机票等凭证,应当由当事人写出详细情况,由经办单位会计机构负责人、会计主管人员和单位领导批准后,代作原始凭证。

③对于数量过多的原始凭证,可以单独装订保管,在封面上注明记账凭证日期、编号、种类,同时在记账凭证上注明"附件另订"和原始凭证名称及编号。各种经济合同、存

出保证金收据以及涉外文件等重要原始凭证,应当另编目录,单独登记保管,并在有关记账凭证和原始凭证上相互注明日期和编号。

④当年形成的会计档案,在会计年度终了后,可由单位会计机构临时保管一年。期满后再移交本单位档案管理机构统一保管;单位未设立档案管理机构的,应在会计机构等机构内指定专人保管,出纳人员不得兼管会计档案。

⑤单位保管的会计档案一般不得对外借出,确因工作需要且根据国家有关规定必须借出的,应当严格按照规定办理相关手续;其他单位如有特殊原因,确实需要使用单位会计档案时,经本单位会计机构负责人、会计主管人员批准后,可以复制。向外单位提供的会计档案复印件,应在专设的登记簿上登记,并由提供人员和收取人员共同签章。

⑥单位应当严格遵守会计档案的保管期限要求。会计凭证的保管期限为30年。保管期满前,不得任意销毁。会计档案达到保管期限的,单位应当组织对到期会计档案进行鉴定。经鉴定,仍需继续保存的会计档案,应当重新划定保管期限;对保管期满且确无保存价值的会计档案,可以销毁;保管期满但涉及未结清的债权债务的会计档案和涉及其他未了事项的会计档案不得销毁,会计档案应当单独抽出立卷,并保管至未了事项完结时为止。

✎ **自测　客观题、答案及解析**

客观题

客观题
答案及解析

第七章　会计账簿

学习目标

通过本章的学习,学生理解会计账簿设置的意义,掌握会计账簿的种类,理解账簿的设置原则,熟悉各种账簿的格式与登记方法、账簿的登记规则,掌握错账更正方法,掌握对账的内容、期末结账的内容,熟悉账簿保管的要求。熟悉期末结账方法以及账簿的更换与保管规定。

学习要求

重点掌握会计账簿的分类,重点理解账簿设置的意义和各类账簿的作用。

课程思政

各单位主要负责人是本单位财会监督工作第一责任人,对本单位财会工作和财会资料的真实性、完整性负责。

——节选自中共中央办公厅　国务院办公厅印发《关于进一步加强财会监督工作的意见》(2023-02-15)

引例　严重违反会计资料管理制度的恶性案件

2017年2月,时任某建筑安装有限企业法定代表人、总经理的张某以腾出企业财务室柜子为由,安排企业会计邬某将原放置在办公楼二楼财务室的该企业1998年至2006年的所有会计凭证、会计账簿、财务会计报告打包装箱,放置到企业一楼办公室储存。

会计邬某不同意,并告知张某放到一楼无人管是不行的。但张某执意要搬。邬某要求张某出具证明字据。张某在企业财务所写的情况说明材料上出具情况属实的意见并签名。在张某签署意见后,会计邬某将1998年至2006年的所有会计凭证、会计账簿、财务会计报告等资料打包装箱,张某、邬某、副经理梁某等人一同将资料搬至一楼办公室堆放。

2017年7月某天，在未经相关职能部门许可鉴证的情况下，上述财务资料被张某以潮湿腐烂为由，安排装修工人唐某、曾某、唐某乙当作垃圾销毁。

直到税务机关某次例行检查时，张某才意识到问题的严重性，主动到公安机关投案。后经司法鉴定，该财务会计资料涉案金额为4 883万元。最终，经人民法院审判，判决张某犯故意销毁会计凭证、会计账簿、财务会计报告罪，判处有期徒刑一年一个月，并处罚金人民币三万元。

💡 启示

该案例是一起严重违反会计资料管理制度的恶性案件。案件中当事人为了逃税等不良目的，担心税务机关检查会计资料会暴露其造假行为，私自将相关会计资料销毁，严重违反了税法和会计的相关规定，造成了严重的后果。

那么，为什么通过检查会计凭证、会计账簿和会计报表能发现会计舞弊行为？会计账簿是什么？为什么能汇总反映企事业单位的会计信息？它跟会计凭证、会计报表之间是什么关系？我们在本章就一起来学习会计账簿的相关知识。

第一节　会计账簿的意义和种类

一、会计账簿的概念及设置意义

（一）会计账簿的概念

会计账簿简称账簿，是指由一定格式的账页所组成的，以经过审核的会计凭证为依据，全面、系统、连续地记录各项经济业务和会计事项的簿籍。设置和登记会计账簿是会计的一种专门方法。

可从两个方面理解会计账簿的概念。

①账簿的基本构成及其功能。会计账簿一般由封面、扉页、账页和封底组成。封面用来标明账簿的名称，如总分类账、各种明细分类账、库存现金日记账、银行存款日记账等，并与封底一起，起到保护账页的作用；扉页主要用于列明会计账簿的使用信息，如科目索引、账簿启用和经管人员一览表等。"账簿启用登记和经管人员一览表"的格式见表7-1。账页是账簿用来记录交易或事项的主要载体，包括账户的名称、日期栏、凭证种类和编号栏、摘要栏、金额栏，以及总页次和分户页次等基本内容。

表 7-1　账簿启用登记和经管人员一览表格式

账簿启用登记和经管人员一览表

账簿名称：　　　　　　　　　　　　　单位名称：

账簿编号：　　　　　　　　　　　　　账簿册数：

账簿页数：　　　　　　　　　　　　　启用日期：

会计主管：　　　　　　　　　　　　　记账人员：

移交日期			移交人		接管日期			接管人		会计主管	
年	月	日	签名	签章	年	月	日	签名	签章	签名	签章

②设置和登记账簿的目的。设置和登记账簿的目的一是满足记录交易或事项的要求。某一特定账户可用于连续记录企业某一特定方面的交易或事项；设置的所有账户可以对企业发生的全部交易或事项进行分门别类的全面记录。目的二是为会计报告的编制进行信息存储和加工，为会计期末编制会计报表提供数据。

（二）设置账簿的意义

①会计账簿可以为经济管理提供系统完整的会计信息。企业的交易或事项发生以后，其信息已经通过记账凭证的填制等进行分类处理，但反映在会计凭证上的信息资料比较分散，也不够系统。只有将这些交易和事项设立于账簿中的账户中，进行分类、系统的登记，才能使这些分散的信息按照其归属得以集中反映。利用完善的账簿系统，既可以对发生的交易或事项进行分门别类的记录，积累企业资产、负债和所有者权益等方面的局部信息，也可以通过对这些信息的进一步加工整理，提供企业的财务状况、经营成果和现金流量等方面的整体信息。

②会计账簿可以为企业财务报告的编制提供基础性数据资料。在会计期末时，企业通过对本期会计账簿记录的资料进行加工整理，可以形成会计报告中报表项目的数据资料。这样可以使日常发生的交易或事项更加系统和综合地体现出来，并能向投资者、债权人和其他报告使用者传递有用信息，最终实现企业财务会计的目标。

③会计账簿可以为考核企业财务状况，评价经营者业绩等提供依据。企业的财务状况、经营成果和现金流量等信息是企业经营成果的体现，是对企业经营者的业绩进行评价的重要依据。会计账簿可以反映企业的财务状况、经营成果和现金流量等实际情况，并可通过将其与预先制订的计划和预算进行比较分析，考察计划和预算的实施效果，总结经验和不足，促使企业的经营活动按照预期目标持续发展。这样的对比结果，还可用于评价经营者的业绩的提升或下降状况，为经营者的考评、聘用等提供依据。

二、会计账簿的种类与设置原则

（一）会计账簿的种类

会计账簿可以按照用途、外形特征和账页格式等进行分类。

1.会计账簿按用途分类,可分为序时账簿、分类账簿和备查账簿

序时账簿又称日记账,是按照经济业务发生的时间先后顺序,逐日、逐笔登记经济业务的账簿。在实务工作中常见的是库存现金日记账和银行存款日记账。

分类账簿是按照分类账户设置登记的账簿。分类账簿是会计账簿的主体,也是编制财务报表的主要依据。分类账簿按其反映交易或事项的详细程度不同,可分为总分类账簿和明细分类账簿。其中,总分类账簿简称总账,是根据总分类账户设置的,可用于对企业发生的所有交易或事项进行总括登记,提供各账户记录内容的总括信息。明细分类账简称明细账,是根据明细分类账户设置的,可以对企业发生的交易或事项的具体内容进行细化登记,提供各账户记录内容的详细信息,并能对其所隶属的总分类账户提供的总括信息起到补充和说明的作用。

备查账簿又称辅助账簿,是对某些在序时账簿和分类账簿中未能记载或者记载不全,又与交易或事项关系密切的相关情况进行补充登记以备查考的账簿。例如企业为反映租入固定资产设置的"租入固定资产登记簿"、为反映其他企业代管商品设置的"代管商品物资登记簿"等。备查账簿不是根据会计科目设置的,与其他账户之间不存在账务处理上的直接关系,在登记时不必遵守复式记账规则,没有规定的格式,一般可由企业根据记载备查事项的需要自行选用。

2.会计账簿按外表形式分类,可分为订本式账簿、活页式账簿和卡片式账簿

订本式账簿简称订本账,是指在启用前,将编有顺序页码的一定数量的账页装订成册的账簿。订本式账簿的优点是能避免账页散失和防止人为抽换账页,保证账簿的安全和完整;缺点是账页数量固定且连续编号,不能根据交易或事项的记录需要而随时增减。需要预留空白账页,很容易造成浪费,且不利于会计分工。订本式账簿适用于重要的和具有统驭性的总分类账、库存现金日记账和银行存款日记账等账簿。

活页式账簿简称活页账,是将一定数量的账页置放于活页夹内,可根据记账内容的变化,随时增加或减少部分账页的账簿。活页式账簿的优点是记账时可以根据实际需要随时将空白账页装入账簿,或抽去不需要的账页,有利于会计分工;缺点是账页平时散置,如果管理不善,可能会造成账页散失或被人为抽换,难以保证账簿的安全完整。因此,对已经登记完的账页,应连续编号存放。在会计期末时,应将已记录交易或事项的账页装订成册,形成订本账,妥善保管。活页式账簿一般适用于明细分类账。

卡片式账簿简称卡片账,是将一定数量的卡片式账页存放于专设的卡片箱内,可根据需要随时增添账页的账簿。该种账簿主要是用于登记那些在企业的经营过程中长期存续,需要在多个会计期间连续进行账务处理的交易或事项。在我国,企业一般只对固定资产的明细核算采用卡片式账簿。因为固定资产一旦形成,便会在较长的时间里为企业经营活动所用,而每月需对固定资产进行查看,并做会计处理。

3.会计账簿按账页格式分类,可分为三栏式账簿、数量金额式账簿和多栏式账簿

三栏式账簿是设有"借方""贷方""余额"三个基本栏目,以分别用于记录增加额、减少额和余额的账页所组成的账簿。三栏式账簿主要用于仅核算金额,不需要进行数量核算的一些账簿。各种日记账、总分类账和不需要进行数量核算的明细分类账一般采用三栏式账簿。

数量金额式账簿是在"借方""贷方""余额"三个栏次内,每个栏次再分别设有"数量""单价""金额"三个小栏,借以反映财产物资的实物数量和价值量的账簿。原材料、库存商品等明细账一般采用数量金额式账簿。

多栏式账簿是在账簿的两个金额栏(借方或贷方)按需要分设若干专栏的账簿。既可以按"借方"分设专栏,也可以按"贷方"分设专栏,还可以按"借方"和"贷方"均设专栏,设多少专栏则根据需要确定。收入、成本、费用明细账一般采用多栏式账簿。

（二）账簿的设置原则

企业应设置哪些账簿,各类账簿应设置多少,应根据企业自身经营活动的特点和交易或事项处理的需要来决定。一般来讲,设置账簿应遵循以下基本原则。

1.满足需要

企业设置的账簿一是应能够满足对可能发生的所有交易或事项进行记录的需要,保证交易或事项的发生所引起的各项会计要素的增减变动及其结果能够得到连续、系统、全面的反映;二是能够满足企业对财务状况、经营成果和现金流量等信息进行加工整理,向会计信息使用者及时提供高质量会计信息的需要。

2.组织严密

企业设置的各种账簿应形成严密的账簿系统,避免漏设必要的账簿和重复设置账簿。账簿之间提供的信息应具有严密的勾稽关系,各种账簿在记录交易或事项上应既有明确分工又有内在联系,有关账簿之间还应具有统驭和被统驭的关系或者平行制约关系。整个账簿系统应既能够满足复式记账的要求,又能够满足平行登记的要求。

3.精简灵便

在满足会计记录需要的前提下,账簿的设置力求精简,不宜过多或过少,以节约人力、物力和财力,降低会计管理活动成本。账簿中的账页格式应简单明了,账页不宜过大,以方便日常使用,也便于存档保管。

4.结合实际

设置账簿时,应结合本企业经营活动的特点,考虑经营规模大小和交易或事项的多少。在经营规模较大,交易或事项发生频繁的企业,设置的账簿数量往往也较多。同时应考虑到本企业会计机构的设置和会计人员的配备及素质等情况。在经营规模和交易或事项数量都比较大的企业,会计机构、会计人员的配备也相对比较完善,应根据内部控制的要求和会计人员的配备及分工情况,合理设置账簿。

第二节 会计账簿的格式与登记方法

一、序时账簿的格式与登记方法

(一)三栏式库存现金日记账的格式和登记方法

三栏式库存现金日记账是在库存现金日记账的账页中专门设置了借方、贷方和余额三栏,分别用于记录库存现金的增加额、减少额和余额。

三栏式库存现金日记账的基本登记方法是由出纳员根据库存现金收款凭证和库存现金付款凭证,按照交易或事项发生的时间顺序逐日逐笔登记。对于从银行提取现金的交易,由于只填制银行存款付款凭证,不再填制库存现金收款凭证,因此应根据银行存款付款凭证登记。登记时应依据记账凭证上的内容,按日记账上的项目逐项填写。每日业务终了应结出当日余额,并与实际库存现金数额核对相符,即"日清"。三栏式库存现金日记账的格式及登记方法如图7-1所示。

填写收付款凭证上的日期　　　　　　　　　填写分录中库存现金科目的对应科目

库存现金日记账

20××年		凭证号	摘要	对方科目	借方	贷方	余额
月	日						
3	1		月初余额				500
3	1	银付1	从银行提取现金	银行存款	1 000		1 500
3	1	现付1	李丽付搬运费借款	其他应收款		800	700
3	1	现收1	李丽交回余款	其他应收款	50		750
3	1		本日合计		1 050	800	750

填写收付款凭证编号　简要说明交易或事项内容　　　根据收付款凭证金额及本日合计数填列　每日终了计算填列

图7-1 三栏式库存现金日记账的格式与登记方法

库存现金日记账中的"对方科目"是指在编制的会计分录中与"库存现金"科目所对应的会计科目。例如,根据"银付1"记账凭证记录的交易或事项内容是从银行提取现金,会计分录为:

借:库存现金　　　　　　　　　　　　　　2 000
　贷:银行存款　　　　　　　　　　　　　　　　2 000

在这笔会计分录中,与"库存现金"科目相对应的科目是"银行存款",在"对方科目"栏就应填写"银行存款"科目。当然,该日记账中的"对方科目"应根据交易或事项具体内容的不同而有所变化。例如,根据"现付2"记账凭证记录的事项为员工李丽向公司借支现金,会计分录为:

借:其他应收款　　　　　　　　　　　　　　　　　　　　　　　800
　　贷:库存现金　　　　　　　　　　　　　　　　　　　　　　　　　800

在这笔会计分录中,与"库存现金"科目相对应的科目是"其他应收款",在"对方科目"栏就应填写"其他应收款"科目。又如,根据"现收1"记账凭证记录的事项是李丽将借用现金的余款50元交回企业财会部门,会计分录为:

借:库存现金　　　　　　　　　　　　　　　　　　　　　　　　　50
　　贷:其他应收款　　　　　　　　　　　　　　　　　　　　　　　　　50

在这笔会计分录中,与上笔会计分录相同,与"库存现金"科目相对应的科目是"其他应收款",在"对方科目"栏也应填写"其他应收款"科目。

(二)三栏式银行存款日记账的格式与登记方法

三栏式银行存款日记账是在银行存款日记账的账页中专门设置了借方、贷方和余额三栏,分别用于记录银行存款的增加额、减少额和余额。

三栏式银行存款日记账的登记方法与库存现金日记账基本相同,即由出纳员根据银行存款收款凭证和银行存款付款凭证,按照交易或事项发生的时间顺序逐日逐笔登记。但对于将库存现金存入银行的交易,由于按要求只填制库存现金付款凭证,不再填制银行存款收款凭证,因而应根据库存现金付款凭证登记。每日业务终了应结出当日余额,并将记录结果定期与银行之间核对是否相符。三栏式银行存款日记账的格式及登记方法如图7-2所示。

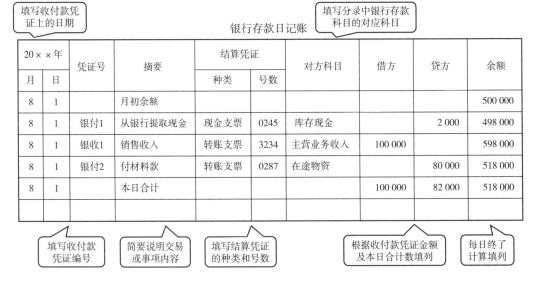

图7-2　三栏式银行存款日记账的格式与登记方法

"结算凭证"是银行存款日记账中特有的一栏,登记的是企业通过银行办理收付款结算业务时所使用的一些专门凭证。企业通过银行办理收付款结算业务时,往往要使用支票和汇票等结算凭证,在登记银行存款日记账时,相应地也要注明这些结算凭证的种类与号数,以便定期或不定期与银行存款进行核对。

二、分类账簿的格式与登记方法

分类账簿包括总分类账簿和明细分类账簿。两者的格式和登记方法均有很大不同。

（一）三栏式总分类账的格式与登记方法

在三栏式总分类账簿的账页上设置了借方、贷方和余额栏,分别登记账户的增加额、减少额和余额。总分类账簿一般采用三栏式订本账簿。

三栏式总分类账簿的登记方法主要分为两种。一是经济业务少的小型单位的总分类账簿,可根据记账凭证按照交易或事项的发生时间顺序逐笔登记。二是经济业务较多的大中型单位的总分类账簿,可先将记账凭证定期汇总,编制科目汇总表或汇总记账凭证,再根据汇总的金额定期登记。登记总分类账时,应在"凭证号"一栏中列明作为记账依据的记账凭证的类型及号数。三栏式总分类账簿的格式及逐笔登记方法如图7-3所示。

总分类账

会计科目：原材料

20××年		凭证号	摘要	借方	贷方	借或贷	余额
月	日						
3	1		月初余额			借	30 000
	1	转1	入库	10 000		"	
	2	转2	出库		5 000	"	
			（略）				
3	31		本月合计	50 000	35 000	借	45 000
			（略）				

图 7-3　三栏式总分类账的格式与登记方法

（二）明细分类账簿的格式与登记方法

明细分类账簿一般采用活页式或卡片式。账页的格式有三栏式、数量金额式和多栏式三种。具体采用哪一种账页格式,应根据交易或事项明细核算的要求而定。登记明细账簿的基本要求是根据记账凭证,按照交易或事项发生的时间顺序逐笔登记。需要注意的是,对明细分类账簿不能采用汇总登记的方法。

①三栏式明细分类账。三栏式明细分类账簿与上述总分类账簿相同,即在账页上设置借方、贷方和余额栏,分别登记账户的增加额、减少额和余额,并逐笔登记。三栏式明细分类账簿适用于债权债务等只需要反映价值指标的交易或事项的记录,如应收账款明细账、应付账款明细账等。三栏式明细分类账簿的格式与登记方法如图7-4所示。

图7-4　三栏式明细分类账簿的格式与登记方法

②数量金额式明细分类账簿。数量金额式明细分类账簿在账页上的借方、贷方和余额三栏中,再分别设置数量、单价和金额栏。在登记的过程中既要登记金额,又要登记数量和单价,并要逐笔登记。数量金额式明细分类账簿适用于既需要反映价值指标,又需要反映实物量指标的交易或事项的记录,如原材料明细账、库存商品明细账等。数量金额式明细分类账簿的格式与登记方法如图7-5所示。

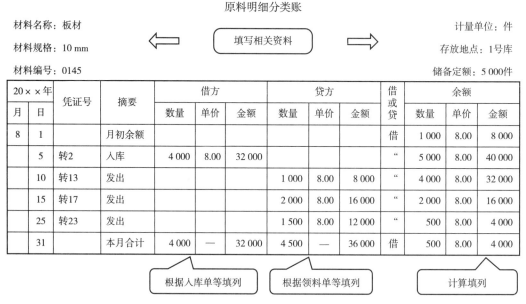

图7-5　数量金额式明细分类账簿的格式与登记方法

③多栏式明细分类账簿。多栏式明细分类账簿在账页上的借方、贷方或借贷双方再设置若干专栏,用于登记明细项目多,记账方向又比较单一的交易或事项。例如,管理费

用包括工资、福利费、折旧费和办公费等内容,为详细反映这些费用的发生情况,就需要在账页上按费用的项目内容设置多个专栏。当费用发生时,要在预先设置的栏次中登记。多栏式明细账簿通常在平时多用来登记增加额,有的账户只在月末时才登记一次减少额(结转额),因而其账页格式一般只按增加额一方(借方或贷方)设置,而不设计账户的对应方栏次。减少额可在登记增加额的栏次用红字(或负数)登记。多栏式明细分类账簿适用于费用类、收入类等只需要提供价值指标的交易或事项的记录。多栏式明细分类账簿的格式与登记方法如图7-6所示。

管理费用明细分类账
(按借方发生额设置多栏的多栏式)

预先按借方设计相应栏次,费用发生时按相应栏次登记

20××年		凭证号	摘要	借方					合计
月	日			工资	福利费	办公费	折旧费	…	
4	5	转4	分配工资	30 000					30 000
	5	转5	提取福利费		3 600				33 600
	20	付18	购买办公用品			1 200			34 800
	30	转44	提取折旧				9 000		43 800
	30	转45	月末结转	30 000	3 600	1 200	9 000		43 800

月末结转费用减少时,用红字登记

图7-6　多栏式明细分类账簿的格式与登记方法

借方多栏式明细分类账簿在实务中使用较多。例如"管理费用""在途物资""生产成本""制造费用"等账户的明细分类账户,其核算的内容较多且相对固定,均可采用借方多栏式明细分类账簿,以便详细反映成本和费用的增加。

有些账户是在贷方记录增加额,也可以设置贷方多栏式明细分类账簿。贷方多栏式明细分类账簿是在贷方设计多个专栏,如"主营业务收入"账户的明细分类账户,以反映各种收入的增加。贷方多栏式明细分类账簿的格式见表7-2。

表7-2　贷方多栏式明细分类账簿的格式

主营业务收入明细分类账
(按贷方发生额设置多栏的多栏式)

20××年		凭证号	摘要	贷方					合计
月	日			A产品	B产品	C产品	D产品	E产品	

个别明细分类账簿在借方和贷方都设计多个专栏,如"应交税费——应交增值税"明

细分类账簿的账页格式,被称为借贷双方多栏式明细分类账簿。借贷双方多栏式明细分类账簿的格式见表7-3。

表7-3　借贷双方多栏式明细分类账簿的格式
应交增值税明细分类账
（按借方、贷方发生额分别设置专栏的多栏式）

年		凭证号	摘要	借方		贷方			借或贷	余额
月	日			进项税额	已交税额	销项税额	进项税额转出	出口退税		

三、会计账簿的启用与登记规则

（一）会计账簿的启用规则

启用会计账簿时,应当在账簿封面上写明单位名称和账簿名称。在账簿扉页的"账簿启用登记和经管人员一览表"中详细载明账簿名称、单位名称、账簿编号、账簿册数、账簿页数、启用日期、会计主管、记账人员,并加盖名章和单位公章。"账簿启用登记和经管人员一览表"的格式与内容见前述表7-1。

启用订本账簿应当从第一页到最后一页的顺序编定页数,不得跳页、缺号。在一个账簿中设置多个账户时,还应填写账户目录表,注明账户名称及所在页数,以便查找和登记。"账户目录表"格式见表7-4。

表7-4　账户目录表格式
账户目录表

账户名称	页数	账户名称	页数	账户名称	页数

（二）会计账簿的交接规则

记账人员调动工作或因故离职时,应办理交接手续,在"账簿启用登记和经管人员一览表"的交接记录栏内,填写交接日期和交接人员或者监交人员姓名,并由交接双方签名或盖章。

（三）会计账簿的登记规则

为了保证账簿记录的正确性,会计人员应当根据审核无误的会计凭证登记会计账簿,并符合有关法律、法规和国家统一会计制度的规定。

①依据凭证登记。账簿必须根据经审核无误的记账凭证及所附的原始凭证登记。应将记账凭证上的日期、编号、交易或事项的摘要、金额及其有关资料逐项记入账户。登记完毕后,记账人员应在记账所依据的记账凭证上签名或盖章,并在"记账"栏内做出"√"标记,以免重复记账。

②内容登记齐全。应当逐项填列账页上的日期、会计凭证种类和号数、交易或事项的摘要以及借方、贷方发生额等栏次。凡需要登记会计科目的,必须填列会计科目的名称,或者同时填列会计科目的名称和编号,不得只填列会计科目的编号而不填列会计科目的名称。各栏次内容的登记应做到不漏不错、数字准确、摘要清楚、登记及时、字迹工整。

③书写适当留格。在登记账簿时,书写的文字和数字不要写满行,文字和数字一般占行高的2/3,在文字和数字上方要适当留有空距,以便在发生错账时为填写正确的文字或数字留有余地。对账簿中文字和数字的书写要求如图7-7所示。

总分类账

会计科目：应付账款

摘要	借方										贷方									
	千	百	十	万	千	百	十	元	角	分	千				十	元	角	分		
偿付货款				3	0	0	0	0	0	0		书写规范（占行高的2/3）								
偿付货款			3	0	0	0	0	0	0			书写不规范（书写满格）								

图7-7　账簿中文字和数字的书写要求

④使用蓝黑墨水。登记账簿时要使用蓝黑墨水或碳素墨水,不得使用圆珠笔或者铅笔书写。这是因为圆珠笔的笔油容易挥发,不利于账簿的长期保管;用铅笔记账容易被涂改,不利于保证账簿记录的正确性。

⑤限制使用红字。在账簿登记中,红字表示减少数,因此不能随便使用。下列情况可以使用红字书写：a.根据用红字编制分录的记账凭证在账页上冲销错账；b.在不设贷方（或借方）栏的多栏式账页中登记减少数,如图7-6所示；c.在三栏式账户的"余额"栏前,如果未印有"借或贷"表明余额性质的栏次,在"余额"栏登记负数余额；d.根据会计规范要求可以用红字书写的其他方面。

⑥账页连续登记。登记账簿时,一般应按编定的页码顺序连续记录,不得跳行或隔页。

如果不慎产生跳行或隔页,对账页不得随意涂改、撕毁或抽换,应当将空行或空页用红线对角画掉,并在"摘要"栏注明"此行空白"或"此页空白",记账人员应在更正处签名或盖章,以示对所处理事宜负责。登记账簿时发生跳行或隔页的处理如图7-8、图7-9所示。

总分类账

会计科目:原材料

20××年		凭证号	摘要	借方	贷方	借或贷	余额
月	日						
3	1		月初余额			借	30 000
	1	转1	入库	10 000		"	
	1	转2	出库		5 000	"	
			此行空白 章文				此为红线
	15	转22	出库		10 000	"	
3	31		本月合计	10 000	15 000	借	25 000

图7-8 登记账簿时发生跳行的处理

总分类账

会计科目:原材料

20××年		凭证号	摘要	借方	贷方	借或贷	余额
月	日						
			此页空白 章文				此为红线

图7-9 登记账簿时发生隔页的处理

⑦注明余额方向。凡需要结出余额的账户,结出余额后应当在"借或贷"等栏内写明"借"或者"贷"等字样。没有余额的账户,应当在"借或贷"等栏内写"平"字,并在余额栏内写"0",在其上画一条波浪线或斜线,表示没有余额,如图7-10所示。

总分类账

会计科目:原材料

表明余额性质,有余额时写"借"或"贷"

20××年		凭证号	摘要	借方	贷方	借或贷	余额
月	日						
3	1		月初余额			借	40 000
	1	转1	入库	10 000		"	
	2	转2	出库		20 000	"	
	15	转22	出库		10 000	"	
3	31		本月合计	10 000	30 000	借	20 000
				没有余额时写"平"		平	0

图7-10 在"借或贷"栏中注明"余额"的性质

⑧账页结转处理。登记账簿时,每张账页应在最后一行结出本页发生额合计数及余额,并在"摘要"栏内注明"过次页"字样。然后,将本页发生额合计数及余额填在接续账页的第一行,并在摘要栏内注明"承前页"字样,如图 7-11 和图 7-12 所示。

总分类账

会计科目:原材料

20××年		凭证号	摘要	借方	贷方	借或贷	余额
月	日						
9	12		承前页			借	30 000
	12	转15	入库	10 000		"	
	20	转22	出库		15 000	"	
			(略)				
	25		过次页	10 000	55 000	借	15 000

账页的最后一行

图 7-11　一张账页记满以后的处理

总分类账

会计科目:原材料

20××年		凭证号	摘要	借方	贷方	借或贷	余额
月	日						
9	25		承前页	40 000	55 000	借	15 000
			新账页的第一行				

图 7-12　账页记满后转入新账页的处理

⑨规范更正错账。登记账簿时发生错误,不得刮擦、挖补、涂抹或用褪色药水更改字迹,也不准更换账页重新抄写。发生错误时,应按照规定的方法进行更正。

(四)错账的更正方法

错账的更正方法一般有划线更正法、红字更正法和补充登记法三种。

1.划线更正法

划线更正法适用于在结账前发现账簿记录有文字或数字错误,而记账凭证没有错误的情况。更正时,可在错误的文字或数字上画一条红线,在红线上方填写正确的文字或数字,并由记账人员在更正处盖章,以明确责任。需要注意的是,对于数字错误更正时不得只划销错误数字,应将全部数字划销,并保持原有数字清晰可辨,以便审查。如果记账凭证中的文字或数字发生错误,在尚未过账前,也可以用划线更正法更正。

[例 7-1]　瑞奇公司用银行存款 34 657 元偿还前欠货款。在付款记账凭证上编制的会计分录为:

借:应付账款　　　　　　　　　　　　　　34 657

　贷:银行存款　　　　　　　　　　　　　　　　34 657

假设在登记账簿的过程中，"银行存款"账户的登记没有问题，只是误将"应付账款"账户借方发生额错写成了"34 567"，这笔错账在记账后结账前被发现，可采用划线更正法更正，如图7-13所示。

总分类账

会计科目：应付账款

摘要	借方										贷方								
	千	百	十	万	千	百	十	元	角	分	千	百	十	万	千	百	十	元	角	分
偿付货款				3 3	4 4	6 5	5 6	7 7	0 0	0 0										
偿付货款				3	4	6 5	5 6	7	0	0										

此为红线　原来错张　更正人员签章　章文　不规范的更正方法

图7-13　划线更正法的应用

2.红字更正法

红字更正法适合于两种情形。

①记账后发现记账凭证中应借、应贷会计科目有错误所引起的记账错误。更正方法是用红字填写一张与原记账凭证完全相同的记账凭证，在"摘要"栏内写明"注销某月某日某号凭证"，并据以用红字登记入账，以示注销原记账凭证，然后用蓝字填写一张正确的记账凭证，并据以用蓝字登记入账。

[**例7-2**]　瑞奇公司收到客户的保证金20 000元，已存入银行。在收款凭证上编制的会计分录如下，并据以登记入账。

借：银行存款　　　　　　　　　　　　　　　20 000
　贷：应收账款　　　　　　　　　　　　　　　　　　20 000

企业收到存入保证金，会计分录中的贷方科目应为"其他应收款"，而不是"应收账款"，按上述错误的记账凭证记账，形成错账。采用红字更正法更正这种错账的具体方法为：

首先用红字填写一张与原错误记账凭证完全相同的记账凭证，并用红字登记到原来已登记过的账户（"银行存款"和"应收账款"），冲销掉原来的错误记录。新填制的红字记账凭证上的会计分录为：

借：银行存款　　　　　　　　　　　　20 000
　贷：应收账款　　　　　　　　　　　　　　　20 000

注：××××在教材中表示红字，在作业或考试中也可这样表示，但在实务中并不这样使用。

然后，用蓝字填写一张正确的收款记账凭证，并用蓝字记入应予记录的账户。正确

的会计分录为:

借:银行存款　　　　　　　　　　　　　　　　20 000

　　贷:其他应收款　　　　　　　　　　　　　　　　　　20 000

由于记账凭证上会计科目用错而产生错账的情况及更正方法如图 7-14 所示。

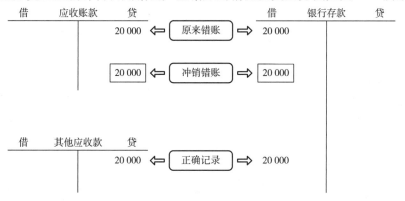

图 7-14　红字更正法 1

②记账后发现记账凭证和账簿记录中应借、应贷会计科目无误,只是所记金额大于应记金额所引起的记账错误。更正方法是按多记的金额用红字编制一张与原记账凭证应借、应贷科目完全相同的记账凭证,在摘要栏内写明"冲销某月某日第×号记账凭证多记金额",以冲销多记的金额,并据以用红字登记入账。

[**例 7-3**]　瑞奇公司收到客户偿还的前欠款项 300 000 元,已存入银行。在收款记账凭证上编制的会计分录如下,并已登记入账。

借:银行存款　　　　　　　　　　　　　3 000 000

　　贷:应收账款　　　　　　　　　　　　　　　3 000 000

该会计分录中的会计科目和记账方向都是正确的,但金额有误,即将"300 000"误写成"3 000 000",比正确金额多写了 2 700 000 元。按此分录记账后,"银行存款"和"应收账款"两个账户都多记了 2 700 000 元,造成错账。

在记账后结账前发现该笔错账,应按多记的金额 2 700 000 元用红字再编制一张与上述凭证应借、应贷科目完全相同的收款记账凭证,并据以用红字登记入账(图 7-15),以冲销多记的金额 2 700 000 元,错账得以更正。更正错账的会计分录为:

借:银行存款　　　　　　　　　　　 2 700 000

　　贷:应收账款　　　　　　　　　　　　　 2 700 000

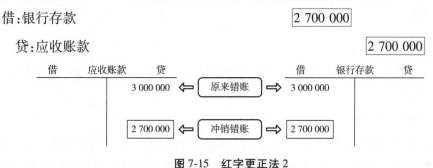

图 7-15　红字更正法 2

3.补充登记法

记账后发现记账凭证和账簿记录中应借、应贷会计科目无误,只是所记金额小于应记金额时,应当采用补充登记法。更正方法是按少记的金额用蓝字编制一张与原记账凭证应借、应贷科目完全相同的记账凭证,在摘要栏内写明"补记某月某日第×号记账凭证少记金额",以补充少记的金额,并据以用蓝字登记入账。

[例7-4] 瑞奇公司用库存现金1 000元支付办公电话费。在付款记账凭证上编制的会计分录如下,并已登记入账。

借:管理费用   100

 贷:库存现金   100

该会计分录中的会计科目和记账方向都是正确的,但金额有误,即将"1 000"误写成"100",比正确金额少写了900元。按此分录记账后,"库存现金"和"管理费用"两个账户都少记了900元,造成错账。

在记账后结账前发现该笔错账,应按少记的金额900元用蓝字再编制一张与上述凭证应借、应贷科目完全相同的付款记账凭证,并据以用蓝字登记入账,以补充少记的金额900元,错账得以更正。更正错账的会计分录为:

借:管理费用   900

 贷:库存现金   900

由于记账凭证上金额写少而产生错账的情况及更正方法如图7-16所示。

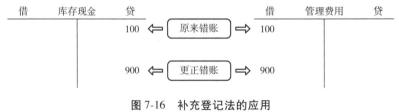

图7-16 补充登记法的应用

第三节 对账与结账

一、对账

(一)对账的概念

对账也称账目核对,是对账簿记录所进行的核对。对账工作一般在记账之后结账之前,即月末进行。

(二)对账的目的

对账的主要目的在于保证账户记录的准确性和完整性。严密有序的账户组织体系为交易或事项的记录提供了可靠的保障。但由于受主观和客观等多方面因素的影响,可能会产生账户记录与相关会计凭证之间不一致,存在相等关系的账户与账户之间不一致,以及账户记录与其所反映的会计要素内容实际情况之间不一致等情况。特别是企业的资产,由于受人为因素或自然环境因素的影响较大,产生账实不符情况的概率更高。通过对账,可以及时发现问题,并采取有效措施加以更正,使账户的记录能够保持账证相符、账账相符和账实相符的状态。

(三)对账的内容和方法

对账一般分为账证核对、账账核对和账实核对。

1.账证核对

账证核对是指将账簿记录与会计凭证进行核对,核对账簿记录与原始凭证、记账凭证的时间、凭证字号、内容、金额等是否一致,记账方向是否相符,做到账证相符。

2.账账核对

账账核对是指将各种账户的相关数据进行核对。账账核对的内容包括:

①总分类账簿之间的核对。这种核对是由总分类账户的复式记账所决定的。按照"资产=负债+所有者权益"这一会计等式和"有借必有贷,借贷必相等"的记账规则,总分类账簿各账户的期初余额、本期发生额和期末余额之间存在对应的平衡关系,各账户的期末借方余额合计和贷方余额合计也存在平衡关系。通过这种等式和平衡关系,可以检查总账记录是否正确、完整。各总分类账簿之间的核对可采用编制总分类账户发生额和余额试算平衡表的方法进行。

②总分类账簿与所辖明细分类账簿之间的核对。这种核对是由总分类账户与明细分类账户之间的平行登记决定的。总分类账簿中各账户的期末余额应与其所辖各明细分类账簿中各账户的期末余额之和核对相符。总分类账簿与所辖明细分类账簿之间的核对,可通过编制总分类账户与明细分类账户发生额和余额试算平衡表的方法进行。

③总分类账簿与序时账簿之间的核对。这种核对是由总分类账户与日记账之间的平行登记决定的。库存现金总账和银行存款总账的期末余额,与库存现金日记账和银行存款日记账的期末余额应各自核对相符。总分类账簿与序时账簿之间的核对,也可通过编制总分类账户与明细分类账户发生额和余额试算平衡表的方法进行,还可以通过将库存现金和银行存款总分类账户的发生额或余额与库存现金日记账和银行存款日记账的发生额或余额直接核对的方法进行。

④明细分类账簿之间的核对。例如,会计机构有关实物资产的明细账应与财产物资保管部门或使用部门的明细账定期核对,以检查余额是否相符。核对方法一般是由实物资产的明细账与财产物资保管部门或使用部门定期编制收、发、存汇总表报会计部门核对。

3.账实核对

账实核对是指在会计期末将各项财产物资、债权债务等账面余额与实有数之间进行核对。这种核对是由账户记录内容与各种财产物资实际状况之间的密切关系所决定的。账实核对的内容主要包括:①逐日核对库存现金日记账账面余额与现金实际库存数是否相符;②银行存款日记账账面余额与银行对账单定期核对是否相符;③各项财产物资明细账账面余额与财产物资实存数额定期核对是否相符;④各种债权债务明细账账面余额与对方单位或者个人债权债务账面记录核对是否相符等。

关于账表核对,还需要作出特别的说明。此处未提及"账表核对",是因为此处所指"对账"是在记账后结账前所进行的程序。此时,会计报表尚未编制,所以在"对账"中并未提及"账表核对"。实际上,会计报表是在经过对账、结账等程序后,根据账簿所提供的数据资料编制的。显然账表也应该核对是否相符。这种核对是由会计报表与账簿记录的密切关系所决定的。账表核对就是通过各种账簿的发生额或余额与各种会计报表上的相关数据的相互核对来进行的,目的是保证账表相符。

二、结账

(一)结账的概念与意义

期末结账是指在会计期末(月末、季末、年末)将一定会计期间(月份、季度、半年度、年度)内所发生的交易或事项全部登记入账的基础上,结算出各账簿的本期发生额和期末余额,以便进一步编制会计报表,并将期末余额(若有的话)结转至下一会计期间。

实务中,结账分为日常结账和期末结账两种。日常结账是指对序时账簿,即库存现金日记账和银行存款日记账,按要求逐日结出余额,库存现金日记账上的当日余额还应与财会部门保管的现金实存数核对相符;银行存款日记账的余额还应定期或不定期与银行对账单的实存数核对相符。期末结账是指对企业所设置的各种总分类账和明细分类账的记录所做的结束工作。

期末结账具有重要意义。一方面,可以按照会计分期的要求,通过结账计算出企业在会计期末的财务状况和该会计期间的经营成果;另一方面,可以为期末编制会计报表提供数据资料。

(二)期末结账的内容

结账工作主要包括以下内容。

①结账前,应将本期内所发生的各项交易或事项全部登记入账。既不能提前登账,也不能将本期发生的业务延至下期登账。

②按照权责发生制的要求对应计事项调整入账,合理确定本期的收入和费用。所谓权责发生制,也称应收应付制,或应计制,其基本要求是:凡是企业当期已经实现的收入和已经发生或应当负担的费用,无论款项是否收付,都应当确认为当期的收入和费用,并计入利润表;凡是不属于当期已实现的收入和已经发生的或应当负担的费用,即使款项已经在当期收付,也不能确认为当期的收入和费用。根据我国现行《企业会计准则》的规定:"企业应当以权责发生制为基础进行会计确认、计量和报告。"按照权责发生制的要求,期末账项调整主要包括以下内容。

a.本期已经发生且符合收入确认条件,但尚未收到款项而未入账的产品销售收入或劳务收入,即应计收入。这类事项的调整方法是,将确认为本期的收入,计入"主营业务收入"账户的贷方,同时,将尚未收到的款项计入"应收账款"账户的借方,如例5-33、例5-34所示。

b.已经收取款项但尚未提供产品或劳务因而未确认入账的产品销售收入或劳务收入,如预收款项。这类事项的调整方法是,应按照本期实现的产品销售收入,贷记"主营业务收入"账户,同时,调整以前预收账款时形成的负债,借记"预收账款"账户,如例5-36、例5-37、例5-38所示。

c.本期发生但因款项尚未支付因而未登记入账的费用,即应计费用,如应计借款利息等。这类事项的调整方法是,将确认为本期的费用记入"财务费用"等费用类账户的借方,同时,将尚未支付(以后支付)的款项记入"应付利息"等负债类账户的贷方,如例5-52、例5-53所示。

d.已经支出,但应由本期和以后各期负担的费用,即预付费用,如预付房屋租金等。这类事项的调整方法是,根据本期和以后各期受益的程度,分摊确认本期的费用,借记有关费用类账户,贷记"长期待摊费用"等资产类账户。

[例7-5]　企业于7月1日开出转账支票支付半年写字间租金60 000元,每月承担10 000元。7月1日编制会计分录为:

借:待摊费用　　　　　　　　　　　　　　　　　　60 000
　贷:银行存款　　　　　　　　　　　　　　　　　　　　　60 000

以后连续6个月月末,编制会计分录为:

借:管理费用　　　　　　　　　　　　　　　　　　10 000
　贷:待摊费用　　　　　　　　　　　　　　　　　　　　　10 000

e.计提固定资产的折旧和无形资产的摊销,如例5-28、例5-44所示。

f.将本期已完工产品的实际成本从"生产成本"账户结转至"库存商品"账户,如例5-31所示。

g.将本期已售产品的实际成本从"库存商品"账户结转至"主营业务成本"账户,如例5-39所示。

③结清收入和费用账户,将本期实现的收入和发生的费用从收入类账户和费用类账户结转至"本年利润"账户,如例5-59、例5-60所示。

④计算结转账户的本期发生额和期末余额。在本期全部交易或事项登记入账的基础上,应当结算现金日记账、银行存款日记账、总分类账和明细分类账各账户的本期发生额和期末余额。若有余额,应结转至下一会计期间的有关账户。

(三)期末结账的方法

结账一般有月结、季结和年结。一般采用划线结账法,月结时通栏划单红线,年结时通栏划双红线。结账的主要要点如下。

①月结。对不需要按月结计本期发生额的账户,每次记账以后,都要随时结出余额。每月最后一笔余额是月末余额。月末结账时,只需要在最后一笔交易或事项记录下面划通栏单红线,不需要再次结计余额,如图7-17所示。

对需要按月结计发生额的账户,每月结账时,要在最后一笔交易或事项记录下面划通栏单红线,结出本月发生额和余额,在"摘要"栏内注明"本月合计"字样,并在下面划通栏单红线,如图7-18所示。

总分类账

会计科目：原材料

20××年		凭证号	摘要	借方	贷方	借或贷	余额
月	日						
1	1		上年结转			借	12 500
	10	转10	入库	10 000		借	22 500
	12	转22	出库		4 000	借	18 500
	20	转25	入库	15 000		借	33 500
	24	转30	出库		8 000	借	25 500
2	1	红线	上月结转			借	25 500
							将余额结转至下月

图 7-17　月结的方法 1

总分类账

会计科目：原材料

20××年		凭证号	摘要	借方	贷方	借或贷	余额
月	日						
1	1		上年结转			借	12 500
	10	转10	入库	10 000		借	22 500
	12	转22	出库		4 000	借	18 500
	20	转25	入库	15 000		借	33 500
	24	转30	出库		8 000	借	25 500
	31	红线	本月合计 红线	25 000	12 000	借	25 500
2	1		上月结转 本月借、贷方发生额			借	25 500
							将余额结转至下月

图 7-18　月结的方法 2

对需要结计本年累计发生额的账户，每月结账时，应在"本月合计"行下结出自年初起至本月末止的累计发生额，登记在月结数的下一行，在"摘要"栏内注明"本年累计"字样，并在下面划通栏单红线，如图 7-19 所示。12 月份的"本年累计"就是全年累计发生额，全年累计发生额下面划通栏双红线。

②季结。季度终了，结算出本季度三个月的发生额合计及余额，登记在月结数的下一行，在"摘要"栏内注明"第×季度季结"字样，并在下面划通栏单红线。本季度的发生额合计数可以根据季度内三个月发生额合计数计算填列，如图 7-20 所示。

③年结。年终结账时，结出账户的全年发生额合计和年末余额，在摘要栏内注明"本年合计"字样。有余额的账户，应将其余额结转至下年，并在摘要栏内注明"结转下年"字样，下面画通栏双红线。在下一会计年度新建有关账户的第一行摘要栏内注明"上年结账"字样，在余额栏内填写上年结转来的余额，使年末有余额账户的余额如实地在账户中加以反映，如图 7-21 所示。

总分类账

会计科目：原材料

20××年		凭证号	摘要	借方	贷方	借或贷	余额
月	日						
1	1		上年结转			借	12 500
	10	转10	入库	10 000		借	22 500
	12	转22	出库		4 000	借	18 500
	20	转25	入库	15 000		借	33 500
	24	转30	出库		8 000	借	25 500
	31		本月合计 （红线）	25 000	12 000	借	25 500
			本年累计	25 000	12 000	借	25 500
2	1		上月结转 （红线）			借	25 500

（红线）将余额结转至下月

图 7-19　月结的方法 3

总分类账

会计科目：原材料

20××年		凭证号	摘要	借方	贷方	借或贷	余额
月	日						
1	1		上年结转			借	12 500
	10	转10	入库	10 000		借	22 500
	12	转22	出库		4 000	借	18 500
	20	转25	入库	15 000		借	33 500
	24	转30	出库		8 000	借	25 500
	31		本月合计 （红线）	25 000	12 000	借	25 500
2	1		上月结转			借	25 500
			（略）				
	28		本月合计 （红线）	30 000	20 000	借	35 500
3	1		上月结转			借	35 500
			（略）				
			本月合计 （红线）	40 000	65 500	借	10 000
			第一季度季结	95 000	97 500		10 000

（红线）　本季度3个月发生额合计

图 7-20　季结的方法

总分类账

会计科目：原材料

20××年		凭证号	摘要	借方	贷方	借或贷	余额
月	日						
1	1		上年结转			借	12 500
	10	转10	入库	10 000		借	22 500
			〜〜〜〜〜〜〜〜〜〜〜〜〜〜〜〜〜〜〜				红线
12	31		本月合计	30 000	25 000	借	10 000	红线
	31		本年合计	150 000	152 500	借	10 000	红线
	31		结转下年		10 000	平		
								双红线

将本年余额按相反方向记入这一行贷（或借）方栏

图 7-21　年结的方法

第四节　账簿的更换与保管

一、会计账簿的更换

会计账簿的更换有两种情形，一是日常更换账簿，二是年初建立新账。

日常更换是指在会计年度内，当订本式账簿记满时，在旧账簿的"摘要"栏内注明"转入××账簿第×册"，同时在新账簿的第一页第一行内注明"从××账簿第×册转来"，便于保证账簿资料的连续性。

在每一个新的会计年度开始时，企业都需要建立新账。一般应将上一年度已经登记过的账簿更换为新账簿，用以登记新的会计年度交易或事项。是否将所有账簿都进行更换，应根据实际情况而定。一般来说，总分类账簿、序时账簿和绝大多数明细分类账簿应当每年更换账簿。而用以记录财产物资的卡片式明细账簿，由于其连续记录的要求较强，卡片的耐用性也较好，可继续跨年使用。

年初建立新账时，应当根据上年度有余额的账户的"结转下年"数字直接记入新年度账簿的第一行的"余额"栏，在日期栏注明"1月1日"，在"摘要"栏注明"上年结转"字样，在"借或贷"栏注明余额的方向。"凭证编号"栏、"借方"栏和"贷方"栏都不填写，这是因为进行年度之间余额的结转不必编制记账凭证。

二、会计账簿的保管

会计账簿是企业重要的经济资料，因此必须建立账簿的管理制度，妥善保管，以确保账簿的安全与完整。

（一）账簿的日常管理

①专人保管，保证安全。对各种账簿要分工明确，指定专人管理，做到分工明确，责任清楚。账簿经管人员既要负责记账、对账、结账等工作，又要负责保证账簿安全。

②查阅复制，须经批准。会计账簿未经领导和会计部门负责人或有关人员批准，非经管人员不能随意翻阅查看会计账簿。

③除非必要，不得外带。会计账簿除需要与外单位核对外，一般不能携带外出；对携带外出的账簿，一般应由经管人员或会计主管人员指定专人负责。

（二）账簿归档管理

年度终了更换并启用新账簿后，更换下来的旧账簿是企业重要的经济档案，应按要求整理造册，归档保管。

①归类整理，保证齐全。归档前对更换下来的账簿应当进行分类整理，检查和补齐应办的手续，如改错盖章、注销空行及空页、结转余额等。活页账应撤出未使用的空白账页，再编定页码，装订成册。

②装订成册，手续完备。对更换下来的账簿，应当分类装订成册或捆扎，并办理必要的手续。活页账一般按账户分类装订成册，一个账户装订成一册或数册。某些账户账页较少，也可以合并装订成一册。装订时应检查账簿扉页的内容是否填写齐全。装订后应由经办人员及装订人员、会计主管人员在封口处签名或盖章。

③编制清单，归档保管。更换下来的账簿装订完毕后，应当编制目录和编写移交清单，并按期移交企业档案部门保管。档案管理人员应按照档案管理办法的要求编制索引、分类储存，以便日后查阅。

④妥善保管、期满销毁。会计账簿与会计凭证和会计报表一样，都是重要的经济档案，必须按照《会计档案管理办法》规定的保存期限妥善保管，不得丢失、任意销毁。保管期满后，应当按照规定进行鉴定，经鉴定可以销毁的，方可按照审批程序报经批准后销毁。根据规定需要永久保存的账簿不得销毁。

📝 自测　客观题、答案及解析

客观题

客观题
答案及解析

第八章　财产清查

学习目标

通过本章的学习,学生掌握财产清查的概念、财产清查的内容及方法,以及财产清查结果的处理。理解财产清查方法的地位及财产清查的意义,熟悉财产清查的种类。

学习要求

重点掌握财产清查的概念、财产清查的内容及方法以及财产清查结果的处理。重点理解财产清查会计方法的意义。

课程思政

财会人员要加强自我约束,遵守职业道德,拒绝办理或按照职权纠正违反法律法规规定的财会事项,有权检举单位或个人的违法违规行为。

——节选自中共中央办公厅　国务院办公厅印发《关于进一步加强财会监督工作的意见》(2023-02-15)

引例　侵占巨额营业款的团伙犯罪案

上海警方成功破获一起侵入超市收银系统、利用软件删除交易记录,侵占台资企业上海乐购超市多家门店数百万元巨额营业款的团伙犯罪案,37 名犯罪嫌疑人已相继落网,百万余元赃款、赃物被追回。

上海乐购超市金山店负责人到市公安局金山分局报案称,该店在盘点货物时发现销售的货物和收到的货款不符,有可能款物被非法侵吞。

专案组调查发现,乐购超市几家门店货物缺损率大大超过了业内千分之五的物损比例,缺损的货物五花八门,油盐酱醋等日常用品的销售额与实际收到的货款差别很大。根据以往的案例,超市内的盗窃行为往往是针对体积小价值高的化妆品等物,盗窃者很少光顾油盐酱醋等生活用品,问题很可能出在收银环节。

经过深入调查,侦查人员发现超市原有的收银系统被装入了一个攻击性的补丁程序,只要收银员输入口令、密码,这个程序会自动运行,删除该营业员当日 20% 左右的销售记录后再将数据传送至会计部门,造成会计部门只按实际营业额的 80% 向收银员收取营业额,另外 20% 营业额即可被侵吞。能够在收银系统中装入程序的,负责管理、更新、维修超市收银系统的资讯组工作人员嫌疑最大。

警方顺藤摸瓜,挖出一个包括超市资讯员、收银员在内的近 40 人的犯罪团伙。据调查,原乐购超市真北店资讯组组长方元在工作中发现收银系统漏洞,设计了攻击性程序,犯罪嫌疑人于琪、朱永春、武侃佳等人利用担任乐购超市多家门店资讯工作的便利,将这一程序植入各门店收银系统;犯罪嫌疑人陈炜嘉、陈琦、赵一青等人物色不法人员,经培训后通过应聘安插到各家门店做收银员,每日将侵吞赃款上缴到犯罪嫌疑人方元、陈炜嘉、陈琦等人手中,团伙成员按比例分赃。短短一年时间内,先后侵吞乐购超市真北店、金山店、七宝店 374 万余元。犯罪团伙个人按比例分得赃款数千元至 50 万元不等。

💡 启示

此案例是一起通过盘点发现销售金额与收款金额不符,进一步查找线索才得以侦破的案件,可见盘点、对账等财产清查方法的应用对保障企业财产安全非常重要。那么什么是财产清查呢? 对哪些财产需要进行清查呢? 财产清查如何进行呢? 清查中发现问题应如何处理呢? 我们就一起来学习本章吧。

第一节 财产清查的概述

一、财产清查的概念与作用

(一)财产清查的概念

财产清查就是通过对货币资金、存货、固定资产、债权债务等的盘点或核对,确定其实有数,与账存数进行核对,以查明账实是否相符以及账实不符的原因的一种会计方法。

在实务中,企业对发生的交易或事项都要采用专门的会计方法进行账务处理,计入有关账簿,特别是对货币资金、原材料和设备物资的增减变动,债权债务的产生和结算,都要采用严密的方法及时进行账务处理,以确保账簿记录准确反映以上的交易和事项的真实状况。但在企业内部,账簿的记录与货币资金和各种实物资产的保管及使用等是由不同部门分工负责的。为保证会计部门的账簿记录情况与企业各种财产物资的实际情况一致,就需要采用一定的方法,定期或不定期地进行财产清查,并将财产清查结果与账簿记录进行核对,借以查明账实是否相符。从财会部门内部来看,为确认其管理的货币资金与账面记录情况是否相符,也需要与开户银行以及内部有关部门之间进行核对;企业为确认债权债务情况,也应定期或不定期地与债务人与债权人进行核对,以确保债权债务的实际情况与账面记录相符。

（二）财产清查的必要性

在会计核算中,为了查明下述账实不符的情况,确定货币资金、存货、固定资产、债权债务的实存数,并据以调整账簿记录,做到账实相符,保证会计资料的真实和准确,保证财产物资的安全和完整,就有必要进行财产清查。

引起账实不符的情形有:

①财产物资在运输、保管和收发过程中发生的自然损溢,如干耗、消蚀、升重等自然现象。

②在收发财产物资时,由于计量、计算、检验不准确,而造成品种、数量和质量上的差错。

③在财产物资增减变动时,有关人员漏办手续或重办手续,或者在填制凭证和登记账簿时发生了计算上或登记上的错误,致使产生账外财产或财产的短缺。

④出于管理不善或工作人员失职等原因,导致财产物资的变质、短缺或毁损。

⑤由于不法分子贪污盗窃、挪用公款、营私舞弊等非法行为造成的财产物资的损失。

⑥因人力不可抗拒的自然灾害或非常事件造成的财产物资的毁损。

⑦在结算过程中,出于未达账项等原因引起的银行存款或债权债务的数额不符等。

（三）财产清查的作用

①保证会计资料的真实性。通过财产清查,可以确定各种财产的实存数,将实存数与账存数进行对比,确定是否盘盈、盘亏,以便及时调整账簿记录,做到账实相符,以保证账簿记录的真实可靠。

②保护财产物资的安全完整。通过财产清查,可以及时查明实存物资的结存状况,与账存记录进行对比,尽早发现物资储存中的舞弊行为,保障财产物资的安全完整。

③挖掘财产物资潜力,加速资金周转。通过财产清查,可以查明财产物资的储备情况、查明各项财产物资占用资金的合理性、各项财产物资的利用情况,以便挖掘各项财产物资的潜力,促进财产物资的有效利用,加速资金周转。

④保证财经制度和结算制度的贯彻执行。通过财产清查,查明各种财产物资盘盈、盘亏的原因及责任,从而找出财产管理中存在的问题,保证财经制度的贯彻执行;在对债权债务的定期或不定期的清查核对中,可以查明债权债务是否及时结清,以保障结算制度的合法合规。

二、财产清查的种类

（一）按照清查的对象和范围不同,财产清查可分为全面清查和局部清查

①全面清查是指对企业或存放在企业的所有财产,包括货币资金、实物资产和债权债务等进行全面盘点和核对。全面清查范围广,内容多,参加的部门人员多,工作量大。

一般而言,以下几种情况需进行全面清查:a.年终决算前;b.在撤销、合并或改变隶属关系前;c.股份制改造前;d.开展全面的资产评估、清产核资前;e.单位主要领导调离工作岗位前;f.发生重大经济违法事件时。

②局部清查也称为重点清查,是指根据管理需要或依据有关规定,对部分财产物资、货币资金和债权债务进行盘点和核对。局部清查范围小,内容少,参加的部门人员少,但专业性强。一般有:a.对于库存现金,每日业务终了时应由出纳清点核对,做到日清月结。b.对于银行存款和银行借款,应由出纳每月至少同银行核对一次。c.对于流动性大的财产物资,如原材料、产成品、库存商品等,除了年末清查外,应有计划地每月重点抽查或轮流盘点。对于各种贵重物资,应每月清查盘点一次。d.对于各种债权债务,应在年度内至少核对一至二次,有问题应及时核对,及时解决。

（二）按照清查的时间的不同,财产清查可分为定期清查和不定期清查

①定期清查是指按照预先计划安排或根据管理规定的时间,对财产物资、货币资金和债权债务所进行的盘点和核对。一般是在年末、季末、月末结账前进行。

②不定期清查也称临时清查,是指事先不规定清查时间,而是根据实际情况的需要对财产物资、货币资金和债权债务所进行的临时性的盘点和核对。一般在以下情况下进行:a.财产物资、库存现金保管人员更换时,以分清经济责任,便于办理交接手续;b.发生自然灾害和意外损失时,对受损物资进行清查,以查明损失情况;c.上级主管、财政、审计和银行等部门,对本单位进行会计检查时,要对相应的财产物资进行清查,以验证会计资料的可靠性。

（三）按照清查的执行系统可分为内部清查和外部清查

①内部清查是由本单位内部自行组织清查工作小组所进行的财产清查工作。

②外部清查是由上级主管部门、审计机关、司法部门、注册会计师根据国家有关规定或情况需要对本单位所进行的财产清查。

三、财产清查的准备工作和一般程序

（一）财产清查的准备工作

①组织准备。在进行财产清查前,应根据清查的范围和要求等建立清查组织,在单位负责人和会计部门负责人的领导下,成立由财会、技术、实物保管和使用等有关人员参加的清查小组。清查小组的主要任务是:a.制订清查计划,明确清查范围,安排清查步骤,配备清查人员。b.具体组织财产清查工作,及时解决清查中的问题。c.在财产清查结束后作出清查总结,提出对清查结果的处理意见。

②业务准备。业务准备是进行财产清查的必要条件。a.会计部门的账簿准备。会计部门应将当前所有的交易和事项登记入账,做到账证相符、账账相符,为财产清查提供可靠依据。b.物资保管部门的物资整理准备。物资保管部门应检查财产物资收发和保管的手续是否齐全,并与会计部门有关财产物资的账簿记录核对是否相符,对各种财产物资进行必要的整理,以便进行实物盘点。c.清查量具准备。财产清查人员应准备好必要的

计量器具,以便对实物进行计量,还要准备好相应的表格,以便及时登记相关清查结果。

（二）财产清查的一般程序

企业应当有计划、有组织地进行财产清查。财产清查的一般程序为:①建立财产清查组织;②组织清查人员学习有关政策规定,掌握有关法律、法规和相关业务知识,以提高财产清查工作的质量;③确定清查对象、范围,明确清查任务;④制订清查方案,具体安排清查内容、时间、步骤、方法,以及必要的清查前准备;⑤清查时,本着先清查数量、核对有关账簿记录等,后认定质量的原则进行;⑥填制盘存清单;⑦根据盘存清单,填制实物、往来账项清查结果报表。

第二节　财产清查的方法

一、库存现金的清查

（一）库存现金的清查方法和手续

库存现金的清查方法一般是采用实地盘点法。包括定期清查和不定期清查两种。

定期清查就是每日终了,出纳人员将现金收、付款凭证在库存现金日记账中全部登记入账后,在库存现金日记账上计算出当日的现金收入合计数、现金减少合计数和现金结余数,再对库存现金进行盘点,确定库存现金的实有数,然后库存现金日记账的结余数与库存现金实有数进行核对,确定账实是否相符。

不定期清查应由清查人员会同现金出纳人员共同进行现金盘点。库存现金盘点前,出纳人员应先将现金收、付款凭证在库存现金日记账中全部登记入账,并结出余额。库存现金盘点时出纳人员必须在场。清查人员应将现金逐张清点,并与现金日记账余额进行核对,以确定账实是否相符。如果发现盘盈、盘亏,那么清查人员必须会同出纳人员核实清楚。同时还应检查现金管理制度的遵守情况,如库存现金有无超过限额,有无白条抵库、挪用舞弊等情况。库存现金盘点结束后,应根据盘点结果,及时填制"库存现金盘点报告表",并由清查人员和出纳人员签名或盖章。

（二）库存现金盘点报告表的填制

"库存现金盘点报告表"见表8-1。

表 8-1　库存现金盘点报告表

库存现金盘点报告表

公司名称:　　　　　　　　　年 月 日

实存金额	账存金额	实存与账存对比		备注
		盘盈	盘亏	

盘点人签章:　　　　　　　　　出纳员签章:

"库存现金盘点报告表"具有双重性质,它既是盘存单,又是账存实存对比表,既是反映现金实存数用以调整账簿记录的重要原始凭证,也是分析账实发生差异原因,明确经济责任的依据。

对库存现金清查中发现的盘盈(长款)、盘亏(短款),清查人员应查明原因,及时报请企业有关部门负责人批准,财会部门应按规定进行相应的账务处理。

二、银行存款的清查

(一)银行存款的清查方法手续

银行存款的清查一般是采用与开户银行核对账目的方法,即将企业银行存款日记账的账簿记录与其开户银行转来的对账单逐笔进行核对,确定双方的记录是否相符,以查明银行存款的实有数额。银行存款的清查一般在月末进行。

出纳人员应将截止到清查日所有银行存款的收付业务都登记入账后,再与银行的对账单逐笔核对。银行对账单是企业的开户银行对企业存款的收支和结余情况的账户记录,应由银行定期或不定期地转给企业,以便企业进行核对。经过核对,如果企业的银行存款日记账与银行对账单核对相符,那么说明双方的账簿记录不存在问题;如果核对不符,则应查明原因。双方账簿记录不一致的原因主要有:可能是企业或银行的某一方存在记账错误,企业应及时与开户银行沟通并加以更正;可能存在未达账项。

(二)未达账项

所谓未达账项,是指对同一笔经济业务,由于结算凭证传递时间上的差异,导致企业与银行的记账时间不一致,一方已经收到结算凭证并已登记入账,而另一方尚未收到结算凭证而未能登记入账的会计事项。

例如,瑞奇公司委托银行代收其客户的货款。临近月末,银行已收回货款并已记入瑞奇公司在银行开立的存款户,开给瑞奇公司的收款通知(结算凭证)也已发出。但月末时,瑞奇公司暂未收到收款通知。这样在月末对账时就会出现银行已收款记账,瑞奇公司暂未登记银行存款日记账的情况。

未达账项主要有以下四种情况。

①企业已收,银行未收。即企业已经收款入账,而银行尚未收款入账的款项。

[例 8-1] 12 月 31 日,瑞奇公司销售产品收到客户开具的用于支付货款 50 000 元的转账支票,与填制的一式两联的"进账单"一并送存开户银行后,即根据开户银行盖章退回的"进账单"回单联登记银行存款增加;而开户银行则要等款项收妥后再登记增加。若此时对账,就会形成企业已收,银行未收的款项。

②企业已付,银行未付。即企业已经付款入账,而银行尚未付款入账的款项。

[例 8-2] 12 月 31 日,瑞奇公司开出转账支票 30 000 元交给供应商用于支付购料款。瑞奇公司可根据支票存根、发货票及收料单等凭证,登记银行存款减少。而如果供应商未及时地将支票送存银行,办理转账,那么瑞奇公司的开户银行尚未接到支付款项的凭证,尚未登记银行存款减少。若此时对账,就会形成企业已付,银行未付的款项。

③银行已收,企业未收。即银行已经收款入账,而企业尚未收款入账的款项。

[**例8-3**] 12月31日,瑞奇公司的客户汇款60 000元给瑞奇公司,用于支付货款。瑞奇公司的开户银行收到该款项,已登记入账,并通知瑞奇公司。但是,瑞奇公司尚未收到收款通知,因而尚未入账。若此时对账,就会形成银行已收,企业未收的款项。

④银行已付,企业未付。即银行已经付款入账,而企业尚未付款入账的款项。

[**例8-4**] 12月31日,根据瑞奇公司与开户银行和电力公司签订的三方协议,开户银行收到电力公司开具给瑞奇公司的电费发票后,即从瑞奇公司的银行存款中划款用于支付其应缴纳的电费1 200元给电力公司,因此,银行登记瑞奇公司的银行存款减少,并通知瑞奇公司。但是,瑞奇公司尚未收到电费发票和付款通知,因而尚未登记银行存款减少。若此时对账,就会形成银行已付,企业未付的款项。

以上任何一种未达账项的存在,都会使企业的银行存款日记账余额与银行对账单余额不相等。当企业在接到银行转来的对账单时,应尽快与银行存款日记账核对,找出未达账项,并据以编制"银行存款余额调节表",清除未达账项影响,以便检查双方记账有无差错,并确定企业银行存款实有数。

(三)银行存款余额调节表的编制

"银行存款余额调节表"的编制是以银行对账单余额和企业银行存款日记账余额为基础,各自分别加上对方收款入账而自己尚未入账的数额,减去对方已付款入账而自己尚未入账的数额,而后核对双方余额是否一致。其计算公式如下。

企业银行存款日记账余额+银行已收企业未收款−银行已付企业未付款

=银行对账单余额+企业已收银行未收款−企业已付银行未付款

[**例8-5**] 瑞奇公司12月31日接到开户银行转来的对账单,余额为58 000元;当日瑞奇公司银行存款日记账余额为19 200元。经核对,发现4笔未达账项如例8-1至例8-4。编制银行存款余额调节表见表8-2。

表8-2　**银行存款余额调节表**

银行存款余额调节表

20××年12月31日　　　　　　　　　　　　　　　　　单位:元

项目	金额		项目	金额	
企业银行存款日记账余额		19 200	银行对账单余额		58 000
加:银行已收、企业未收	8-3	60 000	加:企业已收、银行未收	8-1	50 000
减:银行已付、企业未付	8-4	1 200	减:企业已付、银行未付	8-2	30 000
调整后的存款余额		78 000	调整后的存款余额		78 000

上例中,调节后的存款余额相等,说明造成企业银行存款日记账与银行对账单核对不符的原因只是存在未达账项,银行存款收支的记录在银行和企业双方均不存在记账错误。

调节后的存款余额是企业可以实际使用的银行存款。尽管在"银行存款余额调节表"上有多个余额指标，但在调节前双方的账面余额都不是企业银行存款的真实余额，只有经过调节后的余额才是企业银行存款的真实余额，也是企业可以实际动用的银行存款数。

编制"银行存款余额调节表"只是为了核对账目，不能作为调整企业银行存款日记账的记账依据。对于未达账项，应在以后实际收到有关结算凭证时，再据以登记银行存款日记账。

三、往来款项的清查

（一）往来款项的清查方法与手续

往来款项主要包括应收账款、预收账款、应付账款和预付账款。往来款项的清查一般采用询证核对的方法。

企业应在往来款项账面记录正确无误的基础上，按每个往来单位填制"往来款项对账单"，传递给往来单位，用于对账。

（二）往来款项对账单及往来款项清查报告单的编制

往来款项对账单一式两联，其中一联送交对方单位核对账目，另一联作为回单联。

"往来款项对账单"的格式如图 8-1 所示。

往来款项对账单

远大公司：

　　贵公司于 20××年 5 月 20 日购入我公司 B 产品 200 件，已付货款 400 000 元，尚有 54 000 元货款未付，请核对无误后将回单联盖章后寄回。

瑞奇公司（盖章）
20××年 12 月 26 日

请沿此虚线裁开，将以下回单盖章后寄回。

- -

往来款项对账单（回单）

瑞奇公司：

　　贵公司寄来的"往来款项对账单"已经收到，经核对无误。

远大公司（盖章）
20××年 12 月 30 日

图 8-1　往来款项对账单

往来单位经核对相符后，在回单联上加盖公章退回，表示已核对。如有核对不符，往来单位应在对账单中注明情况后退回，企业应进一步查明原因，再行核对。

往来款项清查后，将清查结果编制"往来款项清查报告单"，填列各项债权、债务的余额。对于有争执的款项以及无法收回的款项，应在报告中详细列明情况，并及时采取措施，避免或减少坏账损失。

四、存货的清查

（一）存货清查的内容

在工业制造企业,存货包括原材料、包装物、在产品(生产成本)和库存商品等。存货清查的目的在于查明存货的实际结存数量,与账面结存数量核对,以验证是否相符。其中,存货实际结存数量的确定,是存货清查的关键。存货实际结存数量确定的方法,与存货盘存制度密切相关。

（二）存货盘存制度

存货盘存制度有永续盘存制和实地盘存制两种。在不同的盘存制下,存货在账簿中的记录方法和清查盘点的目的不同。

①永续盘存制。永续盘存制也称账面盘存制,是一种通过在存货明细分类账中,逐笔登记存货的收入数量和发出数量,并可随时结出存货结存数量的方法,如图8-2所示。

原材料明细账

材料名称：M材料　　　　　　　　数量单位:千克　　　　　　金额单位：元

20××年		凭证号	摘要	单价	借方		贷方		余额	
月	日				数量	金额	数量	金额	数量	金额
12	1		月初余额	1.98					1 000	1 980
	13	转×	本月发出				800		200	
	20	转×	本月购入	2.00	2 000				2 200	
	28	转×	本月发出				1 500		700	
	31		合计		2 000		2 300		700	

（借方数量）登记存货的增加数　　（贷方数量）登记存货的减少数　　（余额）可随时结出存货结存数

图8-2　永续盘存制

永续盘存制下,平时对存货的增加数和减少数,都要根据审核无误的会计凭证,逐日或逐笔连续记入相关的明细账簿,并且随时结出账面结存数。其计算公式为:

期末账面结存数量=期初账面结存数量+本期增加数量-本期减少数量

永续盘存制的优点:a.在存货明细账中,可以随时反映出存货的购进、发出、结存的情况,并进行数量和金额的双重控制;b.明细账的结存数,可以与实际盘存数量进行核对。若发生库存溢余或短缺,可查明原因后,及时调整账簿记录,保证会计资料的真实性;c.明细账的结存数,还可以随时与预定的最高和最低库存限额进行比较,取得库存积压或不足的信息,从而便于及时采取相应对策。

永续盘存制的缺点:存货的明细分类核算工作量较大,耗费较多的人力和物力;账簿中记录的存货的增、减变动及结存情况都是根据有关会计凭证登记的,可能发生账实不符的情况。

即便如此,同实地盘存制相比,永续盘存制因核算手续严密,更有利于控制和保护财产物资的安全完整,在实际工作中,被大多数企业采用。

盘点了存货数量后,会计人员还要根据存货单位成本计算出存货的账面结存金额,其计算公式为:

$$账面结存金额=账面结存数量×单位成本$$

不过,在实际工作中,即使是同一种存货,不同批次的单位采购成本或制造成本也有可能是不同的。会计人员在确定存货单位成本时,可以选择使用个别计价法、先进先出法、月末一次加权平均法和移动加权平均法等成本计价方法。会计人员使用的存货发出计价方法不同,也会导致期末账面结存成本的差异。所以为保证会计信息资料的可比性,企业发出存货的计价方法不能随意变更。存货发出的计价方法,将在后续课程里介绍。

②实地盘存制。在实地盘存制下,平时只登记存货的收入数(增加数),不登记存货的发出数(减少数),月末通过实地盘点法确定存货的实际结存数,再倒推计算确定本期存货的发出数,并登记入账,如图8-3所示。

原材料明细账

材料名称：M材料　　　　　　　　　数量单位:千克　　　　　　　金额单位:元

20××年		凭证号	摘要	单价	借方		贷方		余额	
月	日				数量	金额	数量	金额	数量	金额
12	1		月初余额	1.98					1 000	1 980
	13	转×	本月发出							
	20	转×	本月购入	2.00	2 000					
	28	转×	本月发出							
	31		合计		2 000		2 200		700	

图8-3　实地盘存制

采用实地盘存制,平时根据会计凭证登记有关的明细账时,只登记存货的增加数,不登记减少数。月末通过实地盘点所确定的实存数作为账面结存数,从而倒挤出本月存货的减少数,采用的是"以存计耗""以存计销"的方式来登记账簿。其计算公式为:

$$本期减少数量=期初账面结存数量+本期增加数量-期末实地盘点数量$$

实地盘存制的主要优点:实地盘存制是以存货的清查盘点结果作为登记存货账面结存和减少数的依据,从而大大简化日常核算工作量,记账简单,工作量较小,可消除账实不符,保证会计资料的准确性。

实地盘存制的主要缺点:a.不能随时反映存货的收入、发出、结存动态信息;b."以存计耗"或"以存计销"掩盖了如非正常损失、贪污盗窃等引起的损失,影响经营成果的核算,进而影响会计核算的真实性,不利于企业加强对存货的管理和控制;c.不能随时结转销售或耗用存货的成本,只能月末定期一次结转,增加了期末会计核算工作量。

由于实地盘存制存在上述缺点,因此,企业一般不采用这种盘存制度。实地盘存制一般只适用于一些价值低、品种杂、进出频繁的商品或材料物资。

③永续盘存制与实地盘存制的比较。

比较永续盘存制与实地盘存制,二者存在以下的不同:a.两者对存货在账簿中登记的方法不同。永续盘存制平时对存货的增加数和减少数都要根据会计凭证在有关的账簿中进行连续的登记,并随时在账簿中结算出存货的账面结存数;实地盘存制平时只对存货的增加数根据会计凭证记入有关账户,而不登记减少数,月末根据实地盘点的存货的实际结存数,计算出本期减少数,并记入有关账簿。b.两者财产清查的目的不同。永续盘存制下财产清查的目的是与账簿记录进行核对;实地盘存制下财产清查的目的是计算期末财产的结存数。

综上所述,无论采取哪种盘存制度,对存货都需定期或不定期地进行清查盘点。

(三)存货清查的方法和手续

存货清查的基本方法是实地盘点法。由于存货的实物形态、存放地点、使用方式等各有不同,因此实地盘点的具体做法也有不同。具体做法有:①全面盘点法。就是对企业的所有存货通过点数、过磅或丈量的方法确定其实有数量,一般用于原材料、包装物、在产品和库存商品等存货的清查。②技术推算法。是指利用技术推算存货实有数量的一种方法。一般用于零散堆放的大宗材料等存货的清查。③抽样盘存法。是指采用抽取一定数量样本的方式确定存货实有数量的一种方法。一般用于数量比较多、重量和体积等都比较均衡的存货的清查。④函证核对法。是指采用向对方发函的方式确定存货的实有数量的一种方法。一般用于委托外单位加工或保管存货的清查。

存货清查应填写"盘存单"和"账存实存对比表"。"盘存单"是在存货清查的过程中填制的单据,反映的是存货的实存数量,格式见表8-3。填写"盘存单"是为与各种存货的账面数量进行核对提供依据。"账存实存对比表"是将盘存单上的实存数量与账面数量核对以后,根据存货账实不符的情况填制的单据,格式见表8-4。

表 8-3　盘存单格式

盘存单

单位名称:　　　　　　　　　　盘点时间:　　　　　　　　　编号:

财产类型:　　　　　　　　　　存放地点:

序号	名称	规格	计量单位	实存数量	单价	金额	备注

盘点人:　　　　　　　　　　　　　　　　保管人:

表 8-4 实存账存对比表格式

实存账存对比表

单位名称：　　　　　　　　　　　　年　　月　　日

财产名称	实存数量	账存数量	实存与账存对比		备注
			盘盈	盘亏	

主管负责人：　　　　　　　　复核：　　　　　　　　制表：

　　盘存单反映的只是各种存货的实存数量,不能作为调整账面记录的依据,实存账存对比表列示了存货清查中发现的问题,因而是进行存货清查结果处理的重要原始凭证,可作为调整有关存货账面记录的依据。

五、固定资产的清查

　　在工业制造企业中,固定资产清查的范围主要包括企业购建的用于产品生产或经营管理的房屋、建筑物以及各种设备等。清查的目的是保证各种固定资产的实际结存数与账面结存数相符。

　　固定资产清查的方法一般是实地盘点法。将通过实地盘点得到的各种固定资产的实际结存数,与其账面结存数进行核对,借以确定账实是否相符。

　　进行固定资产清查,也要填制"盘存单"和"实存账存对比表"。"盘存单"的格式见表 8-3,"实存账存对比表"的格式见表 8-4。

第三节　财产清查的结果处理

一、财产清查结果处理的原则与程序步骤

(一)财产清查结果的含义

　　财产清查结果一般是指企业在财产清查后所确认的财产的实际结存数量与其账面结存数量之间的差额,如果账实不符,那么就表现为盘盈或盘亏。盘盈是指实际结存数量大于账面结存数量,盘亏是指实际结存数量小于账面结存数量。不包括银行存款清查中发现的未达账项。债权债务的清查结果是指在清查中发现的无法收回的应收账款或无法支付的应付账款等,反映出这些债权债务的账面记录与其实际状况不符。

（二）财产清查结果的处理原则

1.对财产清查中盘盈资产的处理原则

对于存货的盘盈,应冲减清查当期的管理费用。对于固定资产的盘盈,应作为前期差错进行以前年度损益调整。这部分的账务处理将在后续课程里介绍。

2.对财产清查中盘亏资产的处理原则

对于存货的盘亏,如果属于自然损耗产生的定额内合理损耗或计量工具不准产生的损耗,那么应计入本期的管理费用(增加)。属于超定额短缺的,如能确定过失人的应由过失人赔偿,属于保险责任范围的应向保险公司索赔,记入其他应收款。扣除过失人赔偿、保险赔款和残料价值后的其余部分,应计入当期的管理费用(增加)。属于非常损失造成的实物资产的毁损等,属于保险责任范围的应向保险公司索赔,记入其他应收款。扣除保险赔款和残料价值后的其余部分,应计入清查当期的营业外支出。对固定资产的盘亏,计入清查当期的营业外支出。

3.对财产清查中发现的坏账(无法收回的应收账款)及无法支付款项的处理原则

对确实无法收回的应收账款,应冲减已经计提的坏账准备;对由于收款方已不存在等原因而确实无法支付给债权人的应付款项,应转作企业的营业外收入。这部分的账务处理将在后续课程里介绍。

（三）财产清查结果的处理程序

对财产清查中发现的盘盈和盘亏,应按以下步骤处理。

①核准盈亏金额,提出处理意见。财产清查结束后,清查人员要核准盈亏数额,查明盈亏的性质和原因,据实提出处理意见,并报告给单位负责人或有关部门。

②调整账簿记录,做到账实相符。会计人员根据清查的有关原始凭证调整账簿记录,做到账实相符。同时,将发生的盘盈和盘亏在专门的账户中记录,以待处理。

③报经批准以后,核销盘盈盘亏。会计人员应根据单位负责人或有关部门的批准意见,将待处理的盘盈和盘亏等予以转销。

二、财产清查结果的账务处理

（一）账户设置

"待处理财产损溢"账户属于资产类账户,用以核算企业在财产清查过程中查明的各种财产物资的盘盈、盘亏或损毁的价值及报经批准后的处理情况。该账户借方登记各项财产的盘亏、毁损数和盘盈财产报经批准后的转销数;贷方登记各项财产(固定资产除外)的盘盈数和盘亏、毁损报经批准后的转销数。我国《企业会计准则——应用指南》规定,对于企业的待处理财产损溢应及时查明原因,在期末结账前处理完毕,处理后该账户应无余额。该账户应分别按盘盈、盘亏资产的种类设置明细分类账户,进行明细分类核算。

需要注意的是,"待处理财产损溢"账户是对货币资产和实物资产清查结果进行账务处理时采用的一个非常重要的账户,在库存现金、存货、固定资产等清查结果的账务处理中要用到。但应收账款、应付账款清查结果的账务处理不通过该账户核算。

（二）库存现金清查结果的账务处理

当库存现金盘盈时，应记入"库存现金"的借方，以保证账实相符，同时记入"待处理财产损溢"账户的贷方，等待批准处理；当库存现金盘亏时，应记入"库存现金"的贷方，以保证账实相符，同时记入"待处理财产损溢"账户的借方，等待批准处理。

经批准后，对库存现金的盘盈和盘亏，应根据其产生的原因采取不同的处理方法。对于无法查明原因的库存现金盘盈，经批准后可记入"营业外收入"账户，同时记入"待处理财产损溢"账户的借方；对于已经查明原因应付给其他单位或个人的库存现金盘盈，应记入"其他应付款"账户，同时记入"待处理财产损溢"账户的借方；对于库存现金的盘亏，如果应由责任人（出纳员）赔偿的，那么应记入"其他应收款"账户，同时记入"待处理财产损溢"账户的贷方。

[例8-6]　瑞奇公司20××年12月末在库存现金清查中发现短款（盘亏）3 000元。经查，其中2 000元应由出纳员负责赔偿，其余1 000元未查明原因，经批准作管理费用处理。

发现短款时，会计分录为：

借：待处理财产损溢　　　　　　　　　　　　3 000
　　贷：库存现金　　　　　　　　　　　　　　　　　　　　3 000

经批准后，会计分录为：

借：其他应收款　　　　　　　　　　　　　　2 000
　　管理费用　　　　　　　　　　　　　　　1 000
　　贷：待处理财产损溢　　　　　　　　　　　　　　　　　3 000

[例8-7]　瑞奇公司20××年12月末在库存现金清查中发现长款（盘盈）2 000元。经反复核查，其中500元应该付给职工小王，另1 500元无法查明原因，经批准转作营业外收入。

发现长款时，会计分录为：

借：库存现金　　　　　　　　　　　　　　　2 000
　　贷：待处理财产损溢　　　　　　　　　　　　　　　　　2 000

经批准后，会计分录为：

借：待处理财产损溢　　　　　　　　　　　　2 000
　　贷：其他应付款　　　　　　　　　　　　　　　　　　　500
　　　　营业外收入　　　　　　　　　　　　　　　　　　1 500

（三）存货清查结果的账务处理

当存货盘盈时，应记入"原材料""库存商品"等账户的借方，以保证账实相符，同时记入"待处理财产损溢"账户的贷方，等待批准处理；当存货盘亏时，应记入"原材料""库存商品"等账户的贷方，以保证账实相符，同时记入"待处理财产损溢"账户的借方，等待批准处理。

经批准后，对存货的盘盈和盘亏，应根据其产生的原因采取不同的处理方法。对于盘盈的存货，除漏记错记账的原因，一般为长期发货误差或前期盘亏存货找到，应冲减"管理费用"账户，同时记入"待处理财产损溢"账户的借方。对于盘亏的存货，如果属于自然损耗产生的定额内合理损耗或计量工具不准产生的损耗,那么应记入本期的"管理费用"账户;如果属于超定额短缺,如有过失人赔偿,那么应记入"其他应收款"账户;有保险公司赔偿的,应记入"其他应收款"账户;扣除赔款和残料价值后的部分,记入当期的"管理费用"账户;如果属于非常损失造成的毁损,那么扣除保险公司赔款和残料价值后的部分,记入当期的"营业外支出"账户,同时记入"待处理财产损溢"账户的贷方。

[例8-8] 瑞奇公司在财产清查中发现,甲材料多出 24 千克,每千克 150 元。经查明系收发材料时量具不准确造成的,经批准冲减管理费用。

发现盘盈时,会计分录为:

借:原材料 3 600
　　贷:待处理财产损溢 3 600

经批准处理时,会计分录为:

借:待处理财产损溢 3 600
　　贷:管理费用 3 600

[例8-9] 瑞奇公司在财产清查中发现,乙材料少了 10 千克,每千克 60 元。经查明系定额内的合理损耗,经批准作为管理费用。

发现盘亏时,会计分录为:

借:待处理财产损溢 600
　　贷:原材料 600

经批准处理时,会计分录为:

借:管理费用 600
　　贷:待处理财产损溢 600

[例8-10] 瑞奇公司在财产清查中发现,丙材料少了 50 千克,每千克 60 元。经查明系保管人员保管不善,应赔偿 1 000 元,其余的经批准作为管理费用。

发现盘亏时,会计分录为:

借:待处理财产损溢 3 000
　　贷:原材料 3 000

经批准处理时,会计分录为:

借:其他应收款 1 000
　　管理费用 2 000
　　贷:待处理财产损溢 3 000

[例8-11] 瑞奇公司在财产清查中发现,丁材料少了 500 千克,每千克 80 元。经查明系因自然灾害造成的损失,其中保险公司应赔偿 30 000 元,其余的作为营业外支出。

发现盘亏时,会计分录为:

借:待处理财产损溢 40 000
　　贷:原材料 40 000

经批准处理时,会计分录为:

借:其他应收款 30 000

营业外支出	10 000	
贷:待处理财产损溢		40 000

（四）固定资产清查结果的账务处理

当固定资产盘亏时,按其账面价值,借记"待处理财产损溢"科目,按已提折旧,借记"累计折旧"科目,按固定资产原值贷记"固定资产"科目。盘亏的固定资产报经批准转销时,扣除过失人和保险公司的赔偿,借记"营业外支出"账户,贷记"待处理财产损溢"账户。

[例8-12]　瑞奇公司在财产清查中发现盘亏一台设备,设备原值8 000元,累计折旧5 000元。保险公司应赔付2 000元,经批准,其余的转作营业外支出处理。

发现盘亏时,会计分录为:

借:待处理财产损溢	3 000	
累计折旧	5 000	
贷:固定资产		8 000

经批准处理时,会计分录为:

借:其他应收款	2 000	
营业外支出	1 000	
贷:待处理财产损溢		3 000

[例8-13]　瑞奇公司在财产清查中发现盘亏一台设备,设备原值18 000元,累计折旧15 000元。经查明属于自然灾害造成的毁损。假定没有残值,经批准,转作营业外支出处理。

发现盘亏时,会计分录为:

借:待处理财产损溢——待处理固定资产损溢	6 000	
累计折旧	12 000	
贷:固定资产		18 000

经批准处理时,会计分录为:

借:营业外支出	6 000	
贷:待处理财产损溢		6 000

固定资产盘盈的账务处理比较特殊。新会计准则下,固定资产盘盈不必经过待处理财产损溢核算,也不再记入管理费用或营业外收入,而是利用"以前年度损益调整"入账。这部分账务处理将在后续课程介绍。

（五）应收、应付款清查结果的处理

在财产清查中查明确实无法收回的应收款项和无法支付的应付款项,不通过"待处理财产损溢"科目进行核算。

我国企业会计准则规定,对应收款项应合理计提坏账准备。"坏账准备"账户属于资产类备抵账户。企业可自行确定计提坏账准备的方法。但计提方法一经确定,不得随意变更。对于财产清查中不能收回的应收款项应当查明原因,追究责任。对于确实无法收回的款项,应当按照企业管理权限,经股东大会或董事会,或经理(厂长)会议或类似机构批准作为坏账损失,冲销提取的坏账准备,借记"坏账准备"账户,贷记"应收账款"等账户。已确认并转销的坏账损失,如果以后又收回,按实际收回的金额,借记"应收账款"等账户,贷记"坏账准备"账户;同时,借记"银行存款"科目,贷记"应收账款"等账户。

我国企业会计准则规定,对确实无法支付的应付账款,直接转入营业外收入。

这部分账务处理在后续课程介绍。

练习题

一、库存现金清查

[目的]练习库存现金清查与账务处理方法。

[资料]假设瑞奇公司20××年3月发生如下交易或事项。

1.在库存现金清查中发现长款(盘盈)100元,未查明原因。经批准转作企业的营业外收入。

2.在库存现金清查中发现短款(盘亏)100元,经查明系出纳员的保管责任,应由出纳员赔偿。

[要求]根据资料编制批准前后两个环节的会计分录。

二、银行存款清查

[目的]练习银行存款清查与银行存款余额调节表的编制。

[资料]假设瑞奇公司20××年3月31日接到开户银行转来的对账单,余额为316 000元;当日银行存款日记账余额为324 000元。经核对,发现有四笔未达账项。

1.3月30日企业收到购货方开出的用于支付货款的转账支票12 800元。支票已送存银行,企业已登记银行存款增加,银行尚未登记企业存款增加。

2.3月30日企业开出转账支票用于支付广告费70 800元。企业已登记银行存款减少。持票人尚未到银行办理转账手续。银行尚未登记企业存款减少。

3.3月31日,根据三方协议,银行从企业存款中代企业支付水电费98 000元。银行已登记企业存款减少。企业尚未登记银行存款减少。

4.3月31日,银行代企业收到客户汇来的前欠货款32 000元。银行已登记企业存款增加。企业尚未登记银行存款增加。

[要求]根据资料编制银行存款余额调节表。

银行存款余额调节表
20××年3月31日

项目	金额	项目	金额
银行存款日记账余额		银行对账单余额	
加:银行已收企业未收		加:企业已收银行未收	
减:银行已付企业未付		减:企业已付银行未付	
调整后余额		调整后余额	

三、存货清查

[目的]练习存货清查结果的账务处理方法。

[资料]假设瑞奇公司20××年3月发生如下交易或事项。

1.盘盈甲材料3 000元。经核查,属计量误差造成。经批准冲减企业的管理费用。

2.盘亏乙材料9 000元。经核查,其中的1 800元属于定额内自然损耗造成,1 200元属于计量误差造成,经批准计入企业的管理费用;其中的1 000元属保管员王某责任,责令其赔偿,从下月工资中扣除;其中的5 000元属于暴雨袭击,按规定保险公司应赔偿4 000元,经批准其余1 000元计入营业外支出。

[要求]根据资料编制经批准前后的会计分录。

四、固定资产盘亏

[目的]练习固定资产盘亏的账务处理方法。

[资料]假设瑞奇公司20××年3月发生如下交易或事项。

盘亏机床一台,账面价值为43 000元,已提折旧13 000元。经核查属于自然灾害所致。按规定保险公司赔偿25 000元,款项尚未收到。经批准,其余损失作营业外支出处理。

[要求]根据资料编制经批准前后的会计分录。

✍ 自测　客观题、答案及解析

客观题

客观题
答案及解析

第九章　账务处理程序

学习目标

通过本章的学习,学生了解账务处理程序的概念、种类及建立账务处理程序的意义,熟悉账务处理程序的种类,熟悉记账凭证账务处理程序、科目汇总表账务处理程序采用的主要载体、基本步骤,理解各种会计处理组织程序的特点。

学习要求

重点熟悉记账凭证账务处理程序、科目汇总表账务处理程序采用的主要载体、基本步骤,重点理解各种账务处理程序的特点。

课程思政

会计师事务所、资产评估机构、税务师事务所、代理记账机构等中介机构要严格依法履行审计鉴证、资产评估、税收服务、会计服务等职责,确保独立、客观、公正、规范执业。

——节选自中共中央办公厅　国务院办公厅印发《关于进一步加强财会监督工作的意见》(2023-02-15)

引例　企业合理规划和管理账务处理程序

随着数字化时代的到来,企业会计面临着越来越多的挑战。要想保证财务的准确性和可靠性,必须对账务处理程序进行合理的规划与管理。那么,企业会计应如何进行账务处理程序呢?

首先,企业会计应根据企业的规模和业务规模制定相应的账务处理程序。对小型企业来说,可以采用简单的账务处理方式;而对大型企业来说,则需要采用更为复杂的账务处理方式。

其次,企业会计需要对账务程序进行严格的规范与控制。这包括制定统一的账务处理标准、建立账务核对制度以及实施严格的账务审查程序等。只有这样,才能确保账务处理得准确无误。

此外,企业会计还需要借助现代化的信息技术来提高账务处理的效率。例如,利用财务软件进行账务处理,或者采用电子化发票等工具来提高账务处理的准确性和效率。

最后,企业会计需要定期对账务处理程序进行更新与优化。这包括对账务处理程序进行调整,以适应企业的发展需求。只有这样,才能确保企业会计的账务处理始终处于一个不断改进与优化的状态。

总之,企业会计在进行账务处理时,应该制定合理的账务处理程序,并严格控制和规范账务处理的各个环节。同时,还应该借助现代化的信息技术,定期对账务处理程序进行更新与优化。只有这样,才能确保企业会计的账务处理工作的顺利进行,从而为企业的发展作出贡献。

💡 启示

那么什么是账务处理程序呢? 有哪些可供选择的账务处理程序呢? 具体的程序是怎样的呢? 各有什么优势和不足呢? 我们就一起来学习这一章吧。

第一节　账务处理程序的意义和种类

一、账务处理程序的概念与种类

(一)账务处理程序的概念

账务处理程序也称会计核算形式,或会计处理组织程序,是指在会计循环中,会计主体采用的会计凭证、会计账簿、会计报表的种类和格式与记账程序有机结合方法和步骤。

在会计工作中,不仅需要填制与审核会计凭证,设置和登记账簿,进行会计报表的编制,还必须明确规定各会计凭证、会计账簿和会计报表之间的关系,使之构成一个有机整体。而不同的账簿组织、记账程序和记账方法的有机结合,就构成了不同的账务处理程序。

在实务中,可供企业选择使用的会计凭证、会计账簿和会计报表种类较多,格式也不尽相同。企业应根据自身的经营活动特点、企业规模大小和经济业务的繁简程度等实际状况,选择适用的会计凭证、会计账簿和会计报表,并合理地组织会计凭证的填制、会计账簿的登记和财务报告的编制,使之构成一个有机整体,决定其适用的账务处理程序。选择适当的账务处理程序对于准确记录和报告财务信息,提高会计核算质量和会计工作效率,以及满足内外部利益相关者的需求非常重要。

（二）账务处理程序的种类及其主要区别

1.账务处理程序的种类

目前,我国企业单位会计核算一般采用的主要账务处理程序有:记账凭证账务处理程序、科目汇总表账务处理程序和汇总记账凭证账务处理程序。除此之外,还有日记总账账务处理程序、多栏式日记账账务处理程序等。

各种账务处理程序从会计方法的应用角度看,都包括了三个主要的环节:在经济业务发生以后,取得原始凭证并根据原始凭证填制记账凭证;根据记账凭证登记有关账簿;在会计期末,根据账簿的数据资料编制财务报告。无论是哪一种账务处理程序,都是围绕以上三个环节进行的,这是各种账务处理程序的共同特征。

2.各种账务处理程序的主要区别

记账凭证账务处理程序、科目汇总表账务处理程序、汇总记账凭证账务处理程序、日记总账账务处理程序和多栏式日记账账务处理程序等账务处理程序有很多相同点,但也有区别。其主要的区别,即各个账务处理程序的特点,主要表现在登记总分类账的依据和方法不同。

从总体上来分析,登记总分类账的方法可以分为两大类,即直接登记和汇总登记。所谓直接登记,就是以记账凭证为依据直接登记总分类账的方法。记账凭证账务处理程序和日记总账账务处理程序则属于这一类。由于此类账务处理程序是直接根据记账凭证登记总账,所以其优点是手续比较简便。但是在经济业务较多的企业,登记总账的工作量会比较大。因此这一类账务处理程序适合于规模不大,经济业务量不大的小型企事业单位。所谓汇总登记,则要求定期对记账凭证以一定的方式进行汇总,依据汇总后的资料登记总分类账,这样在一定程度上简化了登记总分类账的工作。科目汇总表账务处理程序和汇总记账凭证账务处理程序则属于这一类。这一类账务处理程序的优点是简化了登记总账的工作,但是相比直接登记的方式,其缺点是汇总手续较为复杂。所以此类账务处理程序主要适用于业务量大且复杂的大中型企业。主要的几种账务处理程序的具体特点、基本内容和应用范围将在以后各节逐一介绍。

二、账务处理程序的意义

为了充分发挥会计的职能,完成会计的任务,正确、及时、全面、系统地提供各单位内部经济管理所必需的各种核算资料,满足企业外部报表使用者对会计信息的不同要求,更有效地监督经济活动,各企业都应依据《中华人民共和国会计法》,根据企业会计准则和行业会计制度的要求,结合本企业的具体情况,采用适当的账务处理程序。合理的账务处理程序,对于科学组织会计核算工作具有如下重要的意义。

①有利于规范会计处理组织工作。合理的账务处理程序可以让会计处理所涉及的企业内部各个部门之间、相关会计工作人员之间进行密切配合,让经办人员、会计人员规范操作,按照各自的职责和规范要求有条不紊地及时做好各个环节的会计处理工作,从而规范了会计处理组织工作。

②有利于提高会计处理工作的效率。合理的账务处理程序可以保证会计数据整个

处理过程的各环节有条不紊地进行,各个处理环节分工明确、责任清楚,为会计信息的及时处理与报告提供了保证,从而提高会计处理工作的效率。

③有利于提高会计处理工作的质量。合理的账务处理程序可以保证会计信息的处理在严密的系统控制之中进行,保证为经营管理者和报表的使用者提供全面、准确、有用的会计信息,从而提高会计处理工作的质量。

④有利于节约会计处理工作的成本。合理的账务处理程序可以减少不必要的核算环节和手续,避免烦琐重复,节约人力、物力,从而提高会计处理工作的效率。

第二节 记账凭证账务处理程序

一、记账凭证账务处理程序的概念和特点

记账凭证账务处理程序是指对发生的经济业务,先根据原始凭证或汇总原始凭证填制记账凭证,再直接根据记账凭证登记总分类账的一种账务处理程序。记账凭证账务处理程序是最基本的一种账务处理程序。记账凭证账务处理程序的特点是根据记账凭证直接逐笔登记总账。

二、记账凭证账务处理程序的主要载体

在记账凭证账务处理程序下,记账凭证一般使用收款凭证、付款凭证和转账凭证三种格式的专用凭证,也可采用通用记账凭证。同时应当设置现金日记账、银行存款日记账、明细分类账和总分类账。日记账和总账可采用三栏式;明细分类账可根据需要采用三栏式、数量金额式和多栏式。

三、记账凭证账务处理程序的基本步骤

记账凭证账务处理程序的基本步骤如图 9-1 所示。

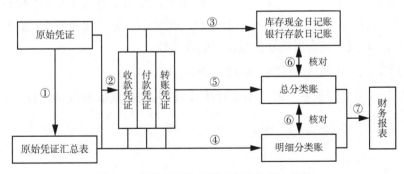

图 9-1 记账凭证账务处理程序的基本步骤

①根据原始凭证填制汇总原始凭证;

②根据原始凭证或原始凭证汇总表填制收款凭证、付款凭证和转账凭证,也可以填

制通用记账凭证；

③根据收款凭证和付款凭证,逐笔登记库存现金日记账和银行存款日记账；

④根据原始凭证、原始凭证汇总表或记账凭证,登记各种明细分类账；

⑤根据记账凭证,逐笔登记总分类账；

⑥期末,将库存现金日记账、银行存款日记账的余额和明细分类账的余额,同有关总分类账的余额核对是否相符；

⑦期末,根据总分类账和明细分类账的记录,编制财务报表。

四、记账凭证账务处理程序的优缺点与适用范围

（一）记账凭证账务处理程序的主要优点

记账凭证账务处理程序的主要优点包括：

①总分类账户登记方法简单,易于掌握。与根据科目汇总表或汇总记账凭证登记总分类账户的做法相比,根据记账凭证直接登记总分类账,是最简单的一种登记方法,也比较容易掌握。

②在总分类账上能够比较详细地反映交易或事项的发生情况。在记账凭证账务处理程序下,总分类账依据记账凭证逐笔登记,通过总分类账的记录就可以详细了解交易或事项的具体情况,同时便于核对和查证。

（二）记账凭证账务处理程序的不足

采用记账凭证会计处理程序的不足之处在于：

①登记总分类账的工作量较大。对发生的每一笔交易或事项都要根据记账凭证逐笔在总分类账中进行登记,与登记日记账和明细分类账的做法一样,但实际上是各账户在登记过程中的重复记录,势必增加登记总分类账的工作量,特别是在交易或事项数量比较多的企业,这种重复登记的工作量会更大。

②耗用账页较多,预留账页多少难以把握。由于对企业发生的所有交易或事项要在总分类账、明细分类账及日记账中重复登记,势必造成账簿设置过多,会耗用更多的账页,造成一定的账页浪费。如果在一个订本账簿上设置多个总分类账户,由于登记交易或事项的多少很难预先确定,对于每一个账户应预留多少账页很难把握,那么预留过多会造成浪费,预留过少又会影响账户登记上的连续性。

（三）记账凭证账务处理程序的适用范围

记账凭证账务处理程序一般适用于规模比较小,交易或事项数量比较少,记账凭证使用不多的企业。

第三节　科目汇总表账务处理程序

一、科目汇总表账务处理程序的概念和特点

科目汇总表账务处理程序是根据原始凭证或原始凭证汇总表编制记账凭证,根据记账凭证定期编制科目汇总表,再根据科目汇总表登记总分类账的一种账务处理程序。这种账务处理程序的特点是定期根据所有记账凭证汇总编制科目汇总表,再根据科目汇总表上的汇总数字登记总分类账。

二、科目汇总表账务处理程序的主要载体

采用科目汇总表账务处理程序时,其账簿设置、各种账簿的格式以及记账凭证的种类和格式基本上与记账凭证账务处理程序相同。即记账凭证一般使用收款凭证、付款凭证和转账凭证三种格式的专用凭证,也可采用通用记账凭证。同时应当设置现金日记账、银行存款日记账、明细分类账和总分类账。日记账和总账可采用三栏式;明细分类账可根据需要采用三栏式、数量金额式和多栏式。

但应增设科目汇总表,以作为登记总分类账的依据。科目汇总表的编制方法及格式,可参见例 6-10 及表 6-14。

三、科目汇总表账务处理程序的基本步骤

科目汇总表账务处理程序的基本步骤如图 9-2 所示。

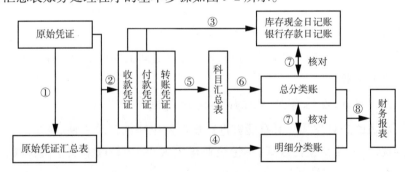

图 9-2　科目汇总表账务处理程序的基本步骤

①根据原始凭证填制汇总原始凭证;

②根据原始凭证或原始凭证汇总表填制记账凭证;

③根据收款凭证和付款凭证逐笔登记库存现金日记账和银行存款日记账;

④根据原始凭证、原始凭证汇总表或记账凭证,登记各种明细分类账;

⑤根据各种记账凭证定期编制科目汇总表;

⑥根据科目汇总表登记总分类账;

⑦期末,将库存现金日记账、银行存款日记账和明细分类账的余额,同有关总分类账的余额核对是否相符。

四、科目汇总表账务处理程序的优、缺点与适用范围

（一）科目汇总表账务处理程序的优点

①可以大大减轻登记总账的工作量。在科目汇总表账务处理程序下,可根据科目汇总表上有关账户的汇总发生额,在月中分次或月末一次性地登记总分类账,可以使登记总分类账的工作量大为减轻。

②可以进行账户发生额的试算平衡。科目汇总表的汇总结果体现了企业一定会计期间内所有总分类账户的借方发生额合计和贷方发生额合计之间的相等关系。利用这种相等关系,可以对一定会计期间编制的全部记账凭证上所有账户的发生额进行试算平衡,借以检验根据日常发生的交易或事项填制的记账凭证的正确性,便于及时发现和纠正记账凭证在填制或汇总过程中存在的错误。

③可以保证总分类账登记的正确性。在科目汇总表账务处理程序下,登记总分类账之前能够通过科目汇总表的汇总结果对所填制的记账凭证准确与否进行验证,在确认所有账户借方、贷方发生额合计数相等的基础上,再登记总分类账,在一定程度上能够保证总分类账记录的正确性。

（二）科目汇总表账务处理程序的缺点

①编制科目汇总表的工作量比较大。在科目汇总表账务处理程序中,对发生的交易或事项首先要填制各种专用记账凭证（或通用记账凭证）。在此基础上,需要定期对这些记账凭证进行汇总,编制作为登记总分类账依据的科目汇总表,增加了记账凭证汇总的工作量。

②不能清晰地反映账户间的对应关系。科目汇总表是按照各个会计科目归类汇总其发生额的,因此在该表中不能清楚地体现各账户之间的对应关系,不能清晰地反映交易或事项的来龙去脉。

（三）科目汇总表账务处理程序的适用范围

科目汇总表账务处理程序具有能够进行账户发生额的试算平衡、减少总分类账登记的工作量等优点,应用范围比较广,不论企业规模大小、交易或事项繁简,各类会计主体都可采用。

第四节　汇总记账凭证账务处理程序

一、汇总记账凭证账务处理程序的概念和特点

汇总记账凭证账务处理程序是根据原始凭证或原始凭证汇总表编制记账凭证,定期

根据记账凭证分类编制汇总收款凭证、汇总付款凭证和汇总转账凭证,再根据汇总记账凭证登记总分类账的一种账务处理程序。汇总记账凭证账务处理程序的主要特点是先根据记账凭证编制汇总记账凭证,再根据汇总记账凭证登记总分类账。

二、汇总记账凭证账务处理程序的主要载体

采用汇总记账凭证账务处理程序时,除应设置收款凭证、付款凭证和转账凭证外,同时还应增设汇总记账凭证、汇总收款凭证和汇总转账凭证,以作为登记总分类账的依据。其账簿设置、各种账簿的格式以及记账凭证的种类和格式基本上与记账凭证账务处理程序相同。同时应当设置现金日记账、银行存款日记账、明细分类账和总分类账。日记账和总账可采用三栏式;明细分类账可根据需要采用三栏式、数量金额式和多栏式。另外,总分类账的账页格式增设"对应账户"栏。

三、汇总记账凭证账务处理程序的基本步骤

汇总记账凭证账务处理程序的基本步骤如图 9-3 所示。

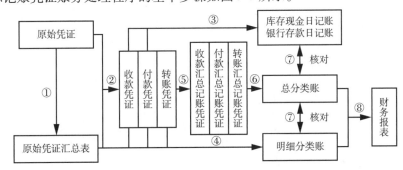

图 9-3　汇总记账凭证账务处理程序的基本步骤

①根据原始凭证填制汇总原始凭证;

②根据原始凭证或原始凭证汇总表填制收款凭证、付款凭证和转账凭证;

③根据收款凭证、付款凭证逐笔登记现金日记账和银行存款日记账;

④根据原始凭证、原始凭证汇总表或记账凭证,登记各种明细分类账;

⑤根据各种记账凭证定期编制有关汇总记账凭证;

⑥根据编制的汇总记账凭证登记总分类账;

⑦期末,将库存现金日记账、银行存款日记账和明细分类账的余额,分别与有关总分类账的余额核对是否相符;

⑧期末,根据总分类账和明细分类账的记录,编制财务报表。

四、汇总记账凭证账务处理程序的优、缺点与适用范围

(一)汇总记账凭证账务处理程序的优点

①汇总记账凭证是根据记账凭证,按照科目对应关系进行分类与汇总后编制的,能够反映有关科目之间的对应关系,便于查对和分析账目。

②总分类账根据汇总记账凭证定期登记,这减轻了登记总分类账的工作量。

（二）汇总记账凭证账务处理程序的不足

①汇总转账凭证是按每一贷方科目编制汇总,而不是根据交易或事项的性质来归类汇总,不利于会计核算的日常分工。

②当转账凭证较多时,编制汇总转账凭证的工作量较大。

（三）汇总记账凭证账务处理程序的适用范围

汇总记账凭证账务处理程序适用于规模较大、收付款业务发生较多的单位。

✍ **自测　客观题、答案及解析**

客观题

客观题
答案及解析

第十章　财务报告

学习目标

通过本章的学习,使学生掌握财务报告的概念、作用及内容,熟悉财务报告的种类与列报要求,掌握资产负债表和利润表的概念、列示要求、列示格式和列示方法,了解财务报表附注的概念、披露要求和披露内容。

学习要求

重点掌握财务报告的概念、作用及内容,资产负债表和利润表的概念、列示要求、列示格式和列示方法。

课程思政

注册会计师协会、资产评估协会、注册税务师协会、银行业协会、证券业协会等要充分发挥督促引导作用,促进持续提升财会信息质量和内部控制有效性。

——节选自中共中央办公厅　国务院办公厅印发《关于进一步加强财会监督工作的意见》(2023-02-15)

引例　作威作福　终尝恶果

(续第五章引例)某股份有限企业(集团)原董事长、法定代表人李某因涉嫌提供虚假财务报告罪,被司法机关依法予以追诉。此前,该企业其他涉嫌犯罪的相关责任人已分别被司法机关依法追究刑事责任。该企业巨额亏空及造假事件,经证监会查明,该企业上市前采取虚提返利、少计费用、费用跨期入账等手段,虚增利润近2 000万元,并据此制作了虚假的上市申报材料;上市后3年采取虚假返利、费用挂账、无依据冲减成本及费用、费用跨期入账等手段,累计虚增利润近1.5亿元。另外还存在股本金不实、上市报告书重大遗漏、年报信息披露有虚假记载、误导性陈述或重大遗漏等问题。该企业的行为已触犯《中华人民共和国刑法》第一百六十一条的规定,涉嫌提供虚假财务报告罪,李某作为企业的董事长、法定代表人负有直接责任,应当依法予以追诉。

💡 启示

　　企业可能因为发行股票、维持上市资格、获取信贷资金、业绩考核甚至政治目的等动机而出现粉饰财务报表的违法行为。基于业绩考核、获取信贷资金、发行股票、政治目的,会计报表粉饰一般会以利润最大化、利润均衡化的形式出现;基于减少纳税等目的,会计报表粉饰一般以利润最小化和利润清洗的形式出现。就国有企业和上市企业而言,危害性最大的会计报表粉饰是利润最大化,即所谓的虚盈实亏、隐瞒负债。

　　那么应该怎样按照《企业会计准则》规定的财务报告编制要求来进行财务报表的列报和披露呢? 我们通过本章一起来学习。

第一节　财务报告概述

一、财务报告的概念与作用

(一)财务报告的概念

　　财务报告又称财务会计报告,是指企业对外提供的反映企业某一特定日期的财务状况和某一会计期间的经营成果、现金流量等会计信息的文件。财务报告至少应当包括下列组成部分:资产负债表、利润表、现金流量表、所有者权益(或股东权益)变动表以及附注。

　　财务报告的概念至少包括以下几层含义。

　　①财务报告应当是对外报告,其服务对象主要是投资者、债权人等外部使用者。对外财务报告的目的是在企业管理层与外部信息使用者存在信息不对称的情况下,通过向外部信息使用者提供有用的会计信息,帮助其做出相关经济决策,承担这一功能的信息载体便是财务报告。财务报告是财务会计确认和计量的最终成果,是沟通企业管理层与外部信息使用者的桥梁和纽带。会计上为满足企业内部管理的需要而编制的报告不属于财务报告的范畴。

　　②财务报告应当综合反映企业的生产经营情况,能够从整体上勾画企业财务状况和经营成果的全貌。财务报表是企业财务报告的重要组成部分,主要包括资产负债表、利润表和现金流量表等。其中,资产负债表反映的是企业在某一特定日期的资产、负债和所有者权益,从总体上反映企业的财务状况;利润表反映企业某一会计期间的收入、费用和利润(或亏损),从总体上反映企业的经营成果;现金流量表反映企业某一会计期间的现金流入和现金流出,从某一方面反映企业的财务状况。

③财务报告必须形成一套系统的文件,能够提供系统、完整的信息。财务报告是在一定会计期末由会计人员根据本期账簿记录所提供的数据资料,按照规范的列报要求进行汇总和加工编制并形成的一套系统的文件。财务报告文件既是企业会计工作的定期总结,也是为了向企业外部的财务报告使用者提供系统、完整的信息。

(二)财务报告的作用

根据我国《企业会计准则》的规定,企业编制财务报告的主要目的是向财务报告使用者提供对其经济决策有用的会计信息。财务报告使用者主要包括投资者、债权人、政府及其有关部门和社会公众等。

①有助于投资者作出投资等经济决策。投资者是企业经营资金的主要提供者。投资者通过企业提供的财务报告,可以了解、掌握其所投资企业的财务状况和经营成果等信息,并据以考核企业管理层履行受托责任情况。企业的财务报告有助于投资者作出是否向企业投资或撤回投资,以及是否继续聘用现任企业管理者等经济决策。

②有助于债权人作出贷款等经济决策。债权人是企业经营资金的又一主要提供者。债权人通过企业提供的财务报告,可以了解企业的偿债能力和偿债保证程度等信息。企业的财务报告有助于债权人作出是否向企业贷款、贷款多少或是否收回贷款等经济决策。

③有助于政府经济管理部门作出宏观经济调控等经济决策。企业的财务报告能够为政府宏观经济管理部门(如统计部门和税务部门等)提供资源分配和税费征缴基数等方面的信息,有助于政府经济管理部门进行宏观经济调控,加强宏观经济管理。

④有助于社会公众作出相应的经济决策。社会公众中包括供应商和客户等,这些财务报告使用者的经济利益与企业也有密切联系。例如,供应商为企业提供材料和设备,需要考虑企业的信誉以及支付货款的经济实力等,进而作出是否向企业供货、采取什么样的货款结算方式等经济决策;客户是企业产品的主要消费者,他们在购买企业的产品时,一方面特别注重产品的质量,另一方面也要考虑企业的售后服务体系是否健全等,进而作出是否购买企业产品的经济决策。

二、财务报告的内容

企业的财务报告至少包括以下内容。

(一)资产负债表

资产负债表是反映企业某一特定日期的财务状况的财务报表。通过资产负债表,可以了解企业在某一特定日期资产、负债、所有者权益状况,据以分析企业的资源配置和偿债能力。

(二)利润表

利润表也称损益表,是反映企业在一定会计期间的经营成果的财务报表。通过利润表,可以了解企业在一定期间内的收入和费用情况,据以分析、判断企业的盈利能力和利润来源。

（三）现金流量表

现金流量表是反映企业在一定会计期间现金和现金等价物流入和流出的财务报表。通过现金流量表,能够发现企业在一定会计期间内现金流入、流出情况及其原因,有助于投资者、债权人预测企业未来现金流量,评估企业资产的流动性和偿债能力。

（四）所有者(股东)权益变动表

所有者(股东)权益变动表是反映构成所有者权益的各组成部分当期的增减变动情况的报表。通过所有者(股东)权益变动表,使报表使用者能够理解企业所有者权益增减变动的根源,把握企业的综合收益。

（五）财务报表附注

财务报表附注是为了便于财务报告使用者理解财务报表的内容而对财务报表的编制基础、编制依据、编制原则和方法及主要项目等所作的解释。财务报表附注是财务报告的一个重要组成部分,它有利于增强会计信息的可理解性,提高会计信息可比性和突出重要的会计信息。

三、财务报表的种类

企业所编制的财务报表可以按不同的标志划分为不同的类别。

（一）按反映的经济内容分类

按照财务报表所反映的经济内容的不同,可以分为反映财务状况的报表、反映经营成果的报表、反映现金流量的报表等。反映财务状况的报表,如资产负债表;反映经营成果的报表,如利润表;反映现金流量的报表,如现金流量表。

（二）按资金运动形态分类

按照财务报表反映的资金运动形态,可以分为静态报表和动态报表。静态报表是指反映企业在某一日期终了时资金运动变化处于相对静止状态的报表,如资产负债表;动态报表是反映企业在一定时期内资金运动变化情况的报表,如利润表和现金流量表。

（三）按编报时间分类

按照财务报表的编报时间,可以分为中期报表和年报。中期报表是指短于一年的会计期间编制的会计报表,如月报、季报、半年报。月报、季报是指月度和季度终了提供的财务报告;半年报是指在每一年度的前6个月结束后提供的财务报告。年报是指年度终了对外提供的财务报告。其中,半年报和年报要求揭示完整、反映全面,全面反映企业财务状况、经营成果及其分配、现金流量等方面内容。季报的种类比年报少一些。月报要求简明扼要、及时反映,只包括一些主要的报表,如资产负债表、利润表等。

（四）按编制主体分类

按照财务报表的编制主体,可以分为个别报表、合并报表和汇总报表。个别报表是指某一会计主体在会计核算基础上,根据账簿资料编制的财务报表;合并报表是指由母公司编制的包括所有控股子公司财务报表的有关数据的报表;汇总报表是指由企业主管部门或上级机关根据所属单位上报的财务报表和汇总单位本身的财务报表汇总编制的综合性财务报表。

（五）按行业性质分类

财务报表格式和附注分别由一般企业、商业银行、保险公司、证券公司等企业类型予以规定。企业应当根据其经营活动的性质，确定本企业适用的财务报表格式和附注。本章将以一般企业财务报表进行列报和说明。

四、财务报表列报的基本要求

财务报表列报是指将企业发生的经济业务在报表中进行列示且在附注中进行披露。列示通常是指利用资产负债表、利润表和现金流量表等报表提供有关信息。披露通常是指利用财务报表附注提供有关信息。财务报表列报应遵循如下要求。

（一）以企业的持续经营作为列报的基础

企业应当以持续经营为基础，根据实际发生的交易和事项，按照《企业会计准则——基本准则》和其他各项会计准则的规定进行确认和计量，并在此基础上编制财务报表。企业如有近期获利经营的历史且有财务资源支持，则通常表明以持续经营为基础编制财务报表是合理的。

在编制财务报表的过程中，企业管理层应当利用所有可获得信息来评价企业自报告期末起至少 12 个月的持续经营能力。评价时需要考虑宏观政策风险、市场经营风险、企业目前或长期的盈利能力、偿债能力、财务弹性以及企业管理层改变经营政策的意向等因素。

评价结果表明对持续经营能力产生重大怀疑的，企业应当在附注中披露导致对持续经营能力产生重大怀疑的因素以及企业拟采取的改善措施。

如果企业正式决定或被迫在当期或将在下一个会计期间进行清算或停止营业的，则表明以持续经营为基础编制财务报表不再合理。企业应当采用其他基础编制财务报表，如破产企业的资产采用可变现净值计量、负债按其预计的结算金额计量等。在这种情况下，企业应当在附注中声明财务报表未以持续经营为基础编制的事实、披露未以持续经营为基础编制的原因和财务报表的编制基础。

（二）遵循会计准则进行确认和计量

企业应当根据实际发生的交易和事项，按照《企业会计准则》的规定进行确认和计量，并在此基础上编制财务报表。企业不应以附注披露代替确认和计量，不恰当的确认和计量也不能通过充分披露相关会计政策而纠正。

（三）遵循列报的一致性要求并列报比较信息

一致性要求财务报表项目的列报应当在各个会计期间保持一致，不得随意变更。列报项目的名称、分类和排列顺序等都应保持一致。但是当会计准则要求改变财务报表项目的列报或企业经营业务的性质发生重大变化或对企业经营影响较大的交易或事项发生后，变更财务报表项目的列报能够提供更可靠、更相关的会计信息，也可以做相应改变。

列报比较信息要求企业当期财务报表的列报,至少应当提供所有列报项目上一个可比会计期间的比较数据,以及与理解当期财务报表相关的说明。财务报表的列报项目发生变更的,应当至少对可比期间的数据按照当期的列报要求进行调整,并在附注中披露调整的原因和性质,以及调整的各项目金额。对可比数据进行调整不切实可行的,应当在附注中披露不能调整的原因。列报比较信息的目的是为财务报告使用者提供对比数据,反映企业财务状况、经营成果和现金流量的变动趋势,更有利于财务报告使用者进行经济决策分析。

（四）遵循重要性要求进行财务报表项目的列报

重要性的基本判断标准为:在合理预期下,财务报表某项目的省略或错报会影响使用者据此作出经济决策的,该项目具有重要性。

重要性应当根据企业所处的具体环境,从项目的性质和金额两方面予以判断。判断项目性质的重要性,应当考虑该项目在性质上是否属于企业日常活动、是否显著影响企业的财务状况、经营成果和现金流量等因素;判断项目金额大小的重要性,应当考虑该项目金额占资产总额、负债总额、所有者权益总额、营业收入总额、营业成本总额、净利润、综合收益总额等直接相关项目金额的比重或所属报表单列项目金额的比重。对各项目重要性的判断标准一经确定,不得随意变更。

如果某项目单独看具有重要性,则应当单独列报,如资产负债表中的"交易性金融资产""应收票据""应收账款""预付账款""固定资产""短期借款"等项目;如果不具有重要性,可与其他项目合并列报,如资产负债表中的"货币资金""其他应收款""存货""其他应付款"等项目。

（五）遵循财务报表项目金额间不得相互抵消列报要求

财务报表项目应当以总额列报,资产项目和负债项目的金额、收入项目和费用项目的金额、直接计入当期利润的利得项目和损失项目的金额不得相互抵消,即不得以净额列报。这是因为如果以上项目相互抵消后列报,所提供的信息就不完整,信息的可比性也会大大降低。例如,如果将企业的应收款项(资产)和预收款项(负债)相互抵消后列报,就掩盖了交易的经济实质,财务报告使用者很难根据这样的信息做出正确的判断。

但《企业会计准则》中另有规定的以下两种情况不属于抵消列报:①资产或负债项目按扣除备抵项目后的净额列示,不属于抵销。②非日常活动产生的利得和损失,以同一交易形成的收益扣减相关费用后的净额列示更能反映交易实质的,不属于抵消。

（六）遵循财务报表表首的列报要求

财务报表一般分为表首、正表两部分。在表首部分,企业应当披露下列基本信息:①编报企业的名称。②报表的列报时限。资产负债表须列示资产负债表日(某一特定日期);利润表、现金流量表和所有者(股东)权益变动表列示财务报表涵盖的会计期间。③人民币金额单位。按照我国《企业会计准则》的规定,企业应当以人民币作为记账本位币列报,并标明金额单位,如元、万元等。④财务报表是合并财务报表的,应当予以标明。

（七）遵循报告期间规定的要求

企业至少应当按年编制财务报表。根据《中华人民共和国会计法》规定,会计年度自公历 1 月 1 日起至 12 月 31 日止。有些企业可能是在年度中间设立的,存在年度财务报表涵盖的期间短于一年的情况,企业应当披露年度财务报表的实际涵盖期间、短于一年的原因并说明由此引起的报表数据不具可比性的事实。

第二节　资产负债表

一、资产负债表的概念、作用与列示总体要求

（一）资产负债表的概念

资产负债表是反映企业某一特定日期财务状况的财务报表。

对资产负债表概念的理解应特别注意两点:一是"某一特定日期"这一特定的时间概念;二是"财务状况"这一特别反映的内容。

①资产负债表特定的时间概念。概念中的"特定日期"是指企业编制资产负债表的那一日,一般是指一定会计期间(月度、季度和年度等)的最后一日。这一"特定日期"也称"资产负债表日"。例如,编制某一月度的资产负债表时,"特定日期"就是指该月的最后一日;编制某一年度的资产负债表时,"特定日期"就是该年度的最后一日,即该年的 12 月 31 日。

强调"资产负债表日"很有现实意义,因为对于持续经营的企业而言,其财务状况在每一个时点都会呈现出不同的状态。但一般而言企业并不需要反映每天的财务状况,只有在按要求的编报时间编制资产负债表时才有必要。所以,企业对所编制的资产负债表反映的具体是哪一天的财务状况必须清楚地界定。

②资产负债表反映的主要内容。概念中的"财务状况"就是企业的资金状况,具体包括资金的存在形态和资金的来源渠道两方面。在资产负债表上,"资产"部分提供企业资产的分布形态等信息;"负债"和"所有者权益"两部分提供企业资金的来源渠道的信息,从两个不同侧面全面地反映了企业的财务状况。

（二）资产负债表的作用

①提供企业某一特定日期的资产总额及其结构信息。资产总额及其结构信息表明企业拥有和控制的经济资源总量及其分布情况,财务报告使用者可以从中了解企业在某一特定日期掌控的资源总量及其结构,是财务报告使用者分析企业经营能力的重要资料。

②提供企业某一特定日期的负债总额及其结构信息。负债总额及其结构信息表明企业未来需要多少资产或劳务清偿债务和分布情况及清偿时间,是财务报告使用者分析企业负债状况及债务清偿能力的重要资料。

③提供企业某一特定日期的所有者权益总额及其结构信息。所有者权益总额及其结构信息表明所有者投入资本和盈余公积等在所有者权益中所占比重,是财务报告使用者判断企业资本保值增值情况的重要资料。

④提供进行财务分析的有关数据资料。通过资产负债表提供的有关数据,可以计算资产负债率、流动比率和速动比率等财务分析指标,财务报告使用者可以据以评价企业的偿债能力和资金周转能力等。例如,可以将资产负债表中的资产总额与负债总额进行比较,分析企业目前的偿债能力;也可以根据二者的对比确定企业的资产负债率,并将其与该企业其他年度的资产负债率进行比较,分析企业资产负债率的升降情况和变动趋势等。

（三）资产负债表列示的总体要求

①分类别列示。资产负债表应当按照资产、负债和所有者权益分类列示。

②资产和负债按流动性列示。资产应当按照流动资产和非流动资产两大类在资产负债表中列示,再进一步按照资产的流动性由大到小排列,按其性质分项列示。负债应当按照流动负债和非流动负债两大类在资产负债表中列示,再进一步按照负债清偿时间由短到长排列,按其性质分项列示。

③所有者权益按组成项目列示。资产负债表中的所有者权益一般按照资产的不同来源和特定用途进行分类,应当按照实收资本（或股本）、资本公积、盈余公积和未分配利润等分别列示。

二、资产负债表的列示格式

资产负债表一般有表首和正表两部分。

表首概括说明报表名称、编制单位、资产负债表日、报表编号、货币名称、计量单位等。

在正表部分,目前国际上流行的资产负债表格式主要有账户式和报告式。

账户式资产负债表因其外表与 T 型账户相似而得名。表格部分被分为左右两方,左方列示资产项目,右方列示负债和所有者权益项目。该表中资产各项目的总计数应等于负债及所有者权益各项目的总计数,从而直接体现资产、负债和所有者权益之间的内在联系,即"资产＝负债+所有者权益"。

报告式资产负债表的表格部分是上下结构。上半部分列示资产,下半部分列示负债和所有者权益。具体排列方式有两种:一种是按照"资产＝负债+所有者权益"的原理排列;另一种是按"资产-负债＝所有者权益"的原理排列。

我国《企业会计准则》规定,企业的资产负债表采用账户式。具体格式见表 10-1。

为了提供更全面的会计信息,便于比较不同时点的资产负债表数据,借以判断企业财务状况的变动情况及发展趋势,根据我国财务报表列报准则的规定,企业编制的资产负债表至少应当反映相关的两个会计期间的比较数据。因而资产负债表应对每一个项目分别列示"年初余额"和"期末余额"两栏,所以又称为比较资产负债表。相对于本年而言,资产负债表中的"年初余额"就是上一年的"年末余额",应根据上年资产负债表中的"期末余额"栏内所列数据列示。

表 10-1 账户式资产负债表

资产负债表(样表)

纳税人识别号:　　　　　　　年　月　日　　　　　　　　　　会企 01 表

编制单位:　　　　　　　　　　　　　　　　　　　　　　　　单位:元

资产	期末余额	年初余额	负债和所有者权益	期末余额	年初余额
流动资产:			流动负债:		
货币资金			短期借款		
交易性金融资产			交易性金融负债		
应收票据			应付票据		
应收账款			应付账款		
预付款项			预收款项		
应收利息			应付职工薪酬		
应收股利			应交税费		
其他应收款			应付利息		
存货			应付股利		
其他流动资产			其他应付款		
流动资产合计			一年内到期的非流动负债		
非流动资产:			其他流动负债		
可供出售金融资产			流动负债合计		
持有至到期投资			非流动负债:		
长期应收款			长期借款		
长期股权投资			应付债券		
投资性房地产			长期应付款		
固定资产			专项应付款		
在建工程			预计负债		
工程物资			递延所得税负债		
固定资产清理			其他非流动负债		
生产性生物资产			非流动负债合计		
油气资产			负债合计		
无形资产			所有者(股东)权益:		
开发支出			实收资本(或股本)		
商誉			资本公积		
长期待摊费用			减:库存股		
递延所得税资产			盈余公积		
其他非流动资产			未分配利润		
非流动资产合计			所有者(股东)权益合计		
资产总计			负债和所有者(股东)权益总计		

三、资产负债表各项目"期末余额"栏的列示方法

（一）资产负债表"期末余额"栏根据总账账户的期末余额直接填列

如资产负债表中的"短期借款""应付票据""应付职工薪酬""应交税费""应付利息""应付股利""实收资本（或股本）""资本公积""库存股""盈余公积"等项目的数字，可以分别根据"短期借款""应付票据""应付职工薪酬""应交税费""应付利息""应付股利""实收资本（或股本）""资本公积""库存股""盈余公积"等总账账户的期末余额直接填列。

[例10-1]　某企业本月末"短期借款"总账账户贷方余额为200 000元，"股本"总账账户贷方余额为50 000 000元。

资产负债表"短期借款"项目=200 000（元）

资产负债表"股本"项目=50 000 000（元）

（二）资产负债表"期末余额"栏根据有关总账账户期末余额加计汇总列示

如资产负债表中的"货币资金"项目，应根据"库存现金""银行存款""其他货币资金"三个总账科目余额的合计数填列。这是因为会计上并没有设置"货币资金"账户，企业的货币资金是用"库存现金""银行存款""其他货币资金"等账户反映的，因此资产负债表中"货币资金"项目的数字就应该根据这些账户的期末余额合计数填列。又如，用来反映企业"存货"项目内容的账户有"在途物资""原材料""生产成本""库存商品"等。资产负债表中的"存货"项目应根据这些账户的余额合计数列示。

[例10-2]　某企业本月末"库存现金"总账账户借方余额为5 000元，"银行存款"总账账户借方余额为230 000元。

资产负债表"货币资金"项目=5 000+230 000=235 000（元）

（三）资产负债表"期末余额"栏根据明细账账户余额计算填列

采用这种方法的原因在于，填列资产负债表上的有些项目所依据的有关明细账户既有正常方向的余额，体现其所隶属的总账账户余额的性质；也有相反方向的余额，与其所隶属的总账账户的性质相悖，并且与其他总账账户余额的性质趋同。因此，需要根据不同明细账户不同方向余额的经济性质确定其在资产负债表上所应列示的项目。

①"应付账款"项目和"预付账款"项目期末数的列示。资产负债表上的"应付账款"项目和"预付账款"项目是依据"应付账款"账户和"预付账款"账户的余额填列的。如果这两个账户的所有明细账户的余额方向都是正常的，采用直接填列的方法即可。但是，如果这两个账户所属的明细账户出现了相反方向的余额，则应具体认定各明细账户余额的经济性质，再确定其应列示于资产负债表中的哪个项目。

"应付账款"账户属于负债性质，其正常方向的余额应当在贷方，表示企业尚未偿还的应付供应商的货款等。在正常情况下，其明细账户的贷方余额也应该属于负债性质。但在个别情况下，该账户所属的明细账户可能会出现借方余额。例如，企业在向某供应商偿还原拖欠货款的同时，又向该供应商预付了一笔货款准备购买另一批商品，连同偿

还的货款一并支付给了供应商,并记入"应付账款"账户的借方。这时,"应付账款"所属的明细账户就会出现借方余额。但这种余额已经不是应付账款(负债),而是变成了预付账款(资产)。在此情况下,对"应付账款"该明细账户相反方向(借方)的余额,在资产负债表上就应该填入"预付账款"项目,而不是填入"应付账款"项目。同理,如果"预付账款"(资产)所属的明细账户出现了相反方向(贷方)的余额,其性质也不再属于资产性质,而属于负债性质(应付账款)。这种情况下,其余额在资产负债表上就应填入"应付账款"项目,而不是填入"预付账款"项目。

[例 10-3]　某企业本月末"应付账款"和"预付账款"总账账户及其所属明细账户的余额情况如下。

"应付账款"总账账户余额　　　　　　　　　　　　400 000(元)(贷方)
　　"应付账款——X 企业"明细账户余额　　　　　　200 000(元)(贷方)
　　"应付账款——Y 企业"明细账户余额　　　　　　100 000(元)(借方)
　　"应付账款——Z 企业"明细账户余额　　　　　　300 000(元)(贷方)
"预付账款"总账账户余额　　　　　　　　　　　　50 000(元)(借方)
　　"预付账款——D 企业"明细账户余额　　　　　　80 000(元)(借方)
　　"预付账款——E 企业"明细账户余额　　　　　　30 000(元)(贷方)

由于以上两个总账账户所属的明细账户都存在相反方向的余额,因而资产负债表上的"应付账款"项目和"预付账款"项目"期末数"栏不能直接按这两个总账账户的月末余额填列,而应该根据其所属明细账户余额的性质填列。

"应付账款——Y 企业"明细账户借方余额 100 000 元为相反方向的余额,具有预付账款的性质,应与"预付账款"所属明细账户正常方向上的余额一起,填入资产负债表的"预付账款"项目。

"预付账款——E 企业"明细账户贷方余额 30 000 元为相反方向的余额,具有应付账款的性质,应与"应付账款"所属明细账户正常方向上的余额一起,填入资产负债表的"应付账款"项目。

资产负债表"应付账款"项目 = 200 000 + 300 000 + 30 000 = 530 000(元)

资产负债表"预付账款"项目 = 80 000 + 100 000 = 180 000(元)

②"应收账款"项目和"预收账款"项目期末数的列示。资产负债表上的"应收账款"项目和"预收账款"项目是依据"应收账款"账户和"预收账款"账户的余额填列的。如果这两个账户的所有明细账户的余额方向都是正常的,采用直接填列的方法即可。但是,如果这两个账户所属的明细账户出现了相反方向的余额,则应具体认定各明细账户余额的经济性质,再确定其应列示于资产负债表中的哪个项目。

"应收账款"账户属于资产性质,其正常方向的余额应当在借方,表示企业尚未收回的应收款项。在正常情况下,其明细账户的借方余额也应该属于资产性质。但在个别情况下,该账户所属的明细账户可能会出现贷方余额。例如,企业在收到某客户原欠货款的同时,一并收到该客户交来的订购下一批产品的货款,记入了"应收账款"账户的贷方。这时,"应收账款"所属的明细账户就会出现贷方余额。但这种余额已经不是应收账款

(资产),而是变成了预收账款(负债)。在此情况下,对"应收账款"该明细账户相反方向(贷方)的余额,在资产负债表上就应该填入"预收账款"项目,而不是填入"应收账款"项目。同理,如果"预收账款"(负债)所属的明细账户出现了相反方向(借方)的余额,其性质也不再属于负债性质,而属于资产性质(应收账款)。这种情况下,其余额在资产负债表上就应填入"应收账款"项目,而不是填入"预收账款"项目。

[例 10-4] 某企业本月末"应收账款"和"预收账款"总账账户及其所属明细账户的余额情况如下。

"应收账款"总账账户余额	1 000 000(元)(借方)
"应收账款——J 企业"明细账户余额	500 000(元)(借方)
"应收账款——Q 企业"明细账户余额	800 000(元)(借方)
"应收账款——K 企业"明细账户余额	300 000(元)(贷方)
"预收账款"总账账户余额	20 000(元)(贷方)
"预收账款——M 企业"明细账户余额	50 000(元)(贷方)
"预收账款——N 企业"明细账户余额	30 000(元)(借方)

由于以上两个总账账户所属的明细账户都存在相反方向的余额,因而资产负债表上的"应收账款"项目和"预收账款"项目"期末数"栏不能直接按这两个总账账户的月末余额填列,而应该根据其所属明细账户余额的性质填列。

"应收账款——K 企业"明细账户贷方余额 300 000 元为相反方向的余额,具有预收账款的性质,应与"预收账款"所属明细账户正常方向上的余额一起,填入资产负债表的"预收账款"项目。

"预收账款——N 企业"明细账户贷方余额 30 000 元为相反方向的余额,具有应收账款的性质,应与"应收账款"所属明细账户正常方向上的余额一起,填入资产负债表的"应收账款"项目。

资产负债表"应收账款"项目 = 500 000+800 000+30 000=1 330 000(元)

资产负债表"预收账款"项目 = 50 000+300 000=350 000(元)

(四)根据有关总账账户及其所属明细账户期末余额分析计算列示

如资产负债表上的"长期借款"项目,应根据"长期借款"账户余额扣除该账户所属明细账户中将在资产负债表日起一年内到期、企业不能自主地将清偿义务展期的长期借款后的金额列示。扣除的这部分金额应列示于资产负债表上的"一年内到期的非流动负债"项目中。同理,资产负债表中的"应付债券"项目和"长期应付款"项目,也应考虑与长期借款同样的情况,根据有关总账账户及其所属明细账户期末余额分析计算后列示。

[例 10-5] 某企业本月末"长期借款"和"应付债券"总账账户及其所属明细账户的余额情况如下。

"长期借款"总账账户余额	11 000 000(元)(贷方)
"长期借款——E 借款"明细账户余额	1 000 000(元)(贷方)
"长期借款——F 借款"明细账户余额	8 000 000(元)(贷方)
"长期借款——G 借款"明细账户余额	2 000 000(元)(贷方)

其中：长期借款——E借款将在资产负债表日起一年内到期且企业不能自主地将清偿义务展期。

"应付债券"总账账户余额 　　　　　　　3 000 000(元)(贷方)
　　"应付债券——P债券"明细账户余额 　　2 000 000(元)(贷方)
　　"应付债券——Q债券"明细账户余额 　　1 000 000(元)(贷方)

其中：应付债券——P债券将在资产负债表日起一年内到期且企业不能自主地将清偿义务展期。

资产负债表"长期借款"项目＝8 000 000＋2 000 000＝10 000 000(元)

资产负债表"应付债券"项目＝1 000 000(元)

资产负债表"一年内到期的非流动负债"项目＝1 000 000＋2 000 000＝3 000 000(元)

（五）根据有关账户余额减去其备抵账户余额后的净额列示

如资产负债表中的"长期股权投资"项目应根据"长期股权投资"账户的期末余额减去"长期股权投资减值准备"账户余额后的净额填列；资产负债表中的"固定资产"项目应根据"固定资产"账户的期末余额减去"累计折旧""固定资产减值准备"账户余额后的净额列示；资产负债表中的"无形资产"项目应根据"无形资产"账户的期末余额减去"累计摊销""无形资产减值准备"账户余额后的净额列示。

[例10-6]　某企业本月末"固定资产"总账借方余额50 000 000元，"累计折旧"总账贷方余额32 000 000元，"固定资产减值准备"账户贷方余额500 000元。

资产负债表"固定资产"项目＝50 000 000－32 000 000－500 000＝17 500 000(元)

（六）综合运用上述各种填列方法分析列示

如资产负债表中的"应收账款"项目，应根据"应收账款""预收账款"所属明细账户期末借方余额的合计数，再减去"坏账准备"账户期末贷方余额中的相关坏账准备后的金额填列。资产负债表中的"存货"项目，应根据"在途物资""原材料""生产成本""库存商品"等总账账户期末余额的分析汇总数，再减去"存货跌价准备"总账账户贷方余额后的金额列示。

[例10-7]　某企业本月末"在途物资"总账账户借方余额120 000元，"原材料"总账账户借方余额为550 000元，"生产成本"总账账户借方余额为130 000元，"库存商品"总账账户借方余额为270 000元。"存货跌价准备"总账账户贷方余额100 000元。

资产负债表"存货"项目＝120 000＋550 000＋130 000＋270 000－100 000＝970 000(元)

（七）"合计"数和"总计"数的列示

资产负债表中的"合计"数是对该表中所反映的某一部分项目的数据的加计汇总。例如，资产负债表左方的"流动资产合计"就是对该表中流动资产各个项目金额的加计汇总，"非流动资产合计"则是对该表中非流动资产各个项目金额的加计汇总。同理，资产负债表右方的"负债合计"和"所有者权益合计"也分别是对相关项目金额的加计汇总，应分别根据加计汇总后的金额列示。

资产负债表最后一行的两个"总计"数分别是对表中某一方所反映的全部项目金额的加计汇总,应分别根据该表左右两方的各个项目的金额计算填列,也可分别按其各部分的"合计"数加计汇总列示。

四、资产负债表列示举例

[例 10-8] 假设瑞奇公司 2022 年 12 月 31 日资产负债表见表 10-2,2023 年 12 月 31 日有关账户余额见表 10-3。根据上述资料编制瑞奇公司 2023 年 12 月 31 日的资产负债表。

表 10-2 瑞奇公司资产负债表

资产负债表

纳税人识别号: 2022 年 12 月 31 日 会企 01 表

编制单位:瑞奇公司 单位:元

资产	期末余额	年初余额	负债和所有者权益	期末余额	年初余额
流动资产:		(略)	流动负债:		(略)
货币资金	1 105 000		短期借款	200 000	
交易性金融资产			交易性金融负债		
应收票据			应付票据		
应收账款	1 200 000		应付账款	800 000	
预付款项	10 000		预收款项		
应收利息			应付职工薪酬		
应收股利			应交税费	115 500	
其他应收款	20 000		应付利息		
存货	1 030 500		应付股利		
其他流动资产			其他应付款		
流动资产合计	3 365 500		一年内到期的非流动负债	300 000	
非流动资产:			其他流动负债		
可供出售金融资产			流动负债合计	1 415 500	
持有至到期投资			非流动负债:		
长期应收款			长期借款	500 000	
长期股权投资			应付债券		
投资性房地产			长期应付款		
固定资产	9 500 000		专项应付款		
在建工程			预计负债		
工程物资			递延所得税负债		
固定资产清理			其他非流动负债		

资产	期末余额	年初余额	负债和所有者权益	期末余额	年初余额
生产性生物资产			非流动负债合计	500 000	
油气资产			负债合计	1 915 500	
无形资产	250 000		所有者(股东)权益:		
开发支出			实收资本(或股本)	10 000 000	
商誉			资本公积	400 000	
长期待摊费用			减:库存股		
递延所得税资产			盈余公积	800 000	
其他非流动资产			未分配利润		
非流动资产合计	9 750 000		所有者(股东)权益合计	11 200 000	
资产总计	13 115 500		负债和所有者(股东)权益总计	13 115 500	

表 10-3 瑞奇公司 2023 年 12 月 31 日有关账户余额

瑞奇公司 2023 年 12 月 31 日有关账户余额   单位:元

账户	借方余额	贷方余额
库存现金	4 300	
银行存款	1 102 500	
交易性金融资产		
应收票据	350 000	
应收账款	1 250 000	
其中:甲客户明细账户		100 000
预付账款		
应收利息		
应收股利		
其他应收款	30 000	
在途物资	100 000	
原材料	300 000	
库存商品	500 000	
生产成本	150 000	
固定资产	12 000 000	
累计折旧		1 000 000
无形资产	300 000	
累计摊销		120 000

续表

账户	借方余额	贷方余额
短期借款		300 000
应付票据		
应付账款		681 800
其中:A供应商明细账	80 000	
预收账款		
应付职工薪酬		
应交税费		120 000
应付利息		
长期借款		800 000
其中:将于一年内到期的		500 000
应付债券		
实收资本(或股本)		11 480 000
资本公积		400 000
盈余公积		1 008 500
利润分配		176 500
合计	16 086 800	16 086 800

根据上述资料,编制瑞奇公司2023年12月31日资产负债表,详细见表10-4。

表10-4 瑞奇公司资产负债表

资产负债表

纳税人识别号: 2023年12月31日 会企01表

编制单位:瑞奇公司 单位:元

资产	期末余额	年初余额	负债和所有者权益	期末余额	年初余额
流动资产:			流动负债:		
货币资金	1 106 800	1 105 000	短期借款	300 000	200 000
交易性金融资产			交易性金融负债		
应收票据	350 000		应付票据		
应收账款	1 350 000	1 200 000	应付账款	761 800	800 000
预付款项	80 000	10 000	预收款项	100 000	
应收利息			应付职工薪酬		
应收股利			应交税费	120 000	115 500
其他应收款	30 000	20 000	应付利息		
存货	1 050 000	1 030 500	应付股利		

资产	期末余额	年初余额	负债和所有者权益	期末余额	年初余额
其他流动资产			其他应付款		
流动资产合计	3 966 800	3 365 500	一年内到期的非流动负债	500 000	300 000
非流动资产：			其他流动负债		
可供出售金融资产			流动负债合计	1 781 800	1 415 500
持有至到期投资			非流动负债：		
长期应收款			长期借款	300 000	500 000
长期股权投资			应付债券		
投资性房地产			长期应付款		
固定资产	11 000 000	9 500 000	专项应付款		
在建工程			预计负债		
工程物资			递延所得税负债		
固定资产清理			其他非流动负债		
生产性生物资产			非流动负债合计	300 000	500 000
油气资产			负债合计	2 081 800	1 915 500
无形资产	180 000	250 000	所有者（股东）权益：		
开发支出			实收资本（或股本）	11 480 000	10 000 000
商誉			资本公积	400 000	400 000
长期待摊费用			减：库存股		
递延所得税资产			盈余公积	1 008 500	800 000
其他非流动资产			未分配利润	176 500	
非流动资产合计	11 180 000	9 750 000	所有者（股东）权益合计	13 065 000	11 200 000
资产总计	15 146 800	13 115 500	负债和所有者（股东）权益总计	15 146 800	13 115 500

第三节　利润表

一、利润表的概念、作用与列示总体要求

（一）利润表的概念

利润表是反映企业在一定会计期间经营成果的财务报表。

对利润表概念的理解要从两个方面进行。

①利润表"一定会计期间"这一特定的时间概念。"一定会计期间"强调的是一个时间过程,而非一个特定的时间点。这是因为为确定经营成果而在利润表中列示的收入是在一定的会计期间内陆续实现的,所列示的费用也是在一定的会计期间内陆续发生的。收入和费用是企业在一定的会计期间内多次发生额的累积结果,并不是在某个时间点上一次性实现或发生的。

②利润表反映的"经营成果"这一特定内容。经营成果主要是指企业将一定会计期间内取得的收入与同一会计期间发生的相关费用进行比较的结果。如果收入大于费用,即实现了利润;反之则为发生了亏损。可以直接计入利润表的利得和损失,也会对企业的利润总额产生影响。利得会增加企业的利润总额,损失会减少企业的利润总额。

（二）利润表的作用

①可以提供企业一定会计期间的收入和费用信息。编制利润表时,将该会计期间的收入和费用金额从有关账户抄入利润表的有关项目栏。财务报告使用者通过阅读利润表就可以了解企业在一定会计期间内收入实现和费用发生的具体情况。

②可以提供企业一定会计期间的经营成果信息。将抄列入利润表的收入和费用按照一定的方法进一步加工,即可提供企业在一定会计期间的经营成果及其构成情况。财务报告使用者通过阅读利润表可以了解企业日常活动实现的经营成果、非日常活动的营业外收支对利润的影响,据以判断企业资本的保值增值等情况。

③可以提供分析企业盈利能力的有关数据资料。利用利润表提供的对比数据,财务报告使用者可以将企业在不同会计期间的收入、费用和利润进行对比,也可以与同行业其他企业的利润水平进行对比,分析和预测企业的盈利能力。还可以将利润表信息与资产负债表信息相结合,对企业的财务状况进行深入分析。通过计算出应收账款周转率、资产收益率等财务指标,可以分析判断企业的资金周转情况和盈利水平,从而作出相应的经济决策。

（三）利润表的列示总体要求

①收入列报要求。收入按照重要性顺序填列:营业收入、投资收益、营业外收入,便于分清主次,把握重点。

②费用列报要求。费用按照其功能进行分类列报。一般将从事生产经营活动发生的成本和期间费用(销售费用、管理费用和财务费用)分开列报,便于清晰地揭示企业经营业绩的主要来源和结构。

③利润列报要求。利润按照财务成果由大到小的顺序列报:营业利润、利润总额、净利润,便于了解净利润的形成和利润分配的流程。

二、利润表的列示格式和基本内容

（一）利润表的列示格式

利润表一般有表首和正表两部分。

表首概括说明报表名称、编制单位、会计期间、报表编号、货币名称、计量单位等。

在正表部分,利润表的格式主要有单步式和多步式两种。

单步式利润表是在表中先列示企业当期所有收入项目的金额,并计算出收入合计数;再列示当期所有费用项目的金额,并计算出费用合计数;之后用收入合计数减去费用合计数,一次性计算比较出当期净利润(或净亏损)。这种格式的利润表列示方法比较简单,但不便于财务报告使用者理解企业经营成果的不同来源和构成。

多步式利润表是在表中将当期的收入、费用等项目按性质分类,并按利润形成的主要环节列示一些中间性利润指标,即分步计算出当期净利润(或净亏损),便于财务报告使用者理解企业经营成果的不同来源和构成。

我国《企业会计准则》则规定,企业应当采用多步式利润表,格式见表10-5。

表 10-5　利润表(多步式样表)格式

利润表(多步式样表)

纳税人识别号:　　　　　　　年　　月　　　　　　　会企02表

编制单位:　　　　　　　　　　　　　　　　　　　　单位:元

项　目	本期金额	上期金额
一、营业收入		
减:营业成本		
税金及附加		
销售费用		
管理费用		
研发费用		
财务费用		
其中:利息费用		
利息收入		
资产减值损失		
信用减值损失		
加:其他收益		
投资收益(损失以"-"填列)		
公允价值变动收益(损失以"-"填列)		
资产处置收益(损失以"-"填列)		
二、营业利润(亏损以"-"填列)		
加:营业外收入		
减:营业外支出		
三、利润总额(亏损总额以"-"填列)		
减:所得税费用		
四、净利润(净亏损以"-"填列)		

根据财务报表列报准则的规定,企业需要提供比较利润表,以便财务报表使用者通过比较企业不同时期实现的利润情况,判断企业未来实现经营成果的趋势。因而利润表的项目按"本期金额"和"上期金额"两栏分别列示。

"上期金额"一般可采用直接抄列的方法。月度利润表中的"上期金额"应根据上年同月利润表中的"本期金额"栏所列金额填列;年度利润表中的"上期金额"应根据上年利润表中的"本期金额"栏所列金额填列。

(二)利润表的基本内容

利润表主要反映以下三项利润指标。

1.营业利润

营业利润是企业利润的主要构成部分,是以营业收入为基数,减去与之相关的营业成本、税金及附加、销售费用、管理费用、财务费用等,加上投资收益等计算而来的。营业收入是主营业务收入和其他业务收入的合计。营业成本是与上述营业收入相关的主营业务成本和其他业务成本的合计。主营业务和其他业务都属于企业在日常活动中发生的业务。

2.利润总额

利润总额是在营业利润的基础上加营业外收入,减营业外支出计算而来的。与企业的营业收入与营业成本不同,营业外收入和营业外支出是企业在非日常活动中发生的,而且两者间也不存在相互配比关系和因果关系。按照我国现行《企业会计准则》的规定,营业外收入和营业外支出应直接计入企业的利润总额。

3.净利润

净利润是从利润总额中减所得税费用计算而来的,也称为税后利润。

三、利润表各项目"本期金额"栏的列示方法

(一)根据当期有关总账账户发生额分析填列

利润表中大多数项目名称与总账账户的名称是一致的,如"税金及附加""销售费用""财务费用""资产减值损失""信用减值损失""投资收益""公允价值变动收益""资产处置收益""营业外收入""营业外支出""所得税费用"等项目,这表明利润表项目与有关账户所反映的经济内容具有一致性。这些项目可以根据有关总账账户发生额分析填列。其中"投资收益""公允价值变动收益""资产处置收益"账户如果当期发生的不是收益而是亏损,则在利润表上对应的"投资收益""公允价值变动收益""资产处置收益"项目以"-"号列示。

(二)根据当期明细账户发生额分析填列

利润表中的"研发费用"项目反映企业进行研究与开发过程中发生的费用化支出,以及计入管理费用的自行开发无形资产的摊销,应根据"管理费用"总账账户下的"研发费用"和"无形资产摊销"明细账户的发生额分析填列。

利润表中的"利息费用"和"利息收入"项目,应根据"财务费用"总账账户的相关明

细账户的发生额分析填列。

（三）根据当期有关总账账户发生额和明细账户发生额分析填列

利润表中的"管理费用"项目是根据"管理费用"总账账户的发生额,减去"管理费用"账户下的"研发费用"和"无形资产摊销"明细账户的发生额分析填列。

（四）根据有关总账账户发生额加计汇总填列

利润表表中的"营业收入"项目,应根据"主营业务收入"和"其他业务收入"两个总账账户的发生额加计汇总填列;利润表表中的"营业成本"项目,应根据"主营业务成本"和"其他业务成本"两个总账账户的发生额加计汇总填列。利润表中各利润指标根据本表有关数据计算列示的方法为:

$$营业收入=主营业务收入+其他业务收入$$
$$营业成本=主营业务成本+其他业务成本$$

（五）根据利润表有关数据计算填列

利润表中的"营业利润""利润总额""净利润"等项目数据是按照一定的计算程序要求,将表中的有关数据相加或相减计算而来的。如果计算结果为亏损,则应以"－"号填列。利润表中各利润指标根据本表有关数据计算列示的方法为:

营业利润＝营业收入－营业成本－税金及附加－销售费用－管理费用－研发费用－财务费用－资产减值损失－信用减值损失＋投资收益＋公允价值变动收益＋资产处置收益＋……

利润总额＝营业利润＋营业外收入－营业外支出

净利润＝利润总额－所得税费用

四、利润表列示举例

[**例 10-9**] 瑞奇公司 2022 年的利润表和 2023 年的收入和费用情况如下。

①瑞奇公司 2022 年的利润表见表 10-6。

表 10-6 瑞奇公司 2022 年利润表

利润表

纳税人识别号： 　　　　　　　　2022 年 　　　　　　　　　　　　　会企 02 表

编制单位： 　　　　　　　　　　　　　　　　　　　　　　　　　　　单位:元

项　　目	本期金额	上期金额
一、营业收入	17 785 000	（略）
减:营业成本	13 518 000	
税金及附加	44 000	
销售费用	890 000	
管理费用	725 000	
研发费用	0	

续表

项 目	本期金额	上期金额
财务费用	180 000	
其中:利息费用		
利息收入		
资产减值损失	0	
信用减值损失	0	
加:其他收益	0	
投资收益(损失以"-"填列)	0	
公允价值变动收益(损失以"-"填列)	0	
资产处置收益(损失以"-"填列)	0	
二、营业利润(亏损以"-"填列)	2 428 000	
加:营业外收入	0	
减:营业外支出	100 000	
三、利润总额(亏损总额以"-"填列)	2 328 000	
减:所得税费用	582 000	
四:净利润(净亏损以"-"填列)	1 746 000	

②瑞奇公司 2023 年的收入和费用情况见表 10-7。

表 10-7　瑞奇公司 2023 年的收入和费用情况

瑞奇公司 2023 年损益类账户发生额　　　　　　　　　　单位:元

账 户	借方发生额	贷方发生额
主营业务收入		20 000 000
其他业务收入		150 000
营业外收入		100 000
主营业务成本	15 000 000	
其他业务成本	120 000	
税金及附加	50 000	
销售费用	1 000 000	
管理费用	800 000	
财务费用	200 000	
营业外支出	300 000	
所得税费用	695 000	

要求:根据上述资料填列瑞奇公司 2023 年度的利润表(表 10-8)。

表 10-8　利润表

纳税人识别号:　　　　　　　　　　2023 年　　　　　　　　　　会企 02 表

编制单位:　　　　　　　　　　　　　　　　　　　　　　　　　　单位:元

项　目	本期金额	上期金额
一、营业收入	20 150 000	17 785 000
减:营业成本	15 120 000	13 518 000
税金及附加	50 000	44 000
销售费用	1 000 000	890 000
管理费用	800 000	725 000
研发费用	0	0
财务费用	200 000	180 000
其中:利息费用		
利息收入		
资产减值损失	0	0
信用减值损失	0	0
加:其他收益	0	0
投资收益(损失以"-"填列)	0	0
公允价值变动收益(损失以"-"填列)	0	0
资产处置收益(损失以"-"填列)	0	0
二、营业利润(亏损以"-"填列)	2 980 000	2 428 000
加:营业外收入	100 000	0
减:营业外支出	300 000	100 000
三、利润总额(亏损总额以"-"填列)	2 780 000	2 328 000
减:所得税费用	695 000	582 000
四、净利润(净亏损以"-"填列)	2 085 000	1 746 000

第四节　财务报表附注

一、财务报表附注的概念与披露要求

(一)财务报表附注的概念

附注是对在资产负债表、利润表等财务报表中列示项目的文字描述或明细资料,以及对未能在这些报表中列示项目的说明等。

财务报表的各项目数据是对企业的经济业务进行综合处理之后形成的,这些数据的形成往往与企业采用的会计政策有直接联系。同一项目的数据会因企业采用不同的会计政策而有所不同。例如,资产负债表中的"固定资产"项目是以固定资产净值反映的。但即使两个企业的该项目数据相同,也不能说明他们的固定资产的情况是一致的。因为不同的企业可能会采用不同的计提折旧方法和资产减值准备政策。因此仅仅只有资产负债表上数据的列报,而没有对形成数据所采用的会计政策等有关情况的说明,财务报告使用者很难充分理解这些数据。所以附注与财务报表具有同等的重要性,是财务报告的主要组成部分。

(二)财务报表附注的披露要求

①定量信息与定性信息相结合。定量信息是对在财务报表中列报项目数据的进一步披露;定性信息是对在财务报表中列报数据相关情况所做的文字说明。将定量信息与定性信息相结合,能够从量和质两个角度对企业的经济业务进行完整反映,从而满足财务报告使用者的经济决策需求。

②按一定结构进行系统合理的排序。由于附注的内容繁多,且与财务报告使用者的经济决策密切相关,因此应按逻辑顺序排列,具有一定的组织结构,分类披露,条理清晰,以方便财务报告使用者理解。

③与相关财务报表相互参照。附注主要是对财务报表中的列示项目进行文字描述或提供明细资料,因此附注中的相关信息应当与财务报表中列示的项目相互参照,以帮助财务报告使用者使用这些信息,全面理解财务报表。

二、财务报表附注披露的内容

按照《企业会计准则第30号——财务报表列报》的规定,财务报表附注一般应当按照下列顺序披露。

①企业基本情况,包括:a.企业注册地、组织形式和总部地址;b.企业的业务性质和主要经营活动;c.母公司以及集团最终母公司的名称。

②财务报表的编制基础。

③遵循企业会计准则的声明。

④重要会计政策的说明,包括财务报表项目的计量基础和会计政策的确定依据等。

⑤重要会计估计的说明,包括下一会计期间内很可能导致资产、负债账面价值重大调整的会计估计的确定依据等。

⑥会计政策和会计估计变更以及差错更正的说明。

⑦财务报表重要项目的说明。企业应当按照资产负债表、利润表和其他报表及其项目列示的顺序,对财务报表重要项目的说明采用文字和数字描述相结合的方式进行披露。

⑧或有和承诺事项、资产负债表日后非调整事项、关联方关系及其交易等需要说明的事项。

企业应当在附注中披露在资产负债表日后、财务报告批准报出日前提议或宣布发放的股利总额和每股股利金额（或向投资者分配的利润总额）。

练习题

一、资产负债表

[目的]练习资产负债表有关项目数据的计算和填列。

[资料]

1.假设在瑞奇公司12月31日的资产负债表中，某些项目的"期末余额"栏数字尚未计算填列，如下表所示。

资产负债表

		20××年12月31日			会企01表
纳税人识别号：					
编制单位：瑞奇公司					单位：元

资产	期末余额	年初余额	负债和所有者权益	期末余额	年初余额
流动资产：			流动负债：		
货币资金			短期借款	1 200 000	
交易性金融资产	250 000		交易性金融负债		
应收票据	150 000		应付票据		
应收账款			应付账款		
预付款项			预收款项		
应收利息			应付职工薪酬		
应收股利			应交税费	65 000	
其他应收款	25 000		应付利息		
存货			应付股利		
其他流动资产			其他应付款	30 000	
流动资产合计			一年内到期的非流动负债		
非流动资产：			其他流动负债		
可供出售金融资产			流动负债合计		
持有至到期投资			非流动负债：		
长期应收款			长期借款		
长期股权投资	1 500 000		应付债券		
投资性房地产			长期应付款		
固定资产			专项应付款		
在建工程			预计负债		

续表

资产	期末余额	年初余额	负债和所有者权益	期末余额	年初余额
工程物资			递延所得税负债		
固定资产清理			其他非流动负债		
生产性生物资产			非流动负债合计		
油气资产			负债合计		
无形资产	200 000		所有者(股东)权益:		
开发支出			实收资本(或股本)	10 000 000	
商誉			资本公积		
长期待摊费用			减:库存股		
递延所得税资产			盈余公积	1 900 000	
其他非流动资产			未分配利润		
非流动资产合计			所有者(股东)权益合计	12 105 000	
资产总计			负债和所有者(股东)权益总计		

2.本月与这些尚未填列项目有关的账户的余额情况如下。

库存现金	3 000
银行存款	542 000
原材料	500 000
生产成本	100 000
库存商品	800 000
应收账款	980 000
其中:X 公司	20 000(贷方余额)
固定资产	20 000 000
累计折旧	8 000 000
应付账款	650 000
其中:Y 公司	50 000(借方余额)
长期借款	3 000 000
其中:一年内到期	500 000

[要求]

(1)计算填列资产负债表中尚未列示的"货币资金""应收账款""预付账款""存货""固定资产""应付账款""预收账款""一年内到期的长期负债""长期借款""未分配利润"等项目的数据。

(2)计算填列资产负债表中的各项"合计"和"总计"的数据。

二、利润表

[目的]练习利润表的编制方法。

[资料]

1.假设瑞奇公司本年有关收入费用类账户的发生额如下。

账　户	借方发生额	贷方发生额
主营业务收入		15 000 000
主营业务成本	12 000 000	
税金及附加	50 000	
其他业务收入		150 000
其他业务成本	140 000	
销售费用	600 000	
管理费用	300 000	
财务费用	50 000	
营业外收入		100 000
营业外支出	300 000	

2.假定适用的所得税税率为25%。

[要求]

(1)列式分别计算营业收入、营业成本、营业利润、利润总额、所得税费用、净利润等报表项目的数据。

(2)列示瑞奇公司年度利润表中的"本期金额"栏的全部数据。

✍ **自测　客观题、答案及解析**

客观题

客观题
答案及解析

第十一章　大数据时代的智能会计

学习目标

通过本章的学习,学生了解大数据时代的智能会计,包括其概念、应用和发展趋势,明确智能会计对从业人员的影响,以及如何应对智能会计带来的机遇与挑战。通过对智能会计的全面认识,学生可以为会计职业发展和适应行业变革做相应的准备。

学习要求

重点理解大数据时代对会计领域的影响,以及智能会计的概念、技术和应用,了解智能会计对从业人员的机遇和挑战,以及相应的应对策略。

课程思政

统筹推进财会监督信息化建设。深化"互联网+监督",充分运用大数据和信息化手段,切实提升监管效能。

——节选自中共中央办公厅　国务院办公厅印发《关于进一步加强财会监督工作的意见》(2023-02-15)

引例　ChatGPT4 完成并通过了四大会计行业执业考试

近日,人工智能通过了公认难考的会计行业考试。美国和德国学者公布的新近研究显示,OpenAI 的最新一代 AI 语言模型 ChatGPT4 完成并通过了四大会计行业执业资格考试,包括注册会计师(CPA)、注册管理会计师(CMA)、注册内部审计师(CIA)和注册税务师(EA),平均得分高达 85.1。

研究人员指出,几个月前,ChatGPT3.5 尚没能过关,但新版 ChatGPT4 的出色表现意味着,ChatGPT"对会计和审计行业会有颠覆性的影响"。杨百翰大学 Brigham Young University 的会计学教授 David Wood 表示,之所以两代 ChatGPT 的 AI 技术性能产生差异,是因为新一代有了新的插件,这些插件赋予它"推理和行动"的能力。

不过 Wood 教授也表示,不要因为 ChatGPT4 通过了会计行业考试就夸大其影响,但如果它能帮助会计师解决普遍存在的人手短缺问题,也有很大的潜力。

💡 启示

大数据时代已经到来,带来了挑战也带来了机遇。那么在大数据时代会计会如何发展呢? 什么是智能会计? 智能会计应用了哪些关键技术? 这些技术是如何在会计领域应用的? 智能会计有哪些优势又面临怎样的挑战? 智能会计给会计从业人员带来了哪些机遇和挑战呢? 我们通过本章一起来学习。

第一节　大数据时代的会计

随着信息技术的快速发展,大数据已成为当今社会的新引擎和新生态。作为一种新兴的技术应用和产业模式,大数据已经广泛应用于各个领域,对人们的生活、工作和学习产生了深远的影响。在此背景下,会计作为财务管理的基础和核心领域不可避免地面临了新的挑战和机遇。

一、大数据时代的特点和趋势

近年来,随着人工智能技术和物联网的飞速发展,数据的规模和复杂度呈现爆炸式增长,大数据时代已经来临。大数据时代的特点主要体现在数据量大、数据种类多、处理速度快、数据质量高等方面。

(一)需要采用分布式处理和存储技术进行处理

大数据的数据量通常超过传统数据处理技术的处理能力,需要采用分布式处理和存储技术进行处理。这种技术的优势在于能够同时处理大量的数据,并且在处理的过程中也不易受到某个节点的故障或故障点附近的访问峰值的影响。这在会计领域具有非常重要的作用,例如在进行账目审核时,需要通过快速处理大量的数据来识别错误或欺诈行为。

(二)需要采用多种数据处理技术进行处理

大数据的种类繁多,包括结构化数据、半结构化数据和非结构化数据,因此需要采用多种数据处理技术进行处理。例如,在进行财务报表的分析和审计时,需要处理大量的结构化数据来计算财务指标和观察趋势,同时还需要处理半结构化数据和非结构化数据,例如文本和图片,来分析公开披露的信息和企业的周边环境。

(三)需要采用高速处理和分布式计算技术

大数据的处理速度需要达到实时处理和快速响应的要求,需要采用高速处理和分布式计算技术。例如,在进行交易结算和风险管理时,需要通过实时监测市场动态和快速分析市场数据来及时制定交易策略和采取风险控制措施。

（四）需要采用数据清洗和质量控制技术

大数据的数据质量需要达到高精度和高可靠性的要求，需要采用数据清洗和质量控制技术。例如，在进行财务报表审计时，需要对数据进行清洗和质量控制，例如去除错误数据或人为误操作的数据，以提高审计结果的精度和可靠性。

二、大数据在会计领域的应用

大数据时代的到来给会计领域带来了前所未有的机遇和挑战。如何充分利用大数据技术来解决传统会计领域所面临的种种问题，亟待深入研究和探讨。

（一）大数据时代的会计信息采集和处理

随着信息技术的不断进步和应用，企业的数据管理和数据分析需求也越来越高。在大数据时代，会计信息采集和处理面临着数据量大、数据种类多、处理速度快和数据质量高等挑战。因此，会计人员需要掌握大数据采集、处理和管理的技术方法，以满足企业及其管理层的信息需求。

在大数据时代，会计人员需要了解和掌握大数据采集和处理方法。数据采集是指从企业内外部收集数据的过程。大数据时代采集到的数据源可能来自很多不同的地方，例如企业自身内部系统、外部信息交流平台和互联网等，这些数据的种类也非常多样化。

数据处理主要是指从获取的数据中提取有用的信息、建立模型、进行统计分析等工作，以生成可供决策支持的报告和分析结果。在大数据时代，会计人员主要需要掌握数据挖掘、机器学习和人工智能等专业技能。通过有效的数据处理，会计人员可以更好地为企业提供准确和及时的财务分析和决策支持。

同时，会计人员在处理大数据时也需要关注数据质量和数据的保密安全问题。数据质量是指数据的准确性、完整性、一致性和可靠性等特性，会计人员需要对采集到的数据进行有效的筛选和过滤，以保证数据质量。数据的保密安全也是非常重要的问题，会计人员需要采取有效的技术和管理措施，以保障企业的财务信息安全。

（二）大数据时代的会计财务分析和决策支持

在大数据时代，财务分析和决策需要从传统数据处理与分析的方式转变为数据驱动、基于模型和算法的分析方法，这就需要会计人员具备数据挖掘、机器学习、人工智能等专业技能，以提供更加准确和及时的财务分析和决策支持。

在大数据时代，会计人员可以使用机器学习技术来发现财务数据中的潜在模式和趋势，以预测未来业绩的走势。例如，通过应用机器学习技术，可以预测客户的付款行为，进而实现更好的账龄管理。同时，还可以使用人工智能技术来分析市场趋势和用户行为等信息，以提高企业的市场竞争力。

另外，在大数据时代，会计人员还需要了解和掌握数据可视化和数据报表的制作方法，以便为公司管理层提供更直观和易于理解的数据展示。会计人员可以使用数据可视化软件来生成图表和其他可视化内容，以帮助管理层更好地理解公司的财务状况以及市场走势等信息。

（三）大数据时代的会计风险评估和内部控制

在大数据时代,由于企业面临的风险类型和风险程度更加复杂多变,因此需要采用大数据分析技术来实现对风险的预测和管理。此外,还需要建立更加完善和精细的内部控制体系,以保障财务信息的安全和可靠性。

企业风险主要分为市场风险、信用风险、操作风险和法律风险等。在大数据时代,会计人员可以使用大数据分析技术来预测和评估这些风险。例如,使用机器学习技术,可以对财务数据中的异常模式进行识别和分析,以实现对企业操作风险的及时发现和管理。同时,会计人员还需要定期进行风险的评估和监控,以不断完善和优化企业的风险管理体系。

除了风险管理,内部控制也是非常重要的问题。在大数据时代,会计人员需要采取有效的内部控制措施,以保障财务信息的安全和可靠性。例如,可以使用数据加密技术来保护财务数据的安全性,同时需要建立有效的审计和监督体系,以确保内部控制的有效性和合规性。

三、大数据时代的会计发展趋势和前景

大数据对会计的革命性影响已经得到了广泛的认可,在未来,随着大数据技术的不断发展和应用,会计领域也必将迎来更多的变革和创新。

（一）智能化会计是未来的趋势

在大数据时代,会计领域需要借助人工智能、机器学习、自然语言处理等技术,实现数据的智能化采集、处理和分析,提高财务信息处理的效率和准确度。在未来,智能化会计将成为会计领域的主要发展趋势。

（二）以数据驱动的决策将成为企业的标配

在大数据时代,企业需要通过对财务数据和业务数据的深度挖掘和分析,实现对业务的精细化管理和优化。因此,会计人员需要深入了解业务和行业,掌握数据分析和决策支持技术,为企业提供更加准确和及时的数据支持。

（三）区块链技术的应用将成为会计领域的重要发展方向

区块链技术被认为是解决大数据时代下信息安全问题的利器,未来会计领域的信息交互和安全问题也将得到更好的解决。会计人员需要掌握区块链技术和智能合约等相关技术,以应对未来的发展和挑战。

大数据时代的到来,对会计领域提出了新的要求和挑战。会计人员需要不断学习和创新,不断掌握新的技术和方法,以应对未来的发展和变化。只有这样,会计领域才能发挥更大的作用,为企业的成功和发展做出更多的贡献。

第二节　智能会计的概念、特征、技术与应用

　　智能会计是当前跨学科融合的研究热点之一,它的出现不仅推动了会计信息化进程,更为企业管理、监管机构和投资者等提供了更多的决策支持。在智能会计领域,人工智能、机器学习、自然语言处理、数据挖掘、大数据分析和区块链等技术已成为关键支撑,其中人工智能的应用在智能化处理复杂数据和优化决策等方面表现尤为突出。随着科技的不断发展和应用的深入,智能会计技术也在会计领域得到了越来越广泛的应用,并取得了较大进展。

一、智能会计的概念和基本特点

(一)智能会计的概念

　　智能会计是一种使用人工智能(AI)和机器学习(ML)等技术,将传统的会计分析和处理方法与自然语言处理(NLP)、数据挖掘、大数据分析和区块链等技术相结合,从而提高会计信息的处理效率和准确性的新兴领域。相较于传统会计,智能会计依赖计算机技术和大量数据的支持,实现了会计信息自动化和智能化处理,极大地提高了会计工作效率和准确性。

(二)智能会计的基本特点

　　智能会计的基本特点包括自动化、智能化、实时化、高效性和安全性。

　　①自动化。自动化体现在智能会计通过自动采集会计信息、自动处理会计数据、自动监测异常信息等方式,从而取代了传统会计中大量重复性劳动。

　　②智能化。智能化则是指智能会计通过搭建 AI 和 ML 模型,分析会计数据,预测未来趋势,自动辨别风险等能力,从而为企业管理层提供决策分析依据。

　　③实时化。实时化是指智能会计可以随时随地获取最新最全面的会计信息,并进行实时的分析和处理。

　　④高效性。高效性体现在智能会计能够在极短的时间内处理大量的会计数据,从而快速进行财务报告和决策分析。

　　⑤安全性。安全性是指智能会计的数据库通过多重密码等技术手段,保持严密的安全控制,确保会计信息不被泄露或篡改等。

二、智能会计的关键技术

　　会计是企业财务管理中最为重要的一部分,其准确性和及时性对于企业的经营管理和发展至关重要。随着信息技术的发展,智能会计作为新一代会计模式正在逐渐被广泛应用。智能会计采用 AI、机器学习、自然语言处理、数据挖掘、大数据分析以及区块链等技术,通过自动化的方式实现会计信息的处理和分析,可以提高会计的准确性和效率,为

企业的决策提供更为可靠的数据支持。本节将介绍智能会计的关键技术,并分析其应用前景和问题。

（一）人工智能技术

人工智能技术是智能会计的核心技术,它可以通过机器学习、知识表示、智能推理等方式,实现对会计信息的自动化处理、财务预测等。智能会计最大的优势在于,它可以对庞大和复杂的数据进行处理和分析,并提供更为准确和实时的预测结果。人工智能可以从历史数据中发现会计问题,并提供预测和解决方案。例如,如果一个企业的利润率下降了,人工智能技术可以分析数量、成本、销售、市场和竞争因素等多个方面的数据来找到问题的根源。

（二）机器学习技术

机器学习技术是智能会计中的另一个重要技术。它可以利用大量数据,训练模型实现信息分类、聚类、预测等功能,从而为智能会计提供大量的研究核心数据和数据模型。机器学习技术可以根据会计信息的模式和结构,对数据进行分类,并发现其中的联系和因果关系。这些信息可以用来预测未来的会计模式、调整设计和实现高效的数据分析。

（三）自然语言处理技术

自然语言处理技术可以将非结构化或半结构化数据转化为结构化数据,从而为智能会计提供更为高效的数据处理手段。自然语言处理技术可以将会计财务分析报告和其他内容转化为结构化数据,以便于对其进行分类、查询和分析。例如,自然语言处理技术可以将一份财务分析报告转化为结构化数据,这样智能会计就能更精准地分析数据。

（四）数据挖掘技术

数据挖掘技术可以对大量数据进行深入分析,提取出有价值的信息,构建数据模型,为智能会计提供实用价值的数据分析方法。数据挖掘技术可以通过聚类、分类、关联和序列等方式对会计数据进行分析和预测。例如,数据挖掘可以检测出一个企业的业务方向、竞争对手和市场前景等关键信息,进而确定财务分析的方向和重点。

（五）大数据分析技术

大数据分析技术可以从庞大、复杂的数据中提取出有价值的信息,为企业提供全面数据分析结果,为企业的决策提供支持。大数据分析技术可以应用在财务预测、企业运营分析和投资决策等领域。大数据分析可以更全面地了解公司的财务状况,并能预测其未来的情况,从而为决策者提供更全面更准确的决策分析支持。

（六）区块链技术

区块链技术可以将会计信息存储在分布式的数据库中,防止数据篡改和信息泄露,从而为智能会计提供数据安全保障。区块链技术的去中心化特点可以确保数据的可靠性和安全性,有效保障财务信息和隐私数据的安全。

智能会计技术在企业中的应用前景十分广阔。一方面,智能会计可以减少人工错误,提高工作效率;另一方面,智能会计技术对于财务预测和决策的准确性和及时性都是十分有价值的。但是智能会计技术也存在一些问题,例如,由于数据信息的高度保密性,智能会计会面临数据安全性以及数据来源的准确性等挑战。因此,在应用智能会计技术时,需要充分考虑数据的风险和隐私问题。在将智能会计技术应用于企业的财务管理中时,需要考虑数据安全性、隐私问题以及数据来源准确性等因素。智能会计技术的发展将为企业的财务管理提供更为可靠的数据支持,并推动会计领域的创新发展。

三、智能会计技术在会计领域的应用

由于大量数据的处理和人工干预的降低,智能会计大大提高了会计工作的效率和准确性。智能会计技术在会计领域的应用涉及财务报表、会计审计、财务分析等众多领域。

(一)财务报表领域

智能会计技术可以对企业财务数据进行自动分析,并能对财务数据进行准确预测和趋势分析。这样一来,可以提高对企业财务状况的理解和把握,预测未来的发展趋势,更好地指导企业管理和制定对策。

(二)财务审计领域

智能会计技术通过自动审计会计信息,同时也能够对审计流程进行人工智能优化,提高审计效率与准确性。在会计审计中,智能会计技术的应用已经成为当下一大热点。利用智能审计系统能够识别和分析企业财务数据的相关性,从而发现潜在的风险和问题,并提供可靠的风险控制和管理建议。

(三)财务分析领域

智能会计技术利用大数据分析技术,对企业财务信息进行全面分析,预测未来趋势,可以为企业经营决策提供更为准确的数据模型和决策理论。通过对相关数据的分类和梳理,可以更好地发挥财务分析的作用,预测出不同经营决策的效果和风险,进而更好地支持公司的战略规划和落地执行。

(四)税务申报领域

智能会计技术可以通过人工智能技术,快速完成企业的纳税申报,优化企业的税负。在企业税务工作中,智能会计技术的应用能够及时发现相应企业的税务计算错误,并优化纳税的流程,从而让企业在税务方面的效率更高。

(五)商业决策领域

智能会计可以为管理层提供实时数据分析,从而帮助企业进行更好的商业决策。通过对各种数据的分析,管理层可以更好地了解市场趋势、客户需求和公司的财务状况等。这些信息可以帮助管理层制定更加明智的商业决策,并快速做出决策。

(六)商务预测和模拟领域

智能会计可以利用大数据和机器学习进行预测和模拟分析,以便管理层可以了解未来可能发生的情况,从而制定最佳的商业决策。通过模拟,管理层可以进行各种预测,如预测未来销售额、预测未来成本和预测未来市场需求等。这些信息可以帮助企业制定最

佳的商业策略。

（七）盈利优化领域

智能会计可以帮助企业进行业务增长和盈利优化。通过分析市场趋势和客户行为等数据，智能会计可以帮助企业确定最佳的定价策略，从而提高企业的盈利能力。此外，智能会计还可以帮助企业识别增长机会，从而帮助企业扩大业务规模。

在智能会计技术应用进展方面，当前主要包括自适应会计模型、智能记账和发票识别、智能税务申报等。自适应会计模型是指不断学习和适应数据的模型，可以进一步提高财务报表分析的准确性和精度。智能记账和发票识别是指通过 OCR 技术将电子发票、纸质发票等识别并记录于会计系统中，从而提高记账的效率和准确性。智能税务申报可以通过人工智能技术快速完成企业的纳税申报，优化企业的税负。随着智能会计技术的不断发展和应用，智能会计技术将会给会计领域带来更多的创新和变革。

随着大数据时代的到来，智能会计技术已经成为会计领域的重要研究方向和创新方向。智能会计技术的应用已经渗入到财务报告和业务决策等各个领域，并在提高信息处理效率、准确性和降低成本等方面取得了显著效果。在未来，随着大数据技术和人工智能技术的发展，智能会计技术将会逐渐向更广泛、更智能、更安全、更透明的方向发展，因此，会计从业人员需要加强学习，掌握智能会计技术的相关知识和技能，积极思考职业规划和定位，与时俱进并适应行业变化。

第三节　智能会计的优势和挑战

智能会计是会计学前沿研究的热点之一，凭借其强大的信息处理能力和高精度的特点，被广泛应用于会计信息化的各个领域。然而，智能会计也面临着一些挑战，如数据安全和技术限制等。本节将介绍智能会计的优势和挑战。

一、智能会计的优势

智能会计诞生于人工智能技术快速发展的时代，在会计学者的研究逐渐深入的同时也带来了人们对智能会计的探讨和应用。智能会计作为现代会计的一种新模式，具有以下几个方面的优势。

（一）信息处理能力强

智能会计利用人工智能技术可以高效而准确地处理大量的数据。众所周知，现代企业面对的财务数据十分庞大且复杂，传统会计方式已经不能完全应对，而智能会计则可以通过其高效的信息处理能力将这些数据进行有效的提取、分析和应用，可帮助企业完成财务信息的快速汇总和深度分析。

（二）精度和准确性高

人工智能技术在智能会计中的应用，可以减少传统人工会计处理所存在的人为因素干扰,从而提升会计处理的准确性和精度。同时,在智能会计模式下,财务数据的自动化处理和质量的保障完全可以有效地进行财务数据的审核,保证财务数据的真实、准确和完整。

(三)信息处理速度快

在现代企业,财务信息和业务数据越来越庞大,进行现代会计业务处理的速度已成为衡量会计作业质量的重要指标。而智能会计模式秉持精简、快捷、高效的处理理念,能够在满足财务会计准确性要求的同时,实现信息化的高效处理。通过智能计算机的计算能力优势,可以快速、准确地处理大量财务数据,进一步提高财务信息报表制作和财务分析的效率,提升企业决策效率和竞争力。

(四)节省成本和提高效率

智能会计模式虽然需要一定的投入,但是相比于传统人工处理会计业务模式,智能会计模式将有助于节省劳动成本开支,并提高财务数据报表制作和业务处理效率。此外,智能会计技术也能够对企业财务状况和趋势进行分析,给企业管理者提供更全面、科学的决策支持,从而提升企业的综合竞争力。

智能会计的优势在于将人工智能技术应用于会计领域,将财务业务的处理效率、质量和准确性提升至一个新的高度,帮助企业实现财务信息化、精简化和智能化的全过程管理。

二、智能会计的挑战

智能技术应用于会计领域,可以实现信息处理的自动化、精细化和高效化,从而提高财务管理的水平和效率。然而,随着智能会计应用的不断扩大,也面临着诸多挑战。

(一)数据安全和隐私

在智能会计应用过程中,大量的企业数据在互联网上传输和存储。这些数据涉及企业核心商业机密和个人隐私等敏感信息,因此,数据泄露和隐私保护问题成为智能会计发展中的重要阻碍。特别是随着互联网、云计算、大数据等新技术的广泛应用,针对智能会计的网络攻击和黑客攻击也日益增多。

为了有效解决数据安全和隐私问题,智能会计必须采取一系列措施。首先是建立严格的数据安全管理机制,并采用高强度的数据加密技术和多重身份认证技术。其次是开展定期的数据安全审计和风险评估,及时发现和纠正存在的问题。最后要加强员工的安全意识教育和培训,提高其信息安全意识和技能。

(二)技术瓶颈和限制

目前的人工智能技术在处理会计信息方面取得了一定的成果,但仍然存在一些瓶颈和限制。例如,在语音识别、图像处理、自然语言处理等领域,人工智能技术还需要不断地改进和提高,这使得智能会计应用的精度、全面性和实用性都受到了一定的制约。

为了解决技术瓶颈和限制问题,需要在人工智能的研究和开发过程中继续加大投入,加强技术创新和研发。同时,要区分不同应用场景,利用多种技术手段进行协同,提高智能会计系统的整合能力和适应性。

（三）人工智能的误判和漏洞

尽管人工智能技术在处理信息方面有着很强的优势，但其依然存在误判和漏洞的风险。在智能会计应用过程中，如果出现误判或漏洞，那么将会对企业的财务决策产生一定的影响，并可能导致财务风险的出现。

为了避免人工智能的误判和漏洞，需要在系统设计和应用过程中充分考虑人类智慧和判断。同时，在应用人工智能技术的过程中，还应加强监督和管理，及时发现和纠正人工智能的误判和漏洞。

智能会计是会计学的重要研究方向之一，具有广阔的应用前景。但是，在智能会计的应用过程中，相关人员需要充分认识到现实中存在的难题和挑战，不断探索和改进智能会计技术和方法，只有这样，才能真正发挥智能会计的优势，并推动会计学科的可持续发展。

第四节　智能会计给从业人员带来的机遇与挑战

随着数字技术的发展，智能会计技术已逐渐渗透进入会计领域，并为会计从业人员带来了机遇与挑战。本章节将围绕智能会计对会计从业人员的影响展开探讨，包括智能会计技术的应用现状、智能会计给会计从业人员带来的机遇和挑战以及会计从业人员如何应对智能会计技术。

一、智能会计给从业人员带来的机遇

智能会计对会计从业人员的数据处理能力和对自动化工具的熟练度要求较高，有助于会计从业人员增强数据智慧和数据技能，提升职业技能水平。智能会计技术的普及与应用，为会计从业人员提供了更多优质职业发展的机会，如数据科学家、数据分析师、人工智能程序员等。

（一）数据科学家和数据分析师

智能会计技术的应用为会计从业人员提供了成为数据科学家和数据分析师的机会。在这个领域，会计从业人员需要具备数据挖掘、数据分析等技能，并能够采用人工智能技术进行数据分析。随着人工智能技术的不断发展和成熟，会计从业人员只有拥有更多的技能和知识，才能在竞争激烈的领域中脱颖而出。

数据科学家需要具备对数据的基本认识、数据的清理和预处理、统计分析和数据可视化等技能，能够利用计算机和人工智能技术进行数据分析和处理，将数据分析结果转化为汇报和预测等业务需求。数据分析师需要具备对业务进行深入理解，运用数据分析和人工智能技术解决企业遇到的商业问题和挑战的能力。

（二）人工智能程序员

智能会计技术的不断发展和应用，会计从业人员需要具备人工智能编程的技能。这需要他们掌握程序设计语言以及相关开发工具，以便于编写、优化人工智能程序，建立自

己的编程技能和能力体系。人工智能程序员是会计从业人员中难得的人才,他们能够独立完成软件的开发、功能的实现和维护。

(三)税务会计专家和审计师

智能会计技术的应用领域涉及税务会计和审计,这要求会计从业人员在会计和财务基础理论的基础上,具有税务会计和审计专业知识,了解相关法律法规,掌握税务筹划和税务风险管理技能,成为一名出色的税务会计专家和审计师。

税务会计专家和审计师需要了解各种法律法规的具体内容和意义,并根据企业的实际情况进行财务税务筹划,提供专业的意见和建议,从而有效地降低企业的税负。审计师的职能在于对企业的财务状况进行审计,确保企业在经济活动中符合相关法规和标准,防范企业财务风险。

(四)创新人才和管理者

智能会计技术的快速应用和推广需要会计从业人员具备创新精神和敏锐的市场洞察力,以创新的思维模式和团队组织能力为企业引领行业发展潮流。会计行业需要具备这方面技能的人才和管理者,他们能够引领行业的技术和创新方向,并帮助企业与时俱进,在市场竞争中立于不败之地。

创新人才和管理者需要积极参与会计行业的趋势和发展,关注新技术的发展方向和应用,探索更有前景的市场领域,提高创新能力和团队协作能力,不断推动会计行业的创新和发展。

综上所述,智能会计技术的应用为会计从业人员提供了职业发展的新机遇。他们需要不断学习和适应新技术的发展,积极探索新的职业领域,以提高自身的技能和综合素质,成为具有竞争力的会计从业人员。

二、智能会计给从业人员带来的挑战

智能会计技术在当前的会计行业中极为流行,它已经成为整个会计信息领域的新趋势。然而,智能会计技术的普及也给会计从业人员带来了很多挑战。本节将从以下几个方面,详细阐述智能会计技术给会计从业人员带来的挑战。

(一)岗位职责和角色的重新定义和调整

智能会计技术推广应用之后,会计从业人员的岗位职责和角色已经发生了根本性的变化。传统的会计岗位许多都是基于手动处理和人力运作,而如今,智能会计技术已经取代了手动工作的一部分,这让会计从业人员需要适应新的工作模式和职位设置,并重新定义个人的工作角色。

(二)技能水平的要求更高

智能会计技术的发展需要会计从业人员具备更高层次的数据科学、数据治理等方面的能力,而这些技术与信息技术领域的能力是相互关联的。现代会计从业人员必须在会计专业知识的基础上,重新注重自己在数据科学方面的学习,并提高自己的计算机编程、算法设计等方面的技能,以适应智能会计技术的发展趋势。

（三）对会计信息准确性和可靠性的风险

虽然智能会计技术可以帮助会计从业人员更快地完成信息的搜集和分析,但若在应用时不加强审查和监管,有可能会发生滥用和误用,进而影响会计信息的准确性和可靠性。因此,会计从业人员必须加强对技术应用过程中的审查和监管,防止会计信息出现意外的错误和失误。

（四）对会计从业人员的职业前景产生影响

智能化的技术在不断发展,为会计从业人员提供了更多的职业选择和发展机会。然而,随着智能账本的普及,一些传统的核心会计业务也将逐渐被取代。因此,会计从业人员需要提升自己的综合能力,扩大自己的技术视野,进而拓宽自己的职业发展道路。

智能会计技术的发展已经为会计行业带来了巨大的变化。会计从业人员需要以迎接新挑战的态度,加强自身综合能力的培养,适应数字时代的要求,不断学习新的技能和知识,拓宽自己的视野,以满足新的职业要求和机会。智能会计技术的发展与推广不是取代会计人员,而是帮助会计人员更好地完成自己的工作,从而提升会计行业的整体水平和质量。

三、从业人员如何应对智能会计的机遇与挑战

在智能会计技术的发展趋势下,会计从业人员应该通过做到以下几点,来应对智能会计的机遇和挑战。

（一）学习与掌握智能会计技术相关的知识和技能

要适应新的时代,就要学习和熟练掌握智能会计技术的基本理论和实践方法,具备使用智能会计技术的能力。

（二）积极思考职业规划和定位

会计从业人员需要多角度思考未来职业的发展方向,重新审视自己的职业定位和职业规划,适应智能会计技术对职业形态和角色的影响,从而实现职业转型和优化。会计从业人员要学会主动思考自己的职业规划和职业定位,及时调整自己的职业发展路线,在智能会计技术的时代发挥自身的优势。

（三）关注智能会计技术的潜在风险,合理使用技术工具

智能会计技术的广泛应用,也会带来一些潜在风险和隐患。会计从业人员应该了解潜在的风险和隐患,积极掌握安全管理规则和应对策略,以保证相关业务风险在可控范围内,或最小限度地被引入。具体控制措施包括:①加强对系统权限和管理制度的管理。②防止系统被非法入侵或恶意篡改数据。加强对系统安全漏洞的检查和排查。③定期更新安全软件,避免系统被恶意攻击和入侵。保证数据的准确性和可靠性。加强对数据的管理和核对,避免出现错误或失误。④加强对会计行业的监管。鼓励企业加强对智能会计技术的监管和管理,确保企业信息的真实和准确。

（四）与时俱进,关注智能会计技术的发展趋势,适应行业变化

会计从业人员应该始终关注智能会计技术的发展趋势,跟进行业信息,了解最新的技术动态和市场趋势,适应行业的变化和趋势,以提高自身的核心竞争力。

参考文献

［1］刘英明,张捷.基础会计:简明版［M］.3 版.北京:中国人民大学出版社,2021.

［2］刘英明,张捷.《基础会计(第 7 版)》学习指导书［M］.北京:中国人民大学出版社,2022.

［3］财政部会计财务评价中心.初级会计实务［M］.北京:经济科学出版社,2023.

［4］张昌文,敬文举.会计学原理［M］.重庆:重庆大学出版社,2020.

［5］王志红,周晓苏.会计学［M］.4 版.北京:清华大学出版社,2023.

［6］李占国,王子军.基础会计学［M］.5 版.北京:高等教育出版社,2023.

［7］石本仁,谭小平.会计学原理:微课版［M］.5 版.北京:人民邮电出版社,2021.

［8］石本仁.《会计学原理(微课版 第五版)》学习指导书［M］.北京:人民邮电出版社,2021.

［9］高彩梅.基础会计［M］.重庆:重庆大学出版社,2022.

［10］张慧.我国会计记账方法的演变［J］.财会研究,2013(4):31-33,37.